쉽게 읽는 시리즈

묻고 답하는
민법이야기

손종학

박영사

책을 펴내며

'어떻게 하면 법률 지식이 부족한 일반 시민과 학생도 쉽게 그리고 재미있게 법의 세계에 다가갈 수 있을까?' 법을 전공하고, 실무 법조인으로, 또 법학 교수로 살아오면서 한시도 떠나지 않았던 고민거리였다. 나름 여러 방면에 걸쳐 노력도 해 보았다. 법무부 법교육위원장 직을 맡았던 이유도, 유튜브 동영상을 제작한 이유도 여기에 있었다. 그러나 참 어려웠다.

생각을 오래전으로 거슬러 올렸다. 대전 MBC 방송국의 섭외를 받아 이른 아침 TV 생방송으로 화제의 판결이나, 실생활에 유용한 법률 지식을 시청자에게 소개하였던 기억을 찾아서 몸소 작성했던 방송 대본을 끄집어냈다. '그래, 맞아 이거다.' 비록 당시 원고와 내용은 시대에 맞지 않지만 묻고 답하는 형식으로 어려운 민법 이야기를 쉽게 풀어보기로 하였다.

그때부터 원고를 집필하기 시작해서 나온 결과물이 바로 쉽게 읽는 시리즈 '묻고 답하는 민법 이야기'이다. 단편적인 생활법률 지식은 관련 책만 해도 많이 있을 뿐만 아니라 인터넷 등을 통해서도 얼마든지 쉽게 습득할 수 있는 정보화 시대이기에 여기서 벗어나고 싶었다. 더욱이 정말 중요한 것은 개개의 법률 상식이 아니라 법적으로 생각하는 능력, 소위 말하는 리걸 마인드(legal mind)의 형성인데, 아쉽게도 이에 부합하는 책을 쉽게 찾을 수 없었다. 그래서 이 책에서 그 답을 제시하려고 하였다.

어떻게 할까? 학생 역할을 맡은 독자가 물으면 교수역의 필자가 답하고, 필자가 물으면 독자가 답하는 형식으로 주요 민법 제도를 이야기처럼 생동감 있게 풀었다. 이를 통하여 독자와 필자가 하나로 되고, 여러 민법 제도가 서로 분리된 것이 아니라 꼬리에 꼬리를 무는 식으로 이어지게 하였다. 그래서 독자로 하여금 흥미를 갖고 본인도 모르는 사이에 법의 세계에 푹 빠져들도록 해 보았다.

또한 책 따로 강의 따로가 아니라 강의와 책을 하나로 연결시켰다. 즉 책을 읽는 것이 바로 강의를 듣는 것처럼, 강의를 듣는 것이 책을 읽는 것과 같은 착각이 들 정도로 입체적 효과를 나타내려고 하였다. 흔치 않은 시도이지만 흥미는 기본이고 리걸 마인드 형성은 그 덤일 것이다.

그리고 해당 본문을 상징하는 핵심 단어를 본문 옆에 표기하여 독자 스스로 지금 배우는 것이 무엇인지를 명확하게 인식할 수 있도록 하였다. 어려운 법을 배우는 독자에게 많은 도움이 될 것이다.

뿐만 아니라 좀 더 자세한 지식의 습득을 원하는 독자를 위하여 필자가 몸소 제작한 유튜브의 QR 코드를 적재적소에 표시하였다. 독자들이 책을 읽으면서 그때그때 휴대폰으로 QR 코드를 스캔하면 풍부한 관련 지식을 영상으로도 쉽게 익힐 수 있다.

이 책이 법에 흥미를 느끼는 일반 시민, 로스쿨에 진학하여 법을 공부해보고 싶은 중·고등학생과 학부모, 그리고 대학생에게 조금이나마 도움이 되었으면 좋겠다는 바람이다. 그리고 이들의 대답이 "이보다 더 쉬울 수 없고 재미도 있는데, 게다가 유익하기까지 하네!"로 모인다면 참 행복하겠다.

이제 감사의 시간이다. 책이 나오기까지 많은 분의 도움이 있었다. 충남대 법학전문대학원 강사 홍승희 박사, 충남대 법률센터 허성진 박사, 법무법인 유앤아이 김영정 변호사, 대전 MBC 최용희 작가, 과학기술정책연구원 김권일 박사, 박영사 장유나 차장에게 깊은 감사의 마음을 전한다.

2024. 1.

조금은 호기심 어린 마음으로 저자 드림

차례

01

첫 수업
−강의방식과 법학 공부 방법

묻고 답하는 민법이야기

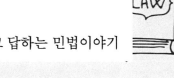

교수님, 교수님께서는 지금까지 수십 년 동안 법학을 공부하셨고, 사법시험에 합격하여 판사와 변호사로, 또 로스쿨 교수로 일하셨으니 법학이나 법 공부가 쉽고 재미있을 것 같은데, 실제는 어떠신지요?

하하하, 저에게 법이나 법학 공부가 쉽고도 재미있을 것 같다고요? 글쎄요. 그 질문에 선뜻 대답하기가 어렵네요.

교수님, 왜 그렇죠?

법을 배우고 연구하는 학문인 법학은 동양과 서양을 불문하고 기본적으로 어려울 뿐만 아니라 매우 무미건조하기에 재미도 없을 수 있어요. 로스쿨 제도의 선진국이라 할 수 있는 미국 로스쿨에서조차도 로스쿨 신입생들에게 강조하는 말이 "law school is not college."일 정도로 법학 공부라는 것은 참으로 어려운 과정의 연속입니다.

교수님, 아무래도 로스쿨에 입학해서 공부하는 학생들은 공부를 잘하는 편에 속할 터인데, 그들에게도 법학이 그렇게 어렵나요?

맞습니다. 아무래도 우리나라는 물론 미국에서도 고등학교와 학부 과정에서 좋은 성적을 내고 공부에 나름 자신감이 있다는 학생들이 로스쿨에 들어오는데, 꿈과 의욕에 충만해 있는 우수한 학생들에게 로스쿨은 학부와는 다르다는 어찌 보면 자존심이 심히 상할 말을 교훈처럼 들려준다는 것은 법학 공부가 얼마는 어려운 일인지를 상징적으로 보여주고 있다고 봅니다. 대학원 과정인 로스쿨에서의 법학 공부가 이렇게 어려울진대, 하물며 아직은 어린 학부 과정이나 로스쿨을 준비하는 학생들에게는 두말하면 잔소리겠죠.

그러면 교수님, 법학이 이렇게 어려운 이유는 무엇인가요?

여러 이유를 들 수 있는데, 법학 공부가 어려운 이유 중의 하나는 법학은 사회적 동물로서 불완전 존재인 인간 사이의 갈등과 분쟁을 다루는 법에 관한 학문, 즉 사회과학으로서 생활학문이기에 실제 사회생활에서의 경험이 매우 중요합니다. 예를 들어, 물건을 사고파는 채권법상의 매매계약을 공부할 때 사회에서 실제 매매계약을 체결해 본 사람은 아무래도 이해가 조금 수월할 수 있습니다.

또한 만일 이러한 매매계약의 대상(이를 목적물이라고 함)이 토지나 건물과 같은 부동산이라면, 우리 민법 제186조의 규정에 의하여 그 부동산에 관한 소유권이전등기를 마쳐야 비로소 그 부동산에 대한 소유권을 취득하는 것인데, 사회생활이나 직장생활을 하면서 부동산 등기를 해본 사람은 등기제도에 대한 이해가 훨씬 쉬울 수 있습니다.

아무래도 여러분들은 학부생으로서 부동산 매매계약이나 그에 따른 소유권이전등기를 해본 경험이 없을 수 있기에, 여러분이 경험상 해볼 수 있는 예를 들어보겠습니다.

여러분들이 대학에 들어와 공부할 때 집을 떠나 원룸 같은 곳에서 세를 얻어본 경험이 조금 있을 수 있는데요. 이러한 월세 계약이 바로 민법의 임대차계약입니다. 그리고 주택에 대한 임대차 시에 전입신고와 확정일자를 받으면, 구체적으로 무슨 용어인지는 잘 모르지만 집주인이 바뀌어도 쫓겨나지 않고, 남은 임대차 기간 안정적으로 계속 거주할 수 있는 권리가 있다거나, 잘못되어서 세 들어 살고 있는 주택에 대하여 경매가 들어와도 우선 전세보증금을 확보할 수 있다는 내용 등을 어렴풋이나마 알고 있을 것입니다.

그러므로 만일 여러분이 임대차계약에 대하여 배울 때는 아무래도 조금은 쉽게 이해할 수가 있겠죠. 그런데, 학부생은 물론 로스쿨 학생도 직장과 사회 경험이 부족한 관계로 생활학문으로서의 법을 이해하기가 어렵다는 것입니다. 게다가 여기에 또 다른 더 큰 어려움이 있습니다.

교수님, 법학을 배우기 어려운 이유가 또 있다고요?

그렇습니다. 그 이유는 바로 법학이 무미건조하고, 지루하여 흥미를 갖기가 어렵다는 문제가 있고, 흥미를 갖지 못한 채 공부하기에 법학이 어렵게만 느껴지고, 쉽게 포기하기도 하죠. 법 중에서도 민법은 더욱 재미가 없죠.

그렇다면 교수님, 어떻게 해야 법학, 그중에서도 민법을 재미있게 배울 수 있을까요?

그 질문에 답을 하기 위하여 바로 이 강의를 개설한 것이고, 교재도 새롭게 출판한 것입니다. 즉 어렵고 무미건조한 법학을 쉽게 그리고 재미있게 강의해 보고자 하는 마음에 이 강좌를 개설하였고, 이 강좌를 위하여 나름 새로운 방식의 교재를 출판한 것입니다.

교수님, 어려운 법을 쉬우면서도 재미있게 배울 수 있다니 일단 흥미가 당깁니다. 조금 더 자세히 설명해주시면 좋겠습니다.

제가 나름 오랜 세월 법을 공부했고, 실무에 종사하면서 느낀 결론은 법을 쉽게 공부하는 방법으로는 실제 생활에서 일어나는 사례를 통하여 공부하는 것입니다.

교수님, 실제 사회생활에서 일어날 수 있는 사례를 통하여 공부하는 것이 왜 쉽게 법을 공부하는 방법이 되는 것이죠?

우선 실제 사례나 있을 수 있는 예를 들어 법을 공부하면 이해하기가 쉽습니다. 법 공부는 법제도나 법조문을 이해하는 데에서 출발하고 이해한 내용을 오래 기억하고, 기억된 내용을 실제 사건에 적용하여 분쟁을 해결하는 것을 배우는 것입니다. 그런데, 실제 사례를 통한 공부는 이해도 제고가 높을 뿐만 아니라 배운 내용을 오래 기억하기도 좋고요. 사례를 통하여 배웠기에 배운 법제도와 법이론을 사건에 적용하기도 좋은 것이죠. 그래서 사례를 통한 법학방법론이 법을 쉽게 공부하는 가장 좋은 방법이죠. 앞에서 법학을 생활과학이라고 한 이유도 여기서 드러나죠.

또 하나는 실제 사례를 통한 공부는 재미와 흥미를 유발할 수가 있습니다. 법을 공부하는 것이 어려운 이유 중의 하나가 법, 특히 민법이 무미건조하기 때문이라고 말했었죠. 그런데 실제 사례를 통하여 공부하면 학생들의 흥미를 유발할 수 있어서 좋은 방법이라고 볼 수 있습니다.

교수님, 어느 정도 이해되었습니다. 지금 말씀하신 것 이외에 이 강좌를 진행하는 다른 특징은 없는지요?

본 강좌 그리고 이를 위한 교재의 가장 큰 특징을 하나 든다면 바로 강의를 이야기 형식으로 진행하고, 교재를 읽는 것이 바로 강의를 듣는 것처럼 한다는 것입니다.

교수님, 법을 이야기로 배운다는 뜻인가요? 뭔가 특이한 것 같습니다.

그렇습니다. 종전 대부분의 법학책과 강의는 저자나 교수가 일방적으로 법이론을 소개, 전달하는 방식, 즉 흔히 말하는 주입식 방법이었습니다. 그러다 보니 학생의 궁금증을 유발하기도 어려웠고, 무엇보다도 지겨웠습니다. 그리고 학생의 눈높이에 맞는 강의가 이루어지기 어려웠죠. 그래서 이 책을 통한 강의는 학생들이 묻고 이에 대하여 교수가 답을 하거나, 반대로 교수가 묻고 학생이 답을 하는 방식으로 진행됩니다.

교수님, 강의를 우리 학생들이 묻고, 그에 대하여 교수님이 대답하는 방식으로 진행한다고요? 조금 어색하기도 하고 이상합니다.

하하하, 그렇죠? 학생이 먼저 궁금한 것을 질문하고, 이에 대하여 교수가 답하고, 학생이 다시 질문하면 교수가 답하는 방식으로 강의하면, 우선 강의가 재미있을 뿐만 아니라 학생 수준에 맞는 강의를 할 수 있습니다. 그 반대로 교수가 묻고 학생이 답을 하는 것도 마찬가지이죠. 이렇게 학생들이 질문을 하거나 답을 하는 방식을 통하여 자연스럽게 법적 사고력인 리걸 마인드를 향상시킬 수가 있는 것입니다.

교수님, 너무 재미있을 것 같습니다. 교수님 말씀에 의하면 강의의 주도자가 우리 학생이 될 수도 있는 것이고, 궁금한 것을 자연스럽게 물어볼 수도 있고요. 너무 좋습니다. 그리고 정말 좋은 것은 우리가 질문하고 교수님이 답을 하는 것이니까 교수님 질문에 답을 하지 않아도 되어서 수업에 들어오는 부담도 없을 것 같습니다. 하하하, 어서 진행해 주시죠.

알겠습니다. 그러나 앞서 말한 대로 교수가 학생에게 질문하기도 합니다. 하하하.

교수님, 본격적으로 민법을 배우기 전에 법학 그중에서도 민법은 어떻게 공부하는 것인지, 방법론이라고나 할까요. 그런 방법론을 먼저 알고 나서 법을 배우면 훨씬 효과적일 것 같은데, 교수님은 어떻게 생각하시는지요?

정말 좋은 제안입니다. 물고기를 잡으려면, 낚시하는 방법이나 기술을 익히는 것이 급선무이듯이, 법은 어떻게 배우는 것인지, 그리고 법을 잘 배우려면 어떻게 공부하는 것인지를 먼저 알고 나면 훨씬 수월할 것 같습니다. 그러면 본격적인 강의에 앞서 법학 공부방법론을 알아볼까요?

네 좋습니다. 알려주세요.

법학 공부 방법론

1. 법학의 특징

법학은 기본개념과 논리를 전제로 한 학문이어서 개념법학이라는 말이 있을 정도임
그러므로 법학을 잘 공부하기 위해서는 먼저 각 제도의 기본개념을 정확히 이해하고 이를 암기할 필요가 있음

기본개념은 크게 보아 뜻을 의미하는 의의, 일정한 법률효과를 발생시키기 위한 요건인 법률요건, 법률요건이 갖추어져 있을 때 발생하는 법률효과 등으로 구성되어 있는바, 이들 구성 요소의 핵심 내용이 바로 법에 있어서의 기본개념임

기본개념을 잘 이해하고 이를 암기할 경우 기본개념이 나타내는 제도 전체를 잘 알고 있다는 것이어서 어떤 유형의 문제라도 능히 해결할 수 있음

또한 법 자체가 논리적이기에 이를 다루고 연구하는 법학도 매우 논리적인 학문임

따라서 법학을 공부함에 있어 항상 논리적으로 생각할 필요가 있음
법학을 논리적으로 공부할 경우 법 자체가 재미있을 뿐만 아니라 이해도 훨씬 쉽게 됨

거기에다가 오래 기억되고, 설사 잊었다 하더라도 후에 다시 복기하기가 매우 쉬움

2. 법조문의 중요성

위에서 법학은 기본개념이 중요하다고 언급하였는바, 이 기본개념이 문장으로 표현된 것이 바로 개별 법조문임

즉 법조문은 일반적으로 '---이면, ---하다.'라는 형식으로 규정되어 있는바, 여기서 앞부분의 '---이면'에 해당하는 것이 바로 법률요건이고, 뒷부분의 '---하다'에 해당하는 것이 바로 법률효과임

그리고 이 법률요건과 법률효과를 더욱 짧게 요약해 놓은 것을 의의라 할 수 있음

그러므로 법학을 공부함에 있어서는 법조문을 주의 깊게 읽고, 이해하며 가능한 한 이를 암기할 필요가 있음

또한 법학이라는 학문은 여러 분야가 있지만, 사실상 제정법의 법조문을 해석하는, 즉 법조문의 해석이 전부라고 하여도 과언이 아님

그래서 법학을 달리 말하면 법해석학이라고도 부르는 것으로 특히 수험 법학 수준에서의 법학은 법조문 해석이 더욱 중요함

법을 공부함에 있어 사용하는 교과서나 주석서도 사실 법조문을 해석하여 놓은 것에 불과한 것임

그러므로 법을 공부함에 있어서는 반드시 주요 법률이 수록된 법전을 지참하여 매번 법조문과 법제도를 비교하는 방식을 사용하는 것이 매우 유익함

또한 법조문의 이해와 암기는 법학 공부의 시작점이자 종착점이기에 평소에도 법조문을 계속 읽는 습관을 들이는 것도 중요함

이러한 공부방법론이 쌓일 경우 법조문만 보고도 개별 법상의 제도를

전부 이해하여 표현할 수 있을 뿐만 아니라 더 나아가 암기한 법조문을 머릿속에서 꺼내어 스스로 의의, 법률요건, 법률효과를 구성해 낼 수 있게 됨

3. 판례의 중요성

앞서 법학은 법해석학이 그 전부라 할 정도로 법조문의 해석이 중요한 바, 법해석 중 가장 권위있고 중요한 것이 사법부가 재판을 통하여 해석해 놓은 결과물로, 이것이 바로 판례임

그렇기에 판례 이해와 암기도 법조문에 못지않게 중요하다고 할 수 있음 그리고 판례, 특히 대법원 판례를 공부함에 있어서는 단순히 판례의 핵심 내용만 기재해 놓은 판결요지만 공부할 것이 아니라 더 나아가 판결문상의 이유에 나오는 사실관계, 사실관계로부터 나오는 법적 쟁점, 그 쟁점에 대한 법원의 판단 등과 같은 부분도 같이 공부할 필요가 있음

4. 목차의 중요성

법을 공부하기 위해서 교과서를 펼칠 경우 어디서부터 읽느냐 여부도 매우 중요함

보통 학생들은 교과서를 펼친 후 흔히 본문이라고 하는 부분부터 읽기 시작하는데, 이는 결코 바람직한 방법이 아님

가장 먼저 읽어야 할 부분은 바로 교과서의 가장 처음에 나오는 '머리말'임

이 머리말에는 책의 저자가 책을 펴낸 이유(집필 동기), 강조한 부분, 중요하게 생각하는 것, 그리고 그 책에서 주요하게 다루는 부분 등이 요약되어 기재되어 있기에 먼저 이를 읽을 필요가 있는 것임

다음으로 볼 부분은 책의 목차 부분임
이 목차에는 그 책에서 다룰 모든 내용이 요약되어 정리되어 있는 것이

기에 이를 한번 전체적으로 살펴볼 필요가 있음

그리고 본문을 공부할 때도 수시로 앞의 목차를 펼쳐 대조해 가면서 공부하면 훨씬 효과적임

그리고 일정한 회독 수가 채워지면, 이 목차만 오려서 갖고 다니면서 수시로 펼쳐 읽을 경우, 후에는 머릿속으로 목차 내용을 기억하면서 그 목차에 따라 교과서 전체의 내용을 다 끄집어낼 수 있게 됨

이렇게 될 경우 보통 10면에서 20면에 이르는 목차만 읽어도 500면에서 1,000면에 이르는 본문을 다 읽은 것과 같은 효과가 발생하여 시험날이 다가올수록 시간이 절약되어 정말 도움이 되는 것임

즉 이러한 공부 방법을 사용할 경우, 이것이 숙달되면 목차를 전부 암기할 수 있게 되고, 이 목차만으로도 해당 내용을 전부 서술이 가능해지는 것임

5. 통합적 접근

법학을 공부함에 있어 마지막으로 강조하고 싶은 것은 통합적 접근법을 활용하라는 것임

민법에 있는 여러 제도나 법이론을 개별적으로 접근해서 공부하는 것도 좋지만, 이들을 통으로 모아서 동시에 복합적으로 공부하면 매우 효과적임

예를 들어 민법은 크게 총칙과 물권법, 채권법, 가족법으로 구성되어 있는데, 이들을 따로따로 공부하는 것이 아니라 총칙을 배우면서 물권법이나 채권법을 같이 공부하고, 채권법을 배울 때 총칙이나 물권법을 함께 공부하는 것이 좋음

그리고 더 나아가서는 뒤에 강의를 하겠지만, 민법을 실체법이라고 하는데, 실체법을 배울 때는 실체법의 구체적인 권리화 절차라 할 수 있

는 민사소송법과 같은 절차법을 동시에 생각하면서 공부하면, 법학이 재미있을 뿐만 아니라 이해하기도 쉽고, 오랫동안 기억할 수 있다는 장점이 있음

6. 독서 방법과 독서량

법학을 공부하는 학생들이 가장 궁금해하는 것 중의 하나가 바로 책을 읽을 때 정독을 할 것인지, 아니면 통독 내지는 속독을 할 것인지의 질문임

결론적으로 말하면, 정답은 없고 학생 개인의 취향 내지는 형편에 따라 달라짐

그러나 개인 생각으로는 1회독 시에는 통독 형식으로 전체를 살펴본 후 2회독부터 정독하는 방식이 제일 낫다고 봄

그리고 일정 회독 수가 쌓이면, 앞서 밝힌 바와 같이 목차만 보고도 본문 내용을 기억하는 방식으로 공부하면 훨씬 효율적임

덧붙여서 학생들이 궁금해하는 것이 회독 수인데 과연 몇 회독을 해야 기본을 채우는 것인가에 관한 질문임

이것 역시 정답은 없지만, 보통 정독으로 5회독, 아무리 적어도 3회독 이상은 해야 비로소 이해할 수 있게 됨

그러기에 법학을 함에 있어서는 시간 확보가 매우 중요한 것임
하루에 최소한 10시간 이상은 확보해야 수업을 따라갈 수 있고, 시험에 합격할 수 있음

법학책 읽는 방법

자, 이제 본격적으로 법을 배우러 함께 떠나 봅시다. Let's go together!

CHAPTER

02

변호사 선임료, 중개 수수료?
손해 보지 않고 계약하자!

묻고 답하는 민법이야기

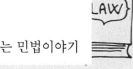

우리가 살면서 꼭 맞닥뜨리는 상황들이 있죠? 세를 살기 위하여 부동산 중개를 맡기기도 하고요, 아파서 의사로부터 진료와 치료를 받기도 하죠. 때로는 법적 어려움에 빠졌을 때 변호사로부터 도움을 받기도 하죠. 이러한 경우에 대부분은 돈을 지급하게 되죠. 중개 수수료, 치료비, 변호사 선임료 같은 것들이 바로 이것들이죠. 학생 여러분들도 본인 가정이나 주변에서 종종 위와 같은 일을 많이 겪죠?

그럼요. 저는 물론 부모님들도 너무 당연한 일들이라 막연히 '그런가 보다.' 하면서 돈을 지불하고 계약했지만, 좀 궁금한 것들이 많이 있습니다.

그래서 이 시간에는 손해 보지 않고 변호사를 선임하거나, 부동산 중개를 의뢰하는 일 등과 관련하여, 계약하는 법을 함께 알아보도록 하겠습니다. 제목도 재미있게 "변호사 선임료, 중개 수수료? 손해 보지 않고 계약하자!" 라고 정해 보았습니다.

교수님, 말씀하신 대로 우리가 살면서 변호사를 선임하거나 의사에게 치료를 맡기거나 부동산에 중개를 의뢰하는 일이 종종 있잖아요. 이러한 것들이 막연히 '계약'일 것이라고 생각하고 무심코 진행하는데, 계약이 맞나요?

맞습니다. 변호사를 선임하거나, 의사에게 치료를 맡기는 일, 공인중개사에게 아파트 등의 부동산 매매 중개를 의뢰하는 일들은 모두 원칙적으로 법적 성질상 계약이고, 그중에서도 위임계약에 해당합니다.

판례

대법원 1992. 2. 11선고 91다36239 판결 [손해배상(기)]
부동산중개업자와 중개의뢰인과의 법률관계는 민법상의 위임관계와 같으므로, 민법 제681조에 의하여 중개업자는 중개의뢰의 본지에 따라 선량한 관리자의 주의로써 의뢰받은 중개업무를 처리하여야 할 의무가 있다.

　'계약'이지만 더 구체적으로는 '위임'이 맞는 거군요. 그렇다면 예를 들어서, 우리가 부동산 공인중개사에게 아파트나 토지와 같은 부동산을 사고파는 중개를 위임한다고 했을 때, 그 '위임'이란 구체적으로 무엇인가요?

　위임에 대하여 알아보기 위해서는 먼저 계약이라는 것을 살펴볼 필요가 있습니다. 우리 인간은 사회적 존재 내지는 사회적 동물로서 사회생활, 가정생활, 직장생활 등을 할 때 다양한 형태의 계약을 하면서 살아가고 있습니다. 쉽게 말하면 물건을 사고팔거나 남녀가 사랑하는 사이가 되어 약혼하거나 혼인을 하는 것도 모두 계약에 해당합니다.

　즉, 계약은 일반적으로 청약과 승낙이라는 당사자 쌍방의 의사의 합치에 의하여 이루어지는 법률행위이죠. 이를 조금 더 학문적으로 이야기하면, 계약은 서로 대립하는 둘 이상의 의사표시(예를 들어, 팔겠다는 의미의 매도 의사표시와 사겠다는 의미의 매수 의사표시)의 합치에 의하여 성립하는 법률행위라고 할 수 있습니다.

　예를 들어, 홍길동과 일지매가 서로 'A라는 아파트를 5억 원에 사겠다, 팔겠다'라는 합의를 하거나(매매계약), 성춘향과 이몽룡이 결혼해서 부부로 살아가기를 합의하는 것(혼인계약), 홍길동이 B라는 원룸을 빌려주고, 일지매가

계약

그 대가로 월세 30만 원을 주기로 합의하는 것(임대차계약), 돈을 빌려주고 나중에 갚기로 하는 것(소비대차계약), 홍길동이 직장에 취업해서 일(노무)을 하기로 하는 것(고용계약), 토지소유자인 홍길동이 건축업자와 건축대금 1억 원에 홍길동의 토지 위에 건물을 지어주기로 합의하는 것(도급계약) 등이 모두 계약입니다.

이와 같은 다양한 계약 중에서 민법전에서 명문으로 규정하고 있는 계약이 모두 15개인데, 이를 보통 전형계약이라고 부릅니다. 그리고 그 이외의 모든 계약을 비전형계약이라고 부릅니다. 그런데, 우리가 오늘 배우려고 하는 위임은 계약 중에서도 민법전에 규정되어 있는 전형계약입니다.

계약의 유형과
종류

> 교수님, 잠시만요. 좀 전에 계약을 설명하시면서 '법률행위'와 '의사표시'라는 용어를 사용하셨는데, 먼저 그 의미를 자세히 설명해주시면 좋을 것 같습니다.

좋은 의견입니다. 권리가 일정한 원인에 의하여 발생하고, 변경되고 소멸하는 것을 통틀어 권리의 변동이라고 하는데,[1] 이러한 권리의 변동을 일으키는 원인을 '법률요건'이라 부르고, 이러한 법률요건(또는 권리변동요건)의 충족에 따라 권리의 변동이 이루어지는 것을 '법률효과'라고 부릅니다.[2]

> 교수님, 조금 어려워집니다.

법률행위

그렇죠? 조금만 참아 보세요. 바로 이해될 것입니다. 이 법률요건에 해당하는 것은 크게 앞서 말한 '법률행위'와 '법률의 규정'이 있습니다. 즉 법률행위나 법률의 규정에 따라 그 법률효과로서 권리의 변동이 이루어지는 것이죠. 그러면 이 법률행위란 무엇이냐면, 일정한 법률효과의 발생을 목적으로 하는 하나 또는 여러 개의 '의사표시'를 필수 요소로 하는, 즉 없어서는 아니 되는 법률요건이라고 할 수 있습니다.[3]

즉 법률행위는 반드시 하나 이상의 의사표시를 필요로 하는 법률요건이라고 부를 수 있고, 그에 따라 일정한 법률효과로서 권리변동이 발생한다고 볼 수 있죠.

그러면 교수님, 법률행위를 구성하는 의사표시란 무엇이죠?

의사표시

의사표시는 글자 그대로 '의사(뜻)'와 '표시'라는 단어가 합해져서 이루어진 용어로, 일정한 법률효과의 발생을 원하는(바라는) 내면의 의사를 외부에 나타내어 보이는(표시하거나 발표하는) 행위로서, 법률행위에 없어서는 안 되는 꼭 필요한 요소라고 할 수 있죠.4)

이를 정리하면, 일정한 법률효과의 발생을 원하는 의사를 표시하는 것을 필수 요소로 하는 법률행위에 의하여 법률효과로서 권리가 변동되는 것이라고 할 수 있습니다. 예를 들어보면, 갑이 을 소유의 아파트를 사겠다는 의사를 표시하고(의사표시), 이에 대하여 을이 갑에게 팔겠다는 의사를 표시하면, 갑과 을의 의사표시가 만나서 법률요건에 해당하는 법률행위(매매계약)가 있는 것이고, 이러한 법률행위에 따라 매매계약의 효과가 발생하면서 권리가 변동되는 것입니다.

교수님, 조금 알 것도 같지만, 여전히 애매합니다.

하하하, 조금만 더 참고 계속 들어보세요. 그런데, 의사표시를 필수 요소로 하는 법률요건으로서의 법률행위는 의사표시의 수와 모습(방향)에 따라 다시 단독행위, 계약, 합동행위로 분류됩니다. 즉 법률행위에는 단독행위, 계약, 합동행위가 있다는 것이죠.

교수님, 그러면 단독행위, 계약, 합동행위 모두 법률행위라고 하셨는데, 위 셋을 구별하는 기준은 무엇인지 궁금합니다.

단독행위

단독행위는 단 한 개의 의사표시로 성립하는 법률행위로서 '일방행위'라고도 부릅니다.5) 즉 하나의 의사표시만으로 일정한 법률효과로서 권리가 변동되는 것입니다. 예를 들면, 갑이 을에 대하여 1천만 원을 빌려줬다면, 갑은 을에게 위 1천만 원을 돌려받을 권리(채권)가 있고, 반대로 을은 갑에게 위

1천만 원을 갚아야 할 의무(채무)가 있을 것입니다. 이때 을의 경제 사정이 어려운 것을 알게 된 갑이 을을 생각해서 위 1천만 원을 받지 않겠다는 의사를 표시하면, 을의 의사와는 아무 관계 없이 갑의 의사표시만으로 을은 채무를 면하게 됩니다.[6] 이 경우 갑의 권리(채권)가 소멸하는 권리변동이 이루어지는데, 의사표시가 갑의 채무를 면제하는 하나의 의사표시만으로 이루어지는 법률행위로, 이것이 바로 단독행위가 되는 것입니다. 즉 채권자의 채무면제행위는 법률행위, 그중에서도 단독행위라고 할 수 있는 것이죠.

> 교수님, 그러면 계약은 의사표시가 두 개로 이루어진 법률행위가 될 것 같은데, 맞는지요?

오호. 정말 훌륭합니다. 정확히 말하면 의사표시가 두 개는 아니고 의사표시가 두 개나 세 개처럼 복수의 의사표시로 이루어진 법률행위라고 할 수 있습니다. 앞에서 사겠다는 의사표시와 팔겠다는 의사표시와 같이 두 개의 의사표시로 이루어진 법률행위가 바로 계약입니다. 즉 단독행위는 하나의 의사표시로 이루어짐에 비하여, 계약은 반드시 두 개 이상 복수의 의사표시로 이루어진 법률행위라고 할 수 있죠.

합동행위

> 교수님, 어느 정도 이해가 됩니다. 그러면 합동행위는 의사표시가 어떻게 이루어지는 것이죠? 합동이라는 말속에는 왠지 의사표시가 복수일 것 같은데, 그렇게 되면 계약과 동일하여 아무런 차이가 없는 것 같기도 합니다. 정말 어떻게 되는 것인지 궁금합니다.

학생처럼 호기심과 궁금증이 법을 쉽게 그리고 재미있게 배우는 지름길입니다. 학생들의 궁금증을 조금 더 일으키기 위하여 잠시 강의를 멈추고 물 한 잔 마시고 하겠습니다.

> 교수님, 이제 물 다 마시셨으니 어서 설명해주세요.

알겠습니다. 조금 전 학생이 말한 것과 같이 합동행위는 복수의 의사표시로 이루어진 법률행위입니다. 그렇기 때문에 하나의 의사표시로 이루어진 단독행위와는 구별되고, 계약과 유사합니다. 그런데, 계약이 '사겠다', '팔겠다' 처럼 두 개의 의사표시의 방향이 서로 대립적, 교환적임에 비하여, 합동행위는 복수의 의사표시의 방향이 대립적이지 않고 방향을 같이한다는 점에서 계약과는 구별되는 것입니다.

　예를 들어, 여러 사람이 모여 주식회사를 설립하거나 아파트 입주자대표회의와 같은 단체를 만드는 것을 사단법인의 설립행위라고 하는데, 이 사단법인의 설립행위가 바로 전형적인 합동행위라고 할 수 있습니다. 사단법인 설립행위의 경우, 일단 여러 사람의 의사표시가 필요하다는 점에서 단독행위가 아니고, 여러 개의 의사표시의 방향이 대립적인 것이 아니라 '사단법인 설립'이라는 같은 방향이고, 모든 행위자들에게 같은 법률효과를 가져온다는 점에서 계약과는 구별되는 것이죠.[7]

권리변동과
법률행위

> 교수님, 이제 확실히 그러나 그래도 조금은 부족하게 알 것 같습니다. 하하하.

　다행입니다. 이제 다시 위임에 대하여 알아보죠. 앞서 말한 대로 위임은 법률행위 중 계약에 해당합니다. 일반적으로 '위임'이란 당사자 일방이 타인, 즉 상대방에게 통일적인 사무처리를 위탁하고 상대방이 이를 승낙함으로써 성립하는 계약을 말합니다.[8] 쉽게 말하면 상대방에게 자신의 일(사무) 처리를 맡기는 것이 바로 위임이라고 생각하면 쉽습니다. 이처럼 위임은 일 처리를 하는 것이기에 당연히 인간의 노동력이 들어가게 됩니다.

위임

관련 법조문

민법 제680조(위임의 의의) 위임은 당사자 일방이 상대방에 대하여 사무의 처리를 위탁하고 상대방이 이를 승낙함으로써 그 효력이 생긴다.

계약 중에서 인간의 노동력이 주된 내용으로 들어가는 계약을 흔히 '노무 공급계약'이라고 부릅니다. 이러한 노무공급계약으로는 오늘 배우는 위임을 비롯하여 고용, 도급, 임치, 현상광고 등이 있습니다. 하나 주의할 점은, 여기서 말하는 '사무(일)'란 법률상의 행위(사무)뿐 아니라 사실상의 '행위(사무)'를 포함하는 개념입니다. 그렇기 때문에 위임사무의 내용이 될 수 있는 것은 거의 무제한적이라고 할 수 있습니다.

예를 들어, 부동산 등의 매매, 임대차 등과 같은 법률행위의 위탁, 변호사 사무소에의 소송위탁, 변리사에 대한 특허출원 사무 위탁, 채권추심기관에의 채권추심 위탁, 의사 등에의 치료 위탁까지 거의 모든 사무가 위임에 포함된다고 보면 맞습니다.

위임사무의 내용

1. 부동산 매매나 임대차 등의 법률행위
2. 소송, 특허출원사무
3. 등기신청이나 채권추심
4. 치료의 위탁
5. 상법상의 위탁매매계약, 중개계약 등

그런데요, 교수님. 부동산 중개나 변호사 선임을 위임이라고 하는 것은 어느 정도 이해가 가는데, 의사에게 치료를 맡기는 것도 '위임'이라고요? 쉽게 이해가 가지 않습니다.

우리 법상, 의사의 치료행위와 같은 의료행위를 위임으로 보는 이유는 다음과 같은 방법으로 쉽게 이해를 할 수 있을 것입니다. 치료를 맡긴다는 것은 환자측에서 병원이나 의사측에게 치료행위라는 사무, 즉 치료행위라는 일을 맡기는 것입니다.

의사의 진료행위에는 인간의 노동력이 들어가기에 노무공급계약이라고 한다는 말씀 이해가 갑니다. 그러면 위임과 같은 노무공급계약들 사이에는 어떤 차이점이 있는지요?

좋은 질문입니다. 위에서 살펴보았듯이 계약 중에서 일을 중심으로 하는 노무공급계약 같은 것으로는 위임, 고용, 도급이 있다고 했죠. 모두 일을 맡긴다는 점에서는 동일한데, 위 3자 간에는 차이점도 있습니다. 먼저 고용은 노무자 자신에 의한 노무의 공급 그 자체를 목적으로 하는 계약으로서, 제공되는 노무에 의한 어떤 일의 완성 또는 어떤 통일적인 사무의 처리와 같은 일정한 결과의 달성 여부는 고려되지 않는다는 점에 특색이 있습니다. 이에 반하여 도급은 토목공사나 건축공사와 같이 당사자 일방이 어느 일을 완성할 것을 약정하고, 상대방이 그 일의 결과에 대하여 보수를 지급할 것을 약정함으로써 성립하는 계약으로서 '일의 완성'이라는 결과물이 중요합니다.

그런데 위임은 특정한 병의 치료나 특정 사건의 처리와 같은 일정한 사무를 처리하기 위한 통일적인 노무를 목적으로 하는 계약으로서, 어디까지나 신임을 기초로 하여 부탁한 사무를 처리한다는 점에 주안점이 있고, 사무처리에 따른 일의 완성을 목적으로 하지 않는다는 점에서 도급과 구별됩니다.[9]

교수님, 그러면 직장생활에서 회사원으로 일하는 것과 같은 고용계약과는 어떤 차이가 있죠? 고용이라는 말속에는 뭔가 독립적이지 못하다는 의미가 있는 것 같은데요.

좋은 지적입니다. 위임은 일의 완성을 필요로 하지 않는다는 점에서는 앞서 설명한 고용과 비슷하지만, 일을 하는 자의 독립성(즉 지휘관계의 유무)에 있어서 큰 차이가 있습니다. 즉 고용이 사용자(주인, 사장이라고 생각하면 쉽습니다)의 지휘와 감독하에 피용자(직원이나 근로자를 생각하면 됩니다)가 일을 함에 비하여, 위임은 위임을 받은 자(이를 수임인이라고 합니다)인 수임인이 자신의 전문성과 능력을 기초로 일을 맡긴 자(이를 위임인이라고 합니다)의 구체적 지시나 감독 없이 자신의 지식과 경험을 갖고 일을 처리한다는 점에서 구별됩니다. 다시 말하면, 고용에서는 지휘명령과 이에 대한 복종관계가 존재하지만, 위임에서는 지휘명령이나 복종이 아니라 수임인 스스로 일을 처리한다는 점에서 위 둘은 큰 차이를 보이고 있습니다.

판례

대법원 2019. 4. 25. 선고 2018도20928 판결 [의료법위반]
누구든지 영리를 목적으로 환자를 의료기관이나 의료인에게 소개·알선·유인하는 행위 및 이를 사주하는 행위를 하여서는 아니 된다(의료법 제27조 제3항 본문). 여기서 '소개·알선'은 환자와 특정 의료기관 또는 의료인 사이에서 치료위임계약의 성립을 중개하거나 편의를 도모하는 행위를 말하고, '유인'은 기망 또는 유혹을 수단으로 환자로 하여금 특정 의료기관 또는 의료인과 치료위임계약을 체결하도록 유도하는 행위를 말한다.

대법원 2012. 6. 18. 선고 2010두27639,27646 전원합의체 판결 [과징금부과처분취소·부당이득환수처분취소]
갑 학교법인 소속 대학병원이 환자 등으로부터 진료지원과의 선택진료 사항에 관하여 포괄위임을 받은 다음 주진료과 외에 진료지원과 의사가 실시한 진료에 부과되는 선택진료비도 환자 등에게 부담하도록 한 것이 구 국민건강보험법(2006. 10. 4. 법률 제8034호로 개정되기 전의 것) 제52조 제1항 등에서 정한 '사위 기타 부당한 방법으로 가입자 등으로부터 요양급여비용을 받거나 가입자 등에게 이를 부담하게 한 때'에 해당한다는 이유로 국민건강보험공단이 부당이득환수결정을 한 사안에서, 병원이 선택진료를 요청하는 환자 등에게 선택진료신청서 양식을 이용하여 주진료과 선택진료 담당의사를 기재하여 제출하도록 하면서 주진료과 선택진료 담당의사에게 진료지원과 선택진료 담당의사 선택을 위임하도록 동의를 받았고, 그 과정에서 환자 등에게 이에 관하여 설명하는 절차를 거쳤으며, 주진료과 선택진료 담당의사는 질병 치료를 위해 진료지원과 의사에게 검사, 영상진단, 방사선치료 등을 의뢰하고 그 결과에 따라 환자에 대한 치료방침과 범위 등을 결정한 후 치료를 하므로 신속하고 효율적인 치료를 위해 주진료과 선택진료 담당의사에게 진료지원과 선택진료를 포괄적으로 위임하는 것을 인정할 현실적 필요성이 있다는 사정 등을 들어, 병원이 포괄위임에 따른 선택진료비를 환자 등에게 부담하도록 한 것이 '사위 기타 부당한 방법으로 가입자 등으로부터 요양급여비용을 받거나 가입자 등에게 이를 부담하게 한 때'에 해당하지 않는다고 본 원심판단을 정당하다고 한 사례.

교수님, 그러면 먼저 말씀하신 도급의 가장 흔한 예를 든다면, 어떤 것이 있을까요? 예를 들어 설명해주시면 아무래도 쉽게 이해되고, 머리에 쏙쏙 들어옵니다. 하하하.

좋은 의견입니다. 모든 학문에서도 다 그렇겠지만, 법학은 일종의 생활학문 내지는 경험학문이라 실제 예를 들어서 공부하면 이해도 쉽고, 기억도 오래갑니다. 그래서 법학을 공부할 때는 스스로 하나의 제도나 법조문을 예를 들어 공부하면서 기억할 필요가 있습니다. 이제 예를 들어 설명하면, 도급은 건물의 건축공사를 맡기는 것이 바로 전형적인 모습인데요. 여기서는 일을 맡긴다는 것도 중요하지만, 더욱 중요한 것은 바로 '일의 완성'입니다. 그래서 만일 맡긴 일이 완성되지 않으면 계약이 이행되지 않은 것으로 보게 됩니다. 즉 5층 건물의 건축공사를 맡겼는데, 지하 터파기 공사만 완성되었다면, 일이 완성되었다고 보기 어렵죠.

교수님, 그러면 의사에게 치료를 맡기는 계약은 왜 도급이 아니라 위임이 되는 것이죠? 치료를 맡기는 것도 병이 낫기 위해서 하는 것이지 않나요?

정말 좋은 지적입니다. 그런데 학생 말대로 만일 의사에게 치료를 맡기는 것을 도급이라고 한다면, 치료를 하였으나 완치되지 않는다거나, 암 수술을 하였지만 암이 완전히 제거되지 않는다거나 하였을 때, 이는 결코 일의 완성이 아니기에 계약상의 의무를 이행하지 않은 것으로 되죠. 과연 그것이 합리적이고 정의로운 결과일까요? 만일 그렇다면 과연 어떤 의사와 병원이 환자를 치료하려고 할까요? 치료행위를 도급으로 볼 수 없는 이유가 바로 여기에 있습니다.

대법원 2023. 3. 30. 선고 2022다289174 판결 [용역비]

[1] 도급계약에서 수급인의 보수는 완성된 목적물의 인도와 동시에 지급하여야 하고, 인도를 요하지 않는 경우 일을 완성한 후 지체없이 지급하여야 하며, 도급인은 완성된 목적물의 인도의 제공이나 일의 완성이 있을 때까지 보수 지급을 거절할 수 있으므로, 도급계약에서 정한 일의 완성 이전에 계약이 해제된 경우 수급인으로서는 도급인에게 보수를 청구할 수 없음이 원칙이다. 다만 당해 도급계약에 따라 수급인이 일부 미완성한 부분이 있더라도 계약해제를 이유로 이를 전부 원상회복하는 것이 신의성실의 원칙 등에 비추어 공평·타당하지 않다고 평가되는 특별한 경우라면 예외적으로 이미 완성된 부분에 대한 수급인의 보수청구권이 인정될 수 있고, 그와 같은 경우에 해당하는지는 도급인과 수급인의 관계, 당해 도급계약의 목적·유형·내용 및 성질, 수급인이 도급계약을 이행함에 있어 도급인의 관여 여부, 수급인이 도급계약에 따라 이행한 결과의 정도 및 그로 인해 도급인이 얻을 수 있는 실질적인 이익의 존부, 계약해제에 따른 원상회복 시 사회적·경제적 손실의 발생 여부 등을 종합적으로 고려하여 판단하여야 한다.

[2] 민법 제665조 제1항은 도급계약에서 보수는 완성된 목적물의 인도와 동시에 지급해야 한다고 정하고 있는데, 이때 목적물의 인도는 단순한 점유의 이전만을 의미하는 것이 아니라 도급인이 목적물을 검사한 후 목적물이 계약 내용대로 완성되었음을 명시적 또는 묵시적으로 시인하는 것까지 포함하는 의미이다.

교수님, 그러면 치료를 맡겨 일을 시키는 것은 환자가 의사를 고용해서 치료라는 사무를 시키는 것으로 보면, 위임이 아니라 고용계약으로 볼 수도 있지 않을까요?

하하하, 학생 생각대로 만일 치료를 맡기는 것을 의사가 환자에게 고용되었다고 본다면 어떻게 될까요? 의사의 전문적 지식과 기술로 치료를 하지 못하고, 환자의 지시나 감독을 받아 가면서 치료행위를 하고, 의사는 환자로부터 월급이나 연봉을 받는다는 것인데, 도저히 그렇게 볼 수는 없지 않을까요? 물론 극단적으로는 자기나 가족만의 치료를 전담하게 하면서 구체적으로 지휘·감독을 한다면, 이를 고용으로 볼 수도 있지만 그러한 예는 쉽게 생각하기는 어려울 것입니다. 치료를 맡기는 것이 고용이 아닌 위임인 이유가 바로 여기서 드러나죠.

그러나 이는 일반론이고 극단적으로는 달리 볼 수도 있습니다. 즉 예를 들어 변호사에게 소송사건을 의뢰하여 일의 처리를 맡긴 경우에, 승소에 주안점이 있다면 승소라는 일의 완성을 요구하는 것이 되어서 도급이 될 것이지만, 그렇지 않은 일반적인 경우에는 위임이 되고, 환자와 의사의 관계도 일반적으로는 위임으로 보아야 할 것이지만, 질병의 치료를 목적으로 한다면(더 극단적으로는 치료가 이루어지지 않으면, 일이 완성되지 않은 것으로 보아) 도급이 되어, 치료되지 않았을 때는 보수를 지급하지 않아도 된다고 볼 때도 있을 것입니다. 왜냐하면, 계약자유의 원칙에 따라 당사자는 합의로써 얼마든지 민법의 규정과는 다른 계약 내용을 결정할 수 있기에 이런 일들도 가능할 수 있습니다.

이처럼 계약자유의 원칙에 따라 당사자 사이의 합의로 법률의 규정과 다른 내용의 계약을 체결할 수 있는 규정을 임의규정이라 하고, 이와 반대로 당사자 사이의 합의로 법률에서 규정한 내용을 배제하거나 규정 내용과 다르게 정할 수 없는 규정을 강행규정이라고 합니다. 민법은 사적자치원칙이 적용되는 영역이고, 그에 따라 당사자 사이의 합의로 민법 조문과는 다르게 자유롭게 계약 내용을 정할 수 있기에 민법 규정은 원칙적으로 임의규정이지요. `임의규정`

그러나 민법 조문 중에서도 사회, 경제적 약자의 보호 필요성(예를 들어 임대차계약에서의 임차인 보호를 위한 규정 등)이나 선량한 풍속이나 공공의 이익 보호와 사회질서의 유지 등을 위하여 조문 내용을 임의로 바꿀 수 없는 규정도 있으며, 이를 강행규정이라고 합니다. `강행규정`

교수님, 그러면 어느 규정이 임의규정이고, 강행규정인지는 법에서 정해주는 것인지요?

 법에서 명백히 밝혀주면 좀 편하겠지요. 그러나 무엇이 임의규정이고, 강행규정인지는 법조문에 표시되어 있는 경우도 있지만 대부분은 법에서는 규정하고 있지 않고, 해석, 특히 법원의 판결을 통하여 정해집니다. 이 경우 법원은 아래 판결과 같이 입법 배경과 취지, 보호법익과 규율대상, 위반의 중대성, 당사자에게 법규정을 위반하려는 의도가 있었는지 여부, 규정 위반이 법률행위의 당사자나 제3자에게 미치는 영향, 위반행위에 대한 사회적·경제적·윤리적 가치평가, 이와 유사하거나 밀접한 관련이 있는 행위에 대한 법의 태도 등 여러 사정을 종합적으로 고려해서 효력을 판단합니다.

판례

대법원 2021. 9. 30. 선고 2016다252560 판결 [소유권이전등기등]
계약 등 법률행위의 당사자에게 일정한 의무를 부과하거나 일정한 행위를 금지하는 법규에서 이를 위반한 법률행위의 효력을 명시적으로 정하고 있는 경우에는 그 규정에 따라 법률행위의 유·무효를 판단하면 된다. 법률에서 해당 규정을 위반한 법률행위를 무효라고 정하고 있거나 해당 규정이 효력 규정이나 강행규정이라고 명시하고 있으면 이러한 규정을 위반한 법률행위는 무효이다.
이와 달리 이러한 규정을 위반한 법률행위의 효력에 관하여 명확하게 정하지 않은 경우에는 규정의 입법 배경과 취지, 보호법익과 규율대상, 위반의 중대성, 당사자에게 법규정을 위반하려는 의도가 있었는지 여부, 규정 위반이 법률행위의 당사자나 제3자에게 미치는 영향, 위반행위에 대한 사회적·경제적·윤리적 가치평가, 이와 유사하거나 밀접한 관련이 있는 행위에 대한 법의 태도 등 여러 사정을 종합적으로 고려해서 효력을 판단해야 한다.

교수님, 부동산 중개를 맡기거나 변호사 수임을 맡기거나 의사에게 치료를 받는 경우는 사실 물건을 거래하는 일과 다르게 일단 맡기는 입장에서 잘 해주리라고 믿고 시작을 할 수밖에 없잖아요. 만약 믿지 못하면 내 일 처리를 남에게 맡기기가 어려울 것 같아요. 그리고 이러한 믿음이 위임계약의 특징이 될 것 같은데, 위임계약의 특징은 무엇일까요?

그렇습니다. 정확한 지적입니다. 믿고 일을 맡기는 계약으로서 수임인이 자신의 판단과 경험에 의하여 일을 처리하는 것이 위임이기에 위임계약의 가장 큰 두 가지 특징은 '신뢰성' 과 '자주 및 독립성' 입니다. 위임은 기본적으로 일 처리를 맡은 자(수임인)의 자질과 능력, 경험 등에 대한 신뢰를 기초로 하는 것이고, 또 다른 하나는 수임인이 전문적인 지식과 경험을 가지고 자신이 알아서 독립적으로 일을 처리한다는 점입니다.

이처럼 신뢰하여 일을 맡기고, 또 독립해서 나름 독자적으로 일을 하는 것이기 때문에 수임인에게는 수임 사무를 처리함에 있어서 고도의 주의를 기울여서 신중하게 처리할 것을 요구하는 것이죠. 그리고 이러한 의무를 선량한 관리자의 주의의무라고 합니다. 만일 그렇지 않다면, 즉 알아서 잘 처리하라고 하면서 믿고 맡겼는데, 성실한 자세로 열심히 그리고 지식을 총동원하여 일 처리를 하지 않고 대충대충 처리한다면, 그 신뢰에 어긋나는 것이고, 이는 바로 위임계약의 본지에서 벗어나는 것이겠죠. 그에 따라 비록 보수를 받지 않고 공짜로 일을 처리하는 무상 위임이라 할지라도 수임인에게는 선량한 관리자의 주의의무라는 고도의 주의의무를 요구하는 것입니다.

교수님, 잠깐만요. 좀 전에 선량한 관리자의 의무라고 말씀하셨나요? 어떤 뜻인가요?　　　　선관의무

수임인의 선량(善良)한 관리자의 주의의무, 줄여서 '선관의무(善官義務)' 란 수임인은 위임계약의 목적과 성질에 따라 합리적으로 사무를 처리해야 한다는 것을 말합니다. 즉 다른 사람의 일을 맡아 처리할 때는 대충하지 말고 일을 맡긴 취지에 따라 충실하고 성실하게 임무를 수행해야 한다는 것이죠.

이러한 선관의무와 대비되는 용어가 '자기 재산과 동일한 주의의무' 입니다. 예를 들어 다른 사람으로부터 1억 원을 투자 맡아 투자상품을 운용할 때와 자기 돈을 갖고 투자상품을 운용할 때는 주의의무에 차이가 있을 수밖에 없습니다. 일반적으로는 자기 재산을 갖고 할 때는 비교적 자유롭게(왜냐하면 손해를 보아도 자기가 보기에) 운용할 수 있지만 타인의 위임을 받아 운용할 때는 조금 더 주의를 갖고 성실하게 운용하여야 하는 것입니다. 그렇기에 선량한 관리자의 주의의무가 자기 재산과 동일한 주의의무보다는 관리 수준이 더 높다고 할 수 있는 것이죠.

위에서 강조하였듯이 수임인은 위임인의 구체적인 지시 없이 독자적으로 자신의 판단하에 일을 처리하는 것입니다. 그래서 수임인에게는 보통의 관리나 주의의무가 아닌 이보다 더 높은 선량한, 즉 좋은 혹은 성실하고도 훌륭한 관리자로서 위임인의 일을 처리할 의무가 있는 것이고, 이를 선관의무라고 합니다.

그렇기 때문에 만일 위임인의 구체적인 지시가 있는 때에는 그에 따라야 하지만, 그 지시가 위임의 취지에 적합하지 않거나 위임인에게 불이익할 때도 있겠죠. 이런 경우에는 수임인은 곧바로 그 내용을 위임인에게 통지하고 지시의 변경을 요구할 수 있는 한편, 그렇게 하지 않는 경우에는 오히려 선관의무 위반이 될 수도 있습니다.

그래서 변호사의 소송위임계약에 있어서 대법원도 소송대리를 위임받은 변호사는 전문적인 법률 지식과 경험에 기초해 성실하게 의뢰인의 권리를 옹호할 의무가 있으며, 만일 자신이 수임한 사건에서 패소판결이 있었던 경우에는 의뢰인으로부터 상소에 관하여 특별한 수권이 없는 때에도 그 판결을 점검해서 의뢰인에게 불이익한 계산상의 잘못이 있다면, 그 판결의 내용과 상소하는 때의 승소 가능성 등에 대하여 설명하고 조언해야 할 의무가 있다고 판시하고 있습니다.

자기재산과 동일한 주의로 보관하여야 한다.

판례

대법원 2004. 5. 14. 선고 2004다7354 판결 [손해배상(기)]
[1] 일반적으로 수임인은 위임의 내용에 따라 선량한 관리자의 주의의무를 다하여야 하고, 특히 소송대리를 위임받은 변호사는 그 수임사무를 수행함에 있어 전문적인 법률지식과 경험에 기초하여 성실하게 의뢰인의 권리를 옹호할 의무가 있으며, 구체적인 위임사무의 범위는 변호사와 의뢰인 사이의 위임계약의 내용에 의하여 정하여지는 것이지만, 위임사무의 종료단계에서 패소판결이 있었던 경우에는 의뢰인으로부터 상소에 관하여 특별한 수권이 없는 때에도 그 판결을 점검하여 의뢰인에게 불이익한 계산상의 잘못이 있다면 의뢰인에게 그 판결의 내용과 상소하는 때의 승소가능성 등에 대하여 구체적으로 설명하고 조언하여야 할 의무가 있다.
[2] 소송대리를 위임받은 변호사의 선관주의의무 위반으로 인하여 패소 부분에 대한 항소권이 소멸한 후 부대항소를 제기하였으나 상대방이 항소를 취하함으로써 부대항소가 효력을 잃게 되어 판결이 확정된 경우, 의뢰인이 항소를 통하여 얻을 수 있었던 금원 상당이 변호사의 선관주의의무 위반과 상당인과관계가 있는 통상손해에 해당한다는 원심의 판단을 수긍한 사례.

대법원 2010. 5. 27. 선고 2010다4561 판결 [손해배상(기)]
[1] 민법 제684조 제1항은 "수임인은 위임사무의 처리로 인하여 받은 금전 기타의 물건 및 그 수취한 과실을 위임인에게 인도하여야 한다"고 규정하고 있는데, 위임계약이 위임인과 수임인의 신임관계를 기초로 하는 것이라는 점 및 수임인은 위임의 본지에 따라 선량한 관리자의 주의로써 위임사무를 처리하여야 하는 것이라는 점 등을 감안하여 볼 때, 위 조항에서 말하는 '위임사무의 처리로 인하여 받은 금전 기타 물건'에는 수임인이 위임사무의 처리와 관련하여 취득한 금전 기타 물건으로서 이를 수임인에게 그대로 보유하게 하는 것이 위임의 신임관계를 해한다고 사회통념상 생각할 수 있는 것도 포함된다.

[2] 토지의 실소유자로부터 신탁받은 토지의 매도를 위임받은 수임인이 1차 매매계약 체결 후 매매대금을 증액하여 2차 매매계약을 체결하고 매수인이 지정한 주택조합에 소유권이전등기를 해 주었으나, 그 후 1, 2차 매매계약 체결 당시 약정한 "도시계획변경심의 결과 제3종 일반주거지역 아파트 용도로의 변경이 부결될 경우 매매계약을 무효로 한다"는 조항에 따라 1, 2차 매매계약의 무효를 주장하며 매도 토지에 관하여 처분금지가처분결정을 받은 다음 주택조합과 매매대금을 증액하기로 하는 3차 매매계약을 체결하고 그 추가 매매대금을 지급받으면서 아파트 사업승인과 관련하여 어떠한 이의도 제기하지 않겠다는 취지의 확약서 및 가처분 해제 신청서를 작성해 준 사안에서, 1, 2차 매매계약은 해제조건의 성취로 이미 그 효력을 상실하였고, 1, 2차 매매계약이 효력을 상실하여 3차 매매계약을 새로이 체결할 경우 그 때 당시의 '정당한 시가'에 따라 매도하여 줄 것을 위임하였다고 보는 것이 당사자의 의사 및 위임의 본지에 부합한다고 할 것인데, 비록 수임인이 가처분을 해제하고 아파트 건축사업을 방해하지 않는다는 조건하에 보상금 내지 합의금 명목으로 2차 추가 매매대금을 지급받은 것이라 하더라도, 매매계약 체결 및 가처분에 이르게 된 경위 등 제반 사정에 비추어 위 추가 매매대금은 수임인이 위임사무의 처리를 빙자하여 취득한 것으로서 그 중 토지의 '정당한 시가'에 상응하는 금원을 수임인이 그대로 보유하는 것은 사회통념상 위임의 신임관계를 해하는 것으로 봄이 상당하므로, 수임인은 토지의 '정당한 시가'에 상응하는 금원을 민법 제684조 제1항에 따라 위임인에게 반환하여야 한다고 한 사례.

서로 신뢰를 갖고 수행을 하는 것은 당연하죠. 그런데 좀 전에 이 위임계약에는 자주, 독립성이라는 것도 있다고 하셨는데, 어떤 특징이 있는 것인지 사례로 말씀해 주시면 감사하겠습니다.

위임의 특징

위임계약의 가장 큰 특징 중의 하나가 바로 수임인의 자주, 독립성이라는 특성입니다. 위임은 사무처리의 위탁에 그 목적이 있으므로 당연히 수임인은 자기의 재량으로 사무를 처리하는 것으로 자주성과 독립성을 갖게 되죠. 이 점에서 사용자의 지휘와 감독에 따라 노무를 제공하는 고용과는 본질적으로 구별됩니다.

　예를 들어서, 변호사 선임의 경우에, 일반인들은 법적 지식이 없기에 변호사가 갖고 있는 고도의 전문지식과 경험에 의존할 수밖에 없게 됩니다. 의사와 환자의 관계도 그렇고요. 그렇기에 변호사 등은 의뢰인으로부터 독립해서 일을 처리해야 하는 것이죠.

　또한 타인의 사무처리 그 자체가 목적이므로 일의 완성을 내용으로 하는 도급과도 구별이 된다고 했죠. 그러므로 위임에서는 일의 완성이 없어도 수임인은 그 의무를 이행한 것이 되고, 수임인이 중도에 위임사무의 수행을 중지하더라도 이미 수행한 부분에 상응하는 보수를 청구할 수 있습니다.

> 　교수님, 환자나 의뢰인 입장에서는 사실 가장 중요한 것이 보수를 어떻게, 얼마나 지급하는지 하는 것이잖아요. 우리 법에서 이들 위임계약의 보수지급원칙은 어떠한가요?

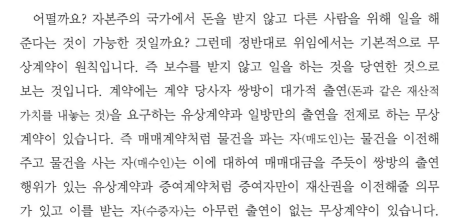

　어떨까요? 자본주의 국가에서 돈을 받지 않고 다른 사람을 위해 일을 해준다는 것이 가능한 것일까요? 그런데 정반대로 위임에서는 기본적으로 무상계약이 원칙입니다. 즉 보수를 받지 않고 일을 하는 것을 당연한 것으로 보는 것입니다. 계약에는 계약 당사자 쌍방이 대가적 출연(돈과 같은 재산적 가치를 내놓는 것)을 요구하는 유상계약과 일방만의 출연을 전제로 하는 무상계약이 있습니다. 즉 매매계약처럼 물건을 파는 자(매도인)는 물건을 이전해주고 물건을 사는 자(매수인)는 이에 대하여 매매대금을 주듯이 쌍방의 출연 행위가 있는 유상계약과 증여계약처럼 증여자만이 재산권을 이전해줄 의무가 있고 이를 받는 자(수증자)는 아무런 출연이 없는 무상계약이 있습니다.

유상계약과
무상계약

　그런데 위임계약은 일을 맡은 수임인만이 '사무처리'라는 노무의 출연을 하고, 상대방인 위임인은 아무런 출연이 없기에 무상계약이 원칙입니다. 그에 따라 수임인이 보수를 받으려면 별도로 보수지급에 관한 특약을 하여야 하고, 이러한 특약이 없으면 원칙적으론 일을 처리하여도 보수를 청구할 수 없습니다. 조금 특이하죠. 상식과는 반하는 것 같기도 하고요. 하하하.

관련 법조문

민법 제686조(수임인의 보수청구권)
① 수임인은 특별한 약정이 없으면 위임인에 대하여 보수를 청구하지 못한다.
② 수임인이 보수를 받을 경우에는 위임사무를 완료한 후가 아니면 이를 청구하지 못한다. 그러나 기간으로 보수를 정한 때에는 그 기간이 경과한 후에 이를 청구할 수 있다.
③ 수임인이 위임사무를 처리하는 중에 수임인의 책임없는 사유로 인하여 위임이 종료된 때에는 수임인은 이미 처리한 사무의 비율에 따른 보수를 청구할 수 있다.

그러면 교수님 일을 맡아 처리해주는 수임인에게 너무 가혹하지 않을까요? 요즘 세상에 누가 공짜로 일을 해줄까요?

그런 면이 있겠죠? 다만, 이러한 특약은 반드시 문서로 작성한다거나 구두로 명확히 하는 명시적 특약만이 아닌 묵시적 특약도 법원이 인정하고 있습니다. 즉 묵시적으로라도 보수지급의 특약이 있다고 인정되면, 비록 당사자 사이에 명시적인 약속이 없었다 할지라도 위임인은 보수를 지급하여야 합니다.

교수님, 그렇다면 우리가 살면서 만날 수 있는 변호사 선임, 부동산 중개, 의사의 치료 위임과 같은 각각의 보수는 어떻게 되는 것인지도 궁금한데요. 먼저 변호사 보수의 특징에 대해서 말씀해주세요.

자, 그러면 먼저 변호사 보수의 특징을 살펴볼게요. 앞에서 설명한 것과 같이 위임계약의 본지에 따르면 보수지급의 특약이 있을 때만 변호사가 보수를 청구할 수 있죠. 그러나 우리 판례는 변호사와 의뢰인 사이에는 비록 보수지급에 관한 특약이 없어도 특별히 무보수로 한다는 특약이 없는 한, 묵시적으로 보수지급의 약정이 있었다고 보아 보수청구권을 인정하고 있습니다. 즉 특별히 무보수로 한다는 약속이 없는 한 원칙적으로 보수를 지급하여야 한다는 것입니다.

교수님, 방금 뭐라고 하셨죠? 보수를 지급하지 않기로 하지 않는 한 보수를 지급하여야 한다는 것인가요?

그렇습니다. 대법원의 판례를 보면, 비록 보수를 지급하기로 한다는 명시적인 약정을 하지 않았다 할지라도 반대로 무보수로 한다는 등과 같은 특별한 사정이 없는 한, 기본적으로 변호사와 의뢰인 간에는 응분의 일정한 보수를 지급할 묵시적 약정이 있었던 것으로 봄이 상당하다고 보아 변호사에게 보수청구권을 인정하고 있습니다. 즉 변호사와 의뢰인 사이에는 무보수라는 특별한 사정이 없는 한 보수를 지급하여야 한다는 것입니다.

판례

대법원 1993. 2. 12. 선고 92다42941 판결 [약정금]
변호사는 당사자 기타 관계인의 위임 또는 공무소의 위촉 등에 의하여 소송에 관한 행위 및 행정처분의 청구에 관한 대리행위와 일반 법률사무를 행함을 그 직무로 하고(변호사법 제3조), 변호사는 사회통념에 비추어 현저히 부당한 보수를 받을 수 없을 뿐이므로(같은 법 제19조, 변호사보수기준에관한규칙 제3조), 변호사에게 계쟁사건의 처리를 위임함에 있어서 그 보수지급및 수액에 관하여 명시적인 약정을 아니하였다 하여도, 무보수로 한다는 등특별한 사정이 없는 한 응분의 보수를 지급할 묵시의 약정이 있는 것으로봄이 상당하다 할 것이다.

교수님, 형사사건 등에서 보면 성공보수라는 말이 있던데 이것은 무슨 뜻이죠?

성공보수

변호사 보수는 어떻게 결정되고 얼마를 지급하는 것인지는 기본적으로 당사자 사이의 합의에 의하여 결정됩니다. 그러나 일반적으로는 착수금과 성공보수금으로 나뉘어서, 일단 사건을 맡으면서 주고받는 보수를 착수금이라 하고, 사건에서 승소하는 등 일정한 만족을 얻을 경우에(즉 성공하였을 경우에) 지급하는 보수를 성공보수금이라고 합니다.

다만, 형사사건의 경우를 보면, 종전에는 민사사건 등과 같이 착수금과 성공보수금으로 나누어 착수금은 일의 성공 여부와 관계없이 소송을 위임할 때 받고, 후에 재판 결과 승소하게 되면, 예를 들어 보석청구가 받아들여지거나 집행유예 판결을 선고받는 경우, 무죄를 선고받는 경우에는 '성공사례'라는 명목으로 또 보수를 받는 구조이었습니다.

그러나 형사사건에서 착수금 이외에 성공보수를 받는 것은 사회질서에 반하는 위법한 것으로 보아 비록 당사자 사이에 성공보수지급 특약이 있다 할지라도 이 특약은 선량한 풍속에 반하여 민법 제103조에 의거, 무효이고, 따라서 그러한 특약이 있어도 의뢰인은 이를 지급할 의무가 없다고 우리 대법원이 판시하고 있습니다. 이에 따라 이제는 형사사건에서는 비록 성공보수약정이 있다 할지라도 의뢰인은 약정된 성공보수를 지급하지 않아도 됩니다.

형사성공보수금지

형사사건
변호사의 성공보수

판례

대법원 2015. 7. 23. 선고 2015다200111 전원합의체 판결 [부당이득금]

형사사건에 관하여 체결된 성공보수약정이 가져오는 여러 가지 사회적 폐단과 부작용 등을 고려하면, 구속영장청구 기각, 보석 석방, 집행유예나 무죄 판결 등과 같이 의뢰인에게 유리한 결과를 얻어내기 위한 변호사의 변론활동이나 직무수행 그 자체는 정당하다 하더라도, 형사사건에서의 성공보수약정은 수사·재판의 결과를 금전적인 대가와 결부시킴으로써, 기본적 인권의 옹호와 사회정의의 실현을 사명으로 하는 변호사 직무의 공공성을 저해하고, 의뢰인과 일반 국민의 사법제도에 대한 신뢰를 현저히 떨어뜨릴 위험이 있으므로, 선량한 풍속 기타 사회질서에 위배되는 것으로 평가할 수 있나.

다만 선량한 풍속 기타 사회질서는 부단히 변천하는 가치관념으로서 어느 법률행위가 이에 위반되어 민법 제103조에 의하여 무효인지는 법률행위가 이루어진 때를 기준으로 판단하여야 하고, 또한 그 법률행위가 유효로 인정될 경우의 부작용, 거래자유의 보장 및 규제의 필요성, 사회적 비난의 정도, 당사자 사이의 이익균형 등 제반 사정을 종합적으로 고려하여 사회통념에 따라 합리적으로 판단하여야 한다.

그런데 그동안 대법원은 수임한 사건의 종류나 특성에 관한 구별 없이 성공보수약정이 원칙적으로 유효하다는 입장을 취해 왔고, 대한변호사협회도 1983년에 제정한 '변호사보수기준에 관한 규칙'에서 형사사건의 수임료를 착수금과 성공보수금으로 나누어 규정하였으며, 위 규칙이 폐지된 후에 권고양식으로 만들어 제공한 형사사건의 수임약정서에도 성과보수에 관한 규정을 마련하여 놓고 있었다. 이에 따라 변호사나 의뢰인은 형사사건에서의 성공보수약정이 안고 있는 문제점 내지 그 문제점이 약정의 효력에 미칠 수 있는 영향을 제대로 인식하지 못한 것이 현실이고, 그 결과 당사자 사이에 당연히 지급되어야 할 정상적인 보수까지도 성공보수의 방식으로 약정하는 경우가 많았던 것으로 보인다.

이러한 사정들을 종합하여 보면, 종래 이루어진 보수약정의 경우에는 보수약정이 성공보수라는 명목으로 되어 있다는 이유만으로 민법 제103조에 의하여 무효라고 단정하기는 어렵다. 그러나 대법원이 이 판결을 통하여 형사사건에 관한 성공보수약정이 선량한 풍속 기타 사회질서에 위배되는 것으로 평가할 수 있음을 명확히 밝혔음에도 불구하고 향후에도 성공보수약정이 체결된다면 이는 민법 제103조에 의하여 무효로 보아야 한다.

그런데 교수님, 하나 더 질문해도 될까요? 정말 궁금해서 그렇습니다.

그래요? 정말 궁금하다면, 무엇이든 물어보세요. 다만 제가 모르는 것을 질문하면 곤란하니까 되도록 쉬운 질문만 해주세요. 하하하.

교수님 감사합니다. 그런데 어떡하죠? 좀 어려운 질문 같은데… 그래도 해보겠습니다. 주변에서 듣기로는 같은 입장에 있는 사람들이 각자 변호사를 선임기도 하지만 비용 문제 등으로 공동으로 동일한 변호사를 선임하기도 한다는데요. 이처럼 공동으로 변호사를 선임하였을 때는 변호사 보수는 어떻게 되는 것이죠? 각자가 전액을 내는 것인지, 아니면 요즈음 우리 젊은 사람들이 같이 식사한 후 음식값을 나눠서 내는 것처럼 1/n로 나누어서 내도 되는 것인지요?

그렇게 어려운 질문을 하면 어떡합니까? 하하하. 질문 요지는 예를 들어 같은 사건에 관여된 5명이 한 명의 변호사를 선임하면서 변호사 보수로 1천만 원을 지급하기로 약정한 경우에, 5명 모두가 각자 1천만 원씩 지급하는 것인지, 아니면 5명 모두 합하여 1천만 원만 지급하면 되는 것인지 궁금하다는 것이죠? 정답은 없고요. 구체적으로 어떻게 보수 약정을 하느냐에 따라 달라집니다. 즉 1/n로 할 수도 있고, 각자 지급으로 정할 수도 있습니다. 다만 "변호사에게 공동당사자로서 소송대리를 위임한 소송사건의 결과에 따라 경제적 이익을 불가분적으로 향유하게 되거나 패소할 경우 소송 상대방에 대하여 부진정연대관계의 채무를 부담하게 된다 하더라도, 이러한 사정만으로 곧바로 공동당사자들의 변호사에 대한 소송대리위임에 따른 보수금 지급채무가 연대 또는 불가분채무에 해당하는 것으로 단정할 수 없다."라는 대법원판결[10]이 있습니다.

　이 판례를 기초로 하여 본다면, 여러 사람이 같은 사건에서 소송의 승패 운명을 같이 하며, 상호 경제적 연관성이 있다 할지라도 그중 한 사람만이 변호사와 소송위임계약서를 작성하고 소송대리인으로 선정하였다 할지라도 나머지 사람들이 선임계약서를 공동으로 작성하지 않는 한 원칙적으로 선임계약서를 작성하지 않은 사람은 보수를 지급할 책임이 없다고 할 수 있습니다.

판례

대법원 1993. 2. 12. 선고 92다42941 판결 [약정금]

○ 사안

　계쟁 민사소송사건의 소송대리위임에 따른 보수계약은 수임변호사인 원고와 그 실질적인 사건의뢰자인 소외 1 사이에 체결된 것이고, 위 보수계약 당시 위 소외 1이 그와 위 소송사건의 공동당사자 관계에 있는 피고 회사로부터 대리권을 수여받아 그 대리인으로 행세하여 이를 체결한 것도 아니며, 또 피고가 위 소외 1에게 원래 위 계쟁 민사소송사건의 소송대리인 선임에 관한 기본적인 대리권을 수여한 바도 없음

○ 판단

피고와 위 소외 1 등이 공동당사자로서 원고에게 그 소송대리를 위임한 위

> 계쟁 민사소송사건의 결과에 따라 경제적 이익을 불가분적으로 향유하게 되거나 패소할 경우 그 소송 상대방에 대하여 부진정연대관계의 채무를 부담하게 된다 하더라도, 이러한 사정만으로 곧바로 피고나 위 소외 1 등의 원고에 대한 위 소송대리위임에 따른 보수금 지급채무가 연대 또는 불가분채무에 해당하는 것으로 단정할 수는 없다 할 것임

단, 여기서 꼭 구별하여야 할 아주 중요한 쟁점이 하나 있습니다. 무엇인지 궁금하죠?

네 교수님, 어서 말씀해주세요.

변호사에게 사무처리를 맡겨 자신의 소송사건을 대신 처리해달라고 하는 것이 위임계약에 해당한다고 하였죠? 그러나 변호사에게 소송처리를 맡기는 것과 그로 인하여 맡긴 자인 위임인(의뢰인)을 대리하여 법원 등에 소송행위를 할 수 있는 지위나 권한을 대리권, 그중에서도 소송대리권이라고 하는데, 변호사가 갖게 되는 소송대리권과 위임계약은 전혀 다른 개념이라고 하는 것입니다.

소송대리권

교수님, 그것이 무슨 말씀이신지요? 교수님께서는 지금까지 변호사에게 소송사건 처리를 맡기는 것이 위임계약이라고 하였고, 그에 따라 변호사가 소송을 대리할 수 있는 것이라고 말씀하지 않으셨나요?

조금 정확히 살펴볼 필요가 있습니다. 위임계약은 위임인과 수임인 사이에 사무처리를 하기로 하는 계약으로, 이는 전적으로 채권법상의 관계이어서 순전히 위임인과 수임인 사이에서만 효력을 발하는 것입니다. 그러므로 제3자라고 할 수 있는 법원 등에 대하여는 아무런 효력이 없습니다. 그래서 수임인인 변호사가 법원 등에 자신이 위임인의 소송대리인이라는 자격 내지는 권한이 있음을 밝혀야 하는데, 이는 바로 위임계약과 그 계약서만으로는

안 되고, 별도로 대리권이 있음을 밝히는 증명이 필요합니다.

수권행위

이를 위해서는 바로 위임인이 수임인에게 소송대리권을 수여한다는 의사표시가 있어야 하는데, 이를 대리권 수여행위 또는 수권행위라고 합니다. 이러한 대리권 수여행위는 위임인의 일방적인 의사표시만으로 이루어지는 단독행위로서, 이는 위임계약과는 전혀 별개의 법률행위입니다. 이처럼 위임계약과 대리권 수여행위는 전혀 별개의 법률행위이기에 위임계약을 하였어도 수임인에게 대리권이 없을 수도 있고, 위임계약이 아닌 다른 종류의 계약, 즉 고용이나 도급과 같은 계약을 통해서도 대리권이 발생할 수 있습니다.

판례

대법원 1962. 5. 24. 선고 4294민상251,252 판결 [광업권이전등록말소]
위임과 대리권수여는 별개의 독립된 행위로서 위임은 위임자와 수임자간의 내부적인 채권채무관계를 말하고 대리권은 대리인의 행위의 효과가 본인에게 미치는 대외적 자격을 말하는 것이므로 위임계약에 대리권수여가 수반되는 일은 있으나 위임계약만으로는 그 효력은 위임자와 수임자 이외에는 미치는 것이 아니므로 구 민법 제655조의 취지는 위임종료의 사유는 이를 상대방에 통지하거나 상대방이 이를 안 때가 아니면 위임자와 수임자간에는 위임계약에 의한 권리의무관계가 존속한다는 취지에 불과하고 대리권관계와는 아무런 관계가 없는 것이다.

교수님, 정말 재미있습니다. 그러면서도 점점 어려워지기도 하네요. 법은 알면 알수록 궁금증이 더해지는 것 같습니다.

하하하. 그렇죠? 여기서 변호사 보수와 관련하여 하나 더 어쩌면 반드시 알아두어야 할 것이 있습니다.

교수님, 지금까지도 배운 것이 많은데, 여기서 하나 더 알아야 할 것이 있다고요? 그것도 반드시 알아야 할 것이라니 부담이 되기도 하고, 한편으로는 더욱 궁금해지기도 합니다.

자, 여러분들이 고등학교나 대학에서 사회과목이나 법 과목을 배우면서 들어본 말 중에 우리나라는 재판에서 3심제가 원칙이어서 한 사건으로 세 심급의 재판을 받을 수 있다는 말을 들어보았을 것입니다. 즉 1심에서 재판을 받은 후 판결 결과에 불복하는 사람은 제2심법원에서 다시 재판을 받을 수 있고,[11] 또 2심법원의 판결에 불복하는 자는 제3심법원인 대법원에서 다시 판단을 받아 볼 수 있습니다.[12] 우리가 우스갯소리로 말하는 가위바위보에서의 삼세판이죠. 하하하.

3심제원칙

이처럼 각급 법원에서 재판을 받기에 변호사에게 사건을 의뢰할 경우 의뢰인과 해당 변호사 사이에는 하나의 심급에 한하여 소송대리권을 수여한 것으로 만일 제1심 단계에서 변호사를 선임한 경우에, 항소가 이루어져 제2심 재판이 열린다면, 해당 변호사는 원칙적으로 제2심 재판에서는 소송대리권이 없습니다. 즉 심급마다 그때그때 별도로 소송대리권을 수여하여야 한다는 것으로, 이를 심급대리의 원칙이라고 합니다. 그래서 예를 들어 형사소송법 제32조 제1항에서는 "변호인의 선임은 심급마다 변호인과 연명날인한 서면으로 제출하여야 한다." 라고 규정하고 있습니다.[13]

심급대리원칙

교수님, 그렇다면 제1심 재판이 끝나고 다시 제2심 재판이 열리게 되면 다시 변호사를 선임하여야 한다는 뜻인지요?

그렇습니다. 제2심에서도 변호사의 도움을 받고자 한다면 비록 제1심에서 변호사를 선임하였다 할지라도 이의 효력은 제1심판결의 종료시까지로 한정되기에 항소심인 제2심에서는 변호사를 다시 선임하여야 한다는 것입니다.[14]

교수님, 잠시만요. 그렇다면 혹시 항소심에서 변호사를 다시 선임한다는 것은 변호사 보수를 또다시 지급하여야 한다는 의미인가요? 와와, 뭔가 묘합니다. 하하하.

맞습니다. 바로 그것입니다. 원칙적으로 변호사 선임의 효력이 각 심급에만 미치기에 심급을 달리할 경우에는 변호사를 비록 동일한 변호사라 할지라도 다시 선임하여야 하고, 이는 달리 말하면 별도의 위임계약을 체결하는 것이기에 특별한 사정이 없는 한 항소심에서 동일한 변호사를 선임한다고 할지라도 변호사 보수를 지급하여야만 합니다. 즉 변호사지급약정의 효력은 심급종료시까지라고 할 수 있는 것이죠. 물론 처음부터 항소심 등을 포함하여 보수약정을 하는 경우도 있는데, 이러한 경우에는 당연히 별도의 보수를 지급할 의무는 없지요.

판례

대법원 2023. 2. 2. 선고 2022다276307 판결 [양수금]
민법 제686조 제2항에 의하면 수임인은 위임사무를 완료하여야 보수를 청구할 수 있다. 따라서 소송위임계약으로 성공보수를 약정하였을 경우 심급대리의 원칙에 따라 수임한 소송사무가 종료하는 시기인 해당 심급의 판결을 송달받은 때로부터 그 소멸시효기간이 진행되나, 당사자 사이에 보수금의 지급시기에 관한 특약이 있다면 그에 따라 보수채권을 행사할 수 있는 때로부터 소멸시효가 진행한다고 보아야 한다.

교수님, 그렇게 되면 의뢰인이 부담하는 변호사 선임료가 너무 많아질 수도 있을 것 같습니다. 그리고 보수 부담이 너무 크면 경제력이 약한 사람들은 사실상 변호사의 도움을 받을 수 없다는 문제도 발생할 것 같습니다.

정확한 지적입니다. 형사사건의 경우에는 국선변호인제도가 있어 경제적 약자도 법적 도움을 얻어 재판을 받을 수 있지만, 원칙적으로 민사사건 등에서는 국선변호인제도도 없기에 학생이 지적한 문제가 발생할 수 있습니다.

교수님, 그러면 혹시 의뢰인이 변호사 보수를 좀 깎을 수도 있는 것인지요? 변호사를 선임할 때는 경황이 없을 수도 있는데, 나중에 지나고 보니 너무 많은 보수를 지급하기로 약정하였다고 느낄 수도 있으니 말이죠.

정말 좋은 질문입니다. 기본적으로 의뢰인과 변호사 사이에 이루어지는 선임행위는 위임계약이라고 하였죠. 그런데 계약은 기본적으로 당사자 사이의 자유로운 의사의 합치에 의하여 이루어지는 것이기에 당사자들은 보수를 비롯하여 계약 내용을 자유롭게 결정할 수 있고, 이를 계약자유의 원칙이라고 합니다.

계약자유원칙

그리고 이처럼 자유롭게 체결된 계약은 반드시 지켜야 하기에 의뢰인은 비록 약정한 보수가 너무 많다고 생각하여도 약정한 보수를 모두 지급하여야 하는 것이 원칙입니다. 그런데 약정한 보수가 너무 많아 누가 보더라도 불합리하다고 느낄 수가 있죠? 이러한 경우에는 예외적으로 변호사 보수가 깎이기도 합니다.

교수님, 경우에 따라서는 약속한 보수를 전부 지급하지 않을 수도 있다는 뜻인가요?

그렇습니다. 학생이 바로 질문을 하는 것을 보니 수업 도중에 졸지 않은 것 같습니다. 하하하. 우리 대법원은 변호사의 약정 보수가 부당하게 과다하여 신의성실의 원칙이나 형평의 관념에 반한다고 볼 특별한 사정이 있는 경우에는 적당하다고 인정되는 보수 금액으로 제한될 수 있다고 보고 있습니다. 이렇게 될 경우 의뢰인은 약정한 보수 전부를 지급하지 않아도 되고 법원이 적당하다고 인정한 보수 금액만 지급할 수 있습니다.

판례

대법원 2018. 5. 17. 선고 2016다35833 전원합의체 판결 [약정금]
[다수의견] 변호사의 소송위임 사무처리 보수에 관하여 변호사와 의뢰인 사

이에 약정이 있는 경우 위임사무를 완료한 변호사는 원칙적으로 약정 보수액 전부를 청구할 수 있다. 다만 의뢰인과의 평소 관계, 사건 수임 경위, 사건처리 경과와 난이도, 노력의 정도, 소송물 가액, 의뢰인이 승소로 인하여 얻게 된 구체적 이익, 그 밖에 변론에 나타난 여러 사정을 고려하여, 약정 보수액이 부당하게 과다하여 신의성실의 원칙이나 형평의 관념에 반한다고 볼 만한 특별한 사정이 있는 경우에는 예외적으로 적당하다고 인정되는 범위 내의 보수액만을 청구할 수 있다. 그런데 이러한 보수 청구의 제한은 어디까지나 계약자유의 원칙에 대한 예외를 인정하는 것이므로, 법원은 그에 관한 합리적인 근거를 명확히 밝혀야 한다.

이러한 법리는 대법원이 오랜 시간에 걸쳐 발전시켜 온 것으로서, 현재에도 여전히 그 타당성을 인정할 수 있다.

[대법관 김신, 대법관 조희대의 별개의견] 민법은 반사회질서의 법률행위(제103조), 불공정한 법률행위(제104조) 등 법률행위의 무효사유를 개별적·구체적으로 규정하고 있다. 또한 '손해배상의 예정액이 부당히 과다한 경우에는 법원은 적당히 감액할 수 있다'고 하는 민법 제398조 제2항과 같이 명시적으로 계약의 내용을 수정할 수 있다고 규정하는 법률 조항도 존재한다. 그러나 신의칙과 관련하여서는 민법 제2조 제1항에서 "권리의 행사와 의무의 이행은 신의에 좇아 성실히 하여야 한다."라고 규정하고, 제2항에서 "권리는 남용하지 못한다."라고 규정할 뿐 이를 법률행위의 무효사유로 규정하고 있지는 않다. 그러므로 민법 제2조의 신의칙 또는 민법에 규정되어 있지도 않은 형평의 관념은 당사자 사이에 체결된 계약을 무효로 선언할 수 있는 근거가 될 수 없다.

교수님, 저 개인적으로는 정말 좋은 법원의 판단 같습니다. 그러면 부동산 중개사에 대한 부동산 중개 보수는 어떤가요? 왠지 변호사 수임료와는 조금 다를 것 같은데요? 궁금합니다.

네, 그렇습니다. 부동산 중개인 보수에는 다른 일반의 위임계약과는 다른 특징이 있습니다. 우리 판례는 부동산 중개인의 경우 그 보수채권은 중개거래가 성사됨을 조건으로 발생하는 권리인 조건부채권으로 보고 있습니다.

이는 좀 어려운 말로 일종의 결과채무라는 것으로 수단채무와 대비되는 채무입니다.

그에 따라 아무리 부동산 중개인이 부동산 거래가 성사되게 하기 위하여 수고를 하고 노력을 했어도 실제 거래가 성사되지 않으면 조건이 성취되지 않은 것으로 보아 원칙적으로 보수나 수수료를 청구할 수 없다고 보고 있습니다.

좀 어렵기는 하지만, 이를 법률적으로 설명하면, 부동산 중개계약에 따른 부동산 중개인의 채무는 소위 행위나 수단채무가 아닌 결과채무로 보고 있기에, 결과가 발생하지 않으면, 조건이 성립되지 않은 것이기에, 부동산 거래가 성사되었음을 조건으로 발생하는 중개인의 보수채권도 역시 행사할 수 없다는 결론이 되는 것입니다.

결과채무

즉 대법원 판례에 따르면, 변호사, 의사 등의 경우와는 달리 중개업자의 보수 청구권은 '조건'부로 발생한다고 보고 있다는 점입니다. 그에 따라 중개업자의 보수청구권의 발생시기를 위와 같이 볼 때 가령 중개계약서 내지 약관상의 '착수금' 조항의 효력을 어떻게 보아야 하는지, 약관규제법의 위반 여부도 문제가 될 수 있고, 실제로도 문제가 된 바 있어 살펴보아야 합니다. 우리 학생들이 이해하기에는 좀 어려운 주제입니다.

교수님, 중개인의 알선으로 집을 여러 군데 보러 다니다가 결국 거래가 성사되지 않는 경우도 많잖아요. 중개인이 집을 알아보기 위해 많은 시간과 노력을 들인 건 사실일 텐데, 그 대가를 요구할 수도 있지 않나요?

맞습니다. 상식적으로 보면 그럴 것 같죠? 그러나 위에서 설명한 것과 같이 매매중개료청구권은 중개인의 손을 거쳐 매매가 성립함을 조건으로 발생하는 것이므로 중개행위로 인하여 매매가 성립하지 않는 이상 그 노력의 비율에 상당한 보수를 청구할 수 없다는 판례[15]도 있습니다.

다만, 보수약정을 하면서 중개가 성사되지 않더라도, 즉 중개행위가 완료되지 않았더라도 일정한 보수를 지급하기로 하는 약정을 할 수도 있는데, 이러한 약정이 유효한 것인지가 문제됩니다. 대법원은 이러한 보수약정은 선량한 풍속에 반하는 내용이 아니고 계약자유의 원칙에 따라 일응 유효한 약정으로 보고 있습니다. 그에 따라 위와 같은 특약을 하였다면, 중개사는 의뢰인에게 일정한 보수를 청구할 수 있지만, 일정한 제약도 있습니다.

판례

대법원 2021. 7. 29. 선고 2017다243723 판결 [손해배상(기)]
공인중개사가 중개대상물에 대한 계약이 완료되지 않을 경우에도 중개행위에 상응하는 보수를 지급하기로 약정할 수 있다. 이 경우 당사자의 약정에서 보수액을 산정하는 구체적인 기준을 정하지 않았으면 중개의뢰 경위, 중개사건처리 경과와 난이도, 중개에 들인 기간과 노력의 정도, 의뢰인이 중개로 얻는 구체적 이익, 중개대상물의 가액, 그 밖에 변론에 나타난 여러 사정을 고려하여 보수를 정해야 하고, 약정에서 특정 보수액이 정해졌다면 신의성실의 원칙, 형평의 원칙 등을 고려하여 합리적이라고 인정되는 범위 내의 보수만을 청구할 수 있다. 이러한 보수는 계약이 완료되었을 경우에 적용되었을 부동산 중개보수 제한에 관한 공인중개사법 제32조 제4항과 같은 법 시행규칙 제20조 제1항, 제4항에 따른 한도를 초과할 수는 없다고 보아야 한다.

> 교수님, 하지만 의사에게 진료를 받았을 때는 당연히 치료비를 지불해야 하는 거잖아요. 위임계약에서 의사의 치료비는 어떻게 보고 있나요?

의사의 치료 등에 따른 치료비채권의 경우도 여러 특징이 있습니다. 의사의 치료나 진료채무는 원칙적으로 일의 완성이 아닌 통일적인 사무처리 그 자체가 목적이기에 결과 달성이 아닌 일정한 수준의 일을 처리하면 되는 것입니다. 결과채무가 아니라 수단채무가 되는 것입니다. 다시 말하면 진료계약은 위임계약으로서 수단채무의 성격을 갖고 있습니다.

수단채무
　　즉 질병의 치료나 수술의 성공과 같은 결과를 반드시 달성하여야 할 결과채무가 아닌 환자의 치유를 위하여 선량한 관리자의 주의의무를 갖고 당시의 의학 수준에 비추어 필요하고 적절한 진료조치를 다해야 할 수단채무로 보고 있는 것입니다. 그에 따라 비록 완치가 되지 않거나 수술이 성공되지 않더라도 의사나 병원은 환자에게 진료비나 치료비청구를 할 수 있는 것입니다.

판례

대법원 2001. 11. 9. 선고 2001다52568 판결 [용역비]
의사가 환자에게 부담하는 진료채무는 질병의 치료와 같은 결과를 반드시 달성해야 할 결과채무가 아니라 환자의 치유를 위하여 선량한 관리자의 주의의무를 가지고 현재의 의학 수준에 비추어 필요하고 적절한 진료조치를 다해야 할 채무, 즉 수단채무라고 보아야 할 것이므로, 위와 같은 주의의무를 다하였는데도 그 진료 결과 질병이 치료되지 아니하였다 하더라도 치료비는 청구할 수 있다.

다만, 의사의 잘못으로 인한 수술 후유증의 경우도 얼마든지 있을 수 있죠. 이러한 경우에는 후유증의 치료를 위한 의료행위는 별도의 치료행위가 아니라 후유증을 완화하기 위한 것으로 일종의 손해전보이기에 병원이나 의사는 환자에게 후유증 치료에 들어간 수술비나 치료비를 청구할 수 없습니다.

판례

대법원 2001. 11. 9. 선고 2001다52568 판결 [용역비]
의사가 환자의 치유를 위하여 선량한 관리자의 주의의무를 가지고 현재의 의학수준에 비추어 필요하고 적절한 진료조치를 다한 이상 이는 진료채무의 본지에 따른 것으로 수술 결과 환자의 질병이 치료되지 아니하고 후유증이 남게 되었다 하더라도 수술에 따른 치료비를 청구할 수 있다 할 것이고, 그 후유증이 의사의 치료상의 과실로 인한 것이라고 볼 수 없는 이상 의사에게 그로 인한 손해전보의 책임이 있다고 볼 수 없으므로 후유증이 나타난 이후에 증세의 회복 내지 악화 예방을 위하여 이루어진 진료에 관한 비용도 청구할 수 있다고 한 사례.

대법원 1993. 7. 27. 선고 92다15031 판결 [손해배상(기)]

의사가 환자에게 부담하는 진료채무는 질병의 치료와 같은 결과를 반드시 달성해야 할 결과채무가 아니라 환자의 치유를 위하여 선량한 관리자의 주의의무를 가지고 현재의 의학 수준에 비추어 필요하고 적절한 진료조치를 다해야 할 채무, 즉 수단채무라고 보아야 할 것이므로, 위와 같은 주의의무를 다하였는데도 그 진료 결과 질병이 치료되지 아니하였다면 치료비를 청구할 수 있으나, 의사가 위와 같은 선량한 관리자의 주의의무를 다하지 아니한 탓으로 오히려 환자의 신체기능이 회복불가능하게 손상되었고, 또 위 손상 이후에는 그 후유증세의 치유 또는 더 이상의 악화를 방지하는 정도의 치료만이 계속되어 온 것뿐이라면 의사의 치료행위는 진료채무의 본지에 따른 것이 되지 못하거나 손해전보의 일환으로 행하여진 것에 불과하여 병원 측으로서는 환자에 대하여 그 수술비 내지 치료비의 지급을 청구할 수 없다.

소멸시효

그렇다면 변호사 선임이나 의사의 치료비 같은 보수 청구는 언제까지 할 수 있는 것인지요? 이 부분도 혹시 소멸시효라는 것이 적용되어 채무가 소멸되기도 해서 치료비를 받을 수 없기도 하는 것인지요?

매우 중요한 질문입니다. 바로 위임계약에서의 보수청구권과 소멸시효라는 주제인데요. 소멸시효란 일정 기간 권리를 행사하지 않으면 당해 권리는 소멸하여 권리자는 더 이상 권리를 행사할 수 없다고 하는 것입니다. 일반적으로 채권의 소멸시효기간은 10년이고, 상사채무의 경우에는 5년입니다. 그에 따라 일반 채권의 경우 10년간 권리를 행사하지 않으면, 그 권리는 소멸하여, 채권자는 더 이상 당해 권리를 행사하거나 청구할 수 없게 되죠.

그러나 민법상 변호사, 변리사, 법무사, 회계사 등의 경우에는 보수청구권이 10년이 아닌 3년이라는 단기소멸시효이고, 의사의 치료비청구권도 역시 3년의 단기소멸시효에 해당됩니다. 그에 따라 의사나 변호사 등은 3년간 권리를 행사하지 않으면 보수를 받을 수가 없게 됩니다.

그리고 여기서 말하는 '의사'에는 치과의사와 한의사가 포함되며, 약사의 조제비청구권도 역시 3년의 단기소멸시효가 적용됩니다. 다만 의사의 경우

장기간 입원 치료시 3년의 계산(3년의 시작점, 기산이라고 함)은 모든 치료가 끝난 뒤부터 3년이 넘었는지를 판단하는 것이 아니라 개개의 치료행위마다 한 개의 채권이 성립하는 것이어서 개개의 치료행위가 이루어진 때부터 각자 3년이 넘었는지를 판단하는 것임을 주의할 필요가 있습니다.

소멸시효
기간

관련 법조문

민법 제162조(채권, 재산권의 소멸시효) ① 채권은 10년간 행사하지 아니하면 소멸시효가 완성한다.

② 채권 및 소유권 이외의 재산권은 20년간 행사하지 아니하면 소멸시효가 완성한다.

민법 제163조(3년의 단기소멸시효) 다음 각호의 채권은 3년간 행사하지 아니하면 소멸시효가 완성한다. <개정 1997. 12. 13.>

1. 이자, 부양료, 급료, 사용료 기타 1년 이내의 기간으로 정한 금전 또는 물건의 지급을 목적으로 한 채권
2. 의사, 조산사, 간호사 및 약사의 치료, 근로 및 조제에 관한 채권
3. 도급받은 자, 기사 기타 공사의 설계 또는 감독에 종사하는 자의 공사에 관한 채권
4. 변호사, 변리사, 공증인, 공인회계사 및 법무사에 대한 직무상 보관한 서류의 반환을 청구하는 채권
5. 변호사, 변리사, 공증인, 공인회계사 및 법무사의 직무에 관한 채권
6. 생산자 및 상인이 판매한 생산물 및 상품의 대가
7. 수공업자 및 제조자의 업무에 관한 채권

판례

대법원 2001. 11. 9. 선고 2001다52568 판결 [용역비]

민법 제163조 제2호 소정의 '의사의 치료에 관한 채권'에 있어서는, 특약이 없는 한 그 개개의 진료가 종료될 때마다 각각의 당해 진료에 필요한 비용의 이행기가 도래하여 그에 대한 소멸시효가 진행된다고 해석함이 상당하고,

장기간 입원 치료를 받는 경우라 하더라도 다른 특약이 없는 한 입원 치료 중에 환자에 대하여 치료비를 청구함에 아무런 장애가 없으므로 퇴원시부터 소멸시효가 진행된다고 볼 수는 없다.

교수님, 그러면 3년이 지나서 소멸시효가 완성되었다고 하여도 만일 채무자인 환자나 의뢰인이 이를 지급하였다면 다시 돌려받을 수 없는 것인지요?

정말 정말 중요한 질문입니다. 법적으로도 매우 어려운 쟁점과 관련된 문제이기도 합니다. 이러한 질문을 하는 자체가 이미 법적으로 사고하는 능력, 즉 영어로 'legal mind'가 매우 뛰어나다는 것을 보여준다고 할 수 있습니다.

앞서 설명한 대로 채무자가 소멸시효가 완성된 경우에는 이를 변제할 의무가 없습니다. 그러나 그럼에도 불구하고 채무자가 이를 지급하는 경우도 종종 있습니다. 이 경우 채무자는 이미 변제한 돈을 다시 돌려받을 수 있는지가 쟁점이 됩니다. 이 경우는 다음의 두 가지로 나누어 살펴볼 필요가 있습니다. 하나는 채무자가 소멸시효 완성으로 채무가 소멸한 사정을 알면서도 이를 지급한 경우이고, 다음 하나는 소멸시효 완성 사정을 모른 채 당연히 갚아야 하는 것으로 생각하고 이를 변제한 경우입니다.

소멸시효
이익 포기

앞의 경우는 민법상 '소멸시효 이익의 포기'에 해당합니다. 즉 채무자가 소멸시효 완성된 뒤에는 소멸시효 완성으로 인한 이익을 포기할 수 있습니다(민법 제184조 제1항). 채무자는 이러한 이익을 스스로 포기한 것이기에 그 포기는 유효한 것이어서 이러한 변제는 유효한 변제가 되고, 그에 따라 채권자는 이를 돌려주지 않아도 됩니다. 즉 채무자는 그 반환을 청구할 수 없게 되는 것이죠.

관련 법조문
민법 제184조(시효의 이익의 포기 기타) ① 소멸시효의 이익은 미리 포기하지 못한다.

그런데 실은 이 문제는 다른 각도에서도 접근할 수 있습니다. 바로 민법 상 부당이득(不當利得)과 비채변제(非債辨濟)와 관련된 문제로 좀 어렵습니다. 그러므로 혹시 '나만 모르는 것일까' 하고 지레 겁을 먹어 위축되지 말고 '아마도 다른 학생도 모를 거야.' 라고 하면서 자신 있게 들어보세요. 그러면 들리고 이해도 됩니다. 자신감이 제일 중요하니까요.

'부당이득' 이란 법률상 아무런 원인이 없음에도 불구하고 다른 사람의 재산이나 노무로 인하여 일정한 이익을 얻고, 이로 인하여 다른 사람에게 손해를 가하는 것으로, 이러한 부당이득이 발생하게 되면 이득자는 이를 손해를 입은 자에게 반환하여야만 합니다(민법 제741조).

부당이득

즉 법적으로 일정한 이익을 얻거나 받을 권원이나 근거가 없음에도 불구하고 타인의 재산 등으로 인하여 이익을 받았을 때에는 이는 정당한 이득이 아니라 부당하게 얻은 이익이므로 법의 대원칙인 형평의 원칙상 이로 인하여 손해를 본 자에게 그 이익을 반환하여야 한다는 것입니다.

관련 법조문

민법 제741조(부당이득의 내용) 법률상 원인없이 타인의 재산 또는 노무로 인하여 이익을 얻고 이로 인하여 타인에게 손해를 가한 자는 그 이익을 반환하여야 한다.

이러한 부당이득 법리를 위 사안에 적용한다면, 소멸시효가 완성되었기에 변호사나 의사 등은 보수청구권이 소멸하여 사라졌고, 그에 따라 보수를 받을 정당한 권원이나 근거도 없게 되었습니다. 그럼에도 불구하고 채무자인 의뢰인의 재산으로 인하여 보수로 지급한 금액만큼의 이득을 얻었고, 이러한 이득은 정당한 이득이 아닌 부당한 이득이기에 일단 의사 등은 이를 의뢰인에게 돌려줄, 즉 반환할 채무가 있습니다. 바로 부당이득에 의한 반환채무가 발생한 것이죠. 그러나 여기서 끝나는 문제가 아닙니다. 그래서 참으로 어렵다고 한 것이죠. 하하하.

이어서 문제되는 것은 바로 비채변제 법리입니다. 비채변제란 글자 그대로 채무자가 채무가 없음을 알면서도 이를 변제한 경우에도 비채(非債), 즉

비채변제

채무가 아님에도(없음에도) 변제한 것이 되어 그 반환을 청구하지 못한다는 법리입니다.

여기서 중요한 것은 채무자가 채무 없음을 알면서도 변제하였다는 것으로서 만일 채무자가 채무 없음을 알지 못한 채, 즉 여전히 채무가 존재하는 것으로 알고 변제한 경우에는 위 민법 제742조의 비채변제에 해당하지 않는다는 것입니다.

채무가 없음에도 채무자가 이를 알면서도 변제한 것은 앞서 설명한 대로 부당이득이 되어 이득자인 채권자는 이를 반환하여야 함이 원칙이지만, 민법 제742조의 비채변제 제도에 의하여 부당이득임에도 반환하지 않아도 되는 결과가 되는 것입니다. 그에 따라 채무자도 이를 돌려달라고 청구할 수가 없는 것입니다.

어느 법리에 의하더라도 채무자는 이를 돌려달라고 할 수 없다는 점에서는 결론이 같습니다. 다만 소멸시효 완성의 효과에 대하여 소멸시효기간의 경과만으로 다른 아무런 행위 없이도 바로 채무가 소멸하는 것이라고 주장하는 절대적 소멸설을 취하는 경우에도 위 비채변제 법리가 적용되지만, 앞서 설명한 대로 이는 바로 시효이익의 포기에 해당하므로 굳이 부당이득이나 비채변제 법리를 끌어들이지 않고 간단히 소멸시효 완성 이익의 포기라는 제도로서 해결할 수 있습니다.

다음, 두 번째 경우로서 소멸시효 완성 사실을 모른 채 변제한 경우입니다. 즉 채무가 있다고 생각하면서 변제한 경우입니다. 이는 당연히 시효가 완성되었음을 안 상태에서 그 시효이익을 포기한 것이 아니기에 민법 제184조 제1항의 시효이익의 포기로 해결할 수 없게 됩니다. 그에 따라 부당이득과 비채변제 법리로 해결하여야 하는데, 앞서 설명한 것과 같이 비채변제는 채무 없음을 알면서 변제한 경우에 적용되는데, 이 경우는 채무자가 채무 없음을 알면서 변제한 것이 아니기에 민법 제742조의 비채변제에는 해당하지 않습니다.

> 교수님, 그러면 당연히 채권자인 변호사나 의사 등은 이를 의뢰인에게 돌려주어야만 할까요? 점점 혼란의 늪으로 빠져드는 기분입니다. 빨리 답 좀 알려주세요.

알겠습니다. 바로 도의관념에 적합한 비채변제라는 제도가 있습니다. 즉 채무 없는 자가 착오를 해서 채무가 없음에도 채무 있는 것으로 잘못 알고 이를 변제한 경우가 있을 수 있는데요.

이러한 변제는 원래는 부당이득이 되어 반환받을 수 있지만, 사회의 도의관념에 적합한 비채변제가 된다고 보아 이를 반환받지 못하게 됩니다(민법 제744조). 이를 민법에서는 '도의관념에 적합한 비채변제'라고 부르고 있습니다. 즉 채무 없음에도 변제하였기에 부당이득으로 반환받을 수 있을 것 같지만, 그 변제가 비록 채무는 없었지만 도의적으로 보았을 때 반환하는 것이 타당하다고 여겨지지 않을 때 반환청구를 못하게 하는 것입니다. 그에 따라 변제를 받은 자가 종국적으로 변제금만큼의 이득을 보게 되는 것이죠.

관련 법조문

민법 제744조(도의관념에 적합한 비채변제) 채무없는 자가 착오로 인하여 변제한 경우에 그 변제가 도의관념에 적합한 때에는 그 반환을 청구하지 못한다.

이러한 도의관념에 적합한 비채변제는 채권법상의 또 다른 주제인 '자연채무'와도 관련되는 주제입니다. 자연채무는 여러 가지로 정의할 수 있지만, 일반적으로는 책임이 없는 채무로서 비록 채무자가 그 이행을 하지 않더라도 채권자가 이를 소송을 통하여 구할 수 없는 채무를 말합니다.

즉 채무가 존재하지만 책임은 없는 채무를 말하죠. 일반적으로 채무와 책임은 운명을 같이하는 것이어서 채무가 있는 곳에 책임이 있고, 책임이 있는 곳에 채무가 따르기 마련이죠. 그러나 예외적으로 채무와 책임이 분리되   채무와 책임는 경우가 있을 수 있는데요. 가장 전형적인 모습은 상속에서 찾아볼 수 있습니다.

교수님, 상속에서 채무와 책임이 분리되는 모습을 찾을 수 있다고요? 궁금합니다. 좀 자세히 설명해주세요.

알겠습니다. 오늘 기분이 좋으니 특별히 쉽고도 자세하게 설명해 보죠. 하하하. 사람이 사망하면, 법이 정한 상속인들이 아무런 의사표시 등이 없어도 당연히 사망한 사람(이를 피상속인이라고 부름)으로부터 상속인에게 재산이 이전됩니다(민법 제995조). 이를 상속이라고 합니다.

그런데 이처럼 이전되는 재산에는 토지나 건물, 예금, 현금, 귀금속 등 좋은 것만 있는 것이 아니라, 돌아가신 피상속인의 빚까지도 당연히 이전하게 되죠. 그에 따라 상속인 입장에서는 경우에 따라서 물려받은 재산(적극재산)보다 빚이 더 많을 수도 있고, 극단적으로는 재산은 한 푼도 물려받지 못하고, 빚만 잔뜩 넘겨받을 수도 있는 것이죠. 자신이 원한 것도 아닌데 말입니다. 좀 불합리해 보이고, 상속인에게 가혹할 수도 있겠죠?

교수님, 그렇습니다. 물려받을 재산보다 갚아야 할 빚이 더 많음에도 법이 일률적으로 상속이라고 하면서 재산을 이전시키면 결국에는 빚이 받은 재산보다 많아 상속인은 손해를 감수할 수밖에 없어 상속인에게 너무 가혹할 것 같습니다. 이런 경우를 대비한 제도가 있는지요?

상속포기와
한정승인

그렇습니다. 이러한 불합리를 제거하고 상속인을 보호하기 위하여 우리 민법은 상속인이 상속을 받지 않을 권리를 인정하고 있습니다. 상속포기와 한정승인이 바로 그것입니다. '상속포기'란 상속인이 재산이든 빚이든 모든 상속을 받지 않고 거부할 수 있는 제도이고요. '한정승인'이란 상속을 받긴 받되 물려받은 상속재산의 범위 내에서만 빚(채무)도 상속받는 것을 말합니다. 즉 한정승인을 하게 되면, 상속받은 재산 내에서만 빚을 상속받기에, 만일 상속받을 재산보다 빚이 더 많은 경우에는 상속받은 재산 안에서만 책임을 부담하게 되는 것이죠. 이를 조금 더 법적으로 표현하면, 한정승인을 하였다고 하여 채무가 소멸하는 것은 아니고, 채권자의 채권은 그대로 남아 있되 상속인이 상속으로 인하여 취득한 재산의 범위 내로 그 책임을 지는 것입니다.

교수님, 알 것 같기도 하지만 조금 어렵습니다. 강의 내용이 어려울 때 사용하는 비장의 무기인 예를 들어 설명하는 방식으로 알려주세요.

예를 들어, 상속받은 재산이 1억 원이고, 빚이 2억 원이라면, 상속인은 채무 2억 원 중 1억 원에 대하여만 책임을 부담하는 것이죠. 여기서 채무와 책임의 분리 현상이 나옵니다. 즉 채무는 상속받은 2억 원(2억 원 지급채무)이지만, 책임은 그중 상속재산인 1억 원으로 한정되기에 채무와 책임이 같지 않게 되는 것이죠. 이것을 유한책임(有限責任)의 채무라고도 합니다. 이해가 되는지요?

교수님, 이해될 듯, 안 될 듯합니다. 조금 더 쉬운 예를 들어 주시면 좋을 것 같습니다.

하하하, 알겠습니다. 예를 들어, 갑이 을에게 돈 1억 원을 빌려줄 때 병이 을의 갑에 대한 위 대여금 채무를 연대보증한 경우에, 만일 을이 사망하여 정이 한정상속을 하였고, 정이 상속한 재산이 5천만 원뿐이라면, 정은 갑에게 5천만 원만 갚으면 됩니다. 그러나 정의 한정상속에도 불구하고, 채권자 갑의 1억 원 채권은 그대로 살아 있기에 연대보증인 병은 갑에게 1억 원 전부를 갚아야 하는 것입니다. 즉 정의 책임은 5천만 원으로 줄어들었지만 채무는 1억 원 그대로 남아 있는 것입니다.

교수님, 이제는 조금 더 알 것 같습니다. 결국 교수님 말씀대로 채무와 책임이 서로 분리되는 결과가 되는 것이군요.

채무와 책임이 분리되는 또 다른 것으로는 채권자와 채무자 사이에 채무의 존재를 인정하고 이를 변제하면, 그것이 부당이득이 되는 것은 아니지만, 즉 채무자가 임의로 변제하면 유효한 변제가 되어 채무가 소멸하지만, 채무자가 변제하지 않는다고 하여(채무를 이행하지 않는다고 하여), 소송을 제기하지 않겠다고 상호 합의하거나(이를 부제소특약이라고 합니다) 강제집행을 하지는 않겠다고 합의할 수 있습니다(이를 부집행특약이라고 합니다).

이러한 특약은 계약자유의 원칙상 특별한 사정이 없는 한 모두 유효한 특약이 됩니다. 이러한 특약이 있게 되면, 채무는 존재하지만 채무를 이행하라는 소를 제기할 수도 없고 채부자의 재산에 강제집행을 할 수도 없는 것입니다. 그에 따라 채무는 존재하지만 '책임은 없는 채무'가 존재할 수 있는 것이죠.

반대로 '채무 없는 책임'도 존재할 수 있습니다. 이는 조금 더 정확하게 말하면, 채무 자체가 존재하지 않는 것이 아니라 채무는 존재하지만 채무자와 책임자가 다를 수 있다는 것입니다. 예를 들어, 갑이 은행으로부터 돈을 빌릴 때 은행에선 채무자 갑이 대출금을 변제하지 않거나 못할 경우를 대비하여 채무자에게 토지나 건물과 같은 담보를 제공할 것을 요구하고, 채무 불이행시 담보로 잡은(주로 저당권제도가 활용됩니다) 부동산을 임의경매로 빌려준 돈을 회수하게 됩니다.

이 경우에 만일 채무자 갑에게 변변한 담보물이 없을 경우 갑은 친구인 병에게 부탁하여 병의 부동산을 담보로 제공할 수 있습니다. 즉 담보물을 제공할 수 있는 자는 채무자에 한정되는 것이 아닙니다. 그에 따라 채무자 이외의 제3자도 채권자가 거부하지 않는 한 얼마든지 담보물을 제공할 수 있습니다. 여기서 담보물을 제공한 제3자인 병을 물상보증인(物上保證人)이라고 부르고 있습니다.

물상보증인

이러한 물상보증인 병 자신은 은행에 대하여 아무런 채무가 없지만(채무자인 갑만이 은행으로부터 돈을 대출받은 것이므로), 담보물로 제공한 자신의 재산으로 갑의 은행에 대한 채무액(대출원리금) 상당만큼 은행에 책임을 지는 것입니다. 그러므로 병은 채무는 없고 책임만 있게 되어 '채무 없는 책임' 현상이 발생하게 되는 것이죠.

관련 법조문

민법 제356조(저당권의 내용) 저당권자는 채무자 또는 제삼자가 점유를 이전하지 아니하고 채무의 담보로 제공한 부동산에 대하여 다른 채권자보다 자기 채권의 우선변제를 받을 권리가 있다.

잘 알겠습니다. 교수님 설명을 들으니 이해가 쏙쏙 됩니다.

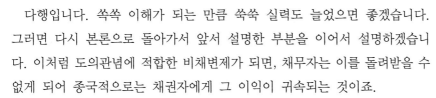

다행입니다. 쏙쏙 이해가 되는 만큼 쑥쑥 실력도 늘었으면 좋겠습니다. 그러면 다시 본론으로 돌아가서 앞서 설명한 부분을 이어서 설명하겠습니다. 이처럼 도의관념에 적합한 비채변제가 되면, 채무자는 이를 돌려받을 수 없게 되어 종국적으로는 채권자에게 그 이익이 귀속되는 것이죠.

그에 따라 법적인 책임이 없기에 채무자는 이를 변제하지 않아도 되고,

그에 따라 상대방은 이를 청구하거나 소송을 제기할 수는 없지만, 일단 채무자가 이를 변제한 경우에는 일종의 자연채무에 대한 변제가 되어 그 반환을 구할 수 없게 됩니다. 위에서 설명한 책임 없는 채무와 같은 결과가 됩니다.

위임계약의 해지

> 교수님, 그런데요. 변호사나 부동산 중개인에게 맡기고 나서, 마음이나 상황이 변해서 중간에 해지하고 싶을 때가 있잖아요. 언제든지 계약 해지가 가능한 것인지요?

정말 좋은 질문입니다. 앞에서 변호사 등에의 사건의뢰 관계가 원칙적으로 위임관계라고 말했죠. 그런데 위임계약의 당사자는 원칙적으로 언제든지 위임계약 해지가 가능합니다. 이는 위임계약이 신뢰관계를 기초로 한 것이어서 당사자는 언제든지(신뢰관계가 깨져서 더 이상 사무처리를 맡기고 싶지 않거나 맡고 싶지 않을 때) 그 위임계약이 유상이든 무상이든 관계없이 해지할 수 있기 때문입니다.

다만, 위임계약을 해지할만한 부득이한(어쩔 수 없는) 사유가 없음에도 당사자 일방이 상대방이 불리한 시기에 위임계약을 해지할 경우에는 그로 인한 손해를 배상하여 줄 뿐입니다. 즉 원칙적으로 위임인이든 수임인이든 모두 자유로운 중도 해지권이 존재하게 되는 것이죠. 다만, 당사자가 미리 중도 해지를 제한하는 합의를 할 수 있는데요. 이러한 합의를 하였을 때는 법규정과는 다르게(이는 임의규정과 강행규정 여부 문제로 뒤에서 다시 자세하게 설명할게요) 중도 해지가 제한될 수 있습니다.

관련 법조문

민법 제689조(위임의 상호해지의 자유) ① 위임계약은 각 당사자가 언제든지 해지할 수 있다.
② 당사자 일방이 부득이한 사유없이 상대방의 불리한 시기에 계약을 해지한 때에는 그 손해를 배상하여야 한다.

판례

대법원 2019. 5. 30. 선고 2017다53265 판결

민법 제689조 제1항은 "위임계약은 각 당사자가 언제든지 해지할 수 있다."
라고 정하여 위임의 상호 해지 자유를 인정하고 있다. 민법은 위임을 원칙적
으로 무상계약으로 정하고 있는데(제680조, 제686조 제1항), 위임인과 수임
인이 위임계약에 계속 구속되어 있지 않도록 하고자 위와 같이 해지의 자유
를 인정하는 규정을 둔 것이다.

민법 제689조 제1항은 당사자의 약정으로 그 적용을 배제하거나 그 내용을
달리 정할 수 있는 임의규정이다. 당사자가 위임계약의 해지사유와 절차 등
에 관하여 이와 다른 내용으로 약정한 경우 이러한 약정은 당사자 간의 법
률관계를 명확히 함과 동시에 거래의 안전과 이에 대한 각자의 신뢰를 보호
하기 위한 취지라고 볼 수 있으므로, 이를 단순히 주의적인 성격의 것이라고
쉽게 단정해서는 안 된다. 위와 같은 경우에는 특별한 사정이 없는 한 위
약정에서 정한 해지사유와 절차에 의하지 않고는 계약을 해지할 수 없다고
봄이 타당하다.

 이러한 중도 해지 시 의사나 변호사의 경우에는 앞서 말씀드린 바와 같이
조건부채권이나 결과채무가 아니기에 해지시까지의 일한 만큼의 보수를 받
을 권리가 있을 수 있습니다.

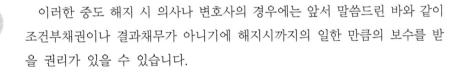
교수님, 그렇다면 예를 들어서요, 건물임대중개를 완료하기로 하고 중개료를 주기
로 하는 계약 같은 경우, 중개 완료 이전에 해지하면 보수청구는 어떻게 되나요? 제
주변에서 들은 이야기인데요, 일단 중개를 의뢰한 후 마음이 변하여 중개사에게 중
개를 맡기지 않고 자신이 직접 임차인과 임대차계약을 체결하는 경우도 있다고 들었
습니다.

좋은 질문입니다. 중개사 입장에서는 아쉽게도 위에서 설명하였듯이 부동
산 중개의 경우에는 조건부채권인 관계로 해지 시 원칙적으로는 보수를 청

구할 수 없게 됩니다. 다만 중개인과 의뢰인 사이에 미리 중도 해지 시에도 일정 보수를 지급하기로 하는 합의가 있는 경우에는 예외적으로 중개계약이 완료되지 않더라도 중개인은 원칙적으로 합의한 중개보수를 받을 수 있습니다.

판례

대법원 1991. 4. 9. 선고 90다18968 판결
건물임대중개의 완료를 조건으로 중개료 상당의 보수를 지급받기로 하는 내용의 계약과 같은 유상위임계약에서는 시기 여하에 불문하고 중개완료 이전에 계약이 해지되면 당연히 그에 대한 보수청구권을 상실하는 것으로 계약 당시에 예정되어 있어 '특별한 사정이 없는 한' 해지에 있어서의 불리한 시기란 있을 수 없으므로 수임인의 사무처리 완료 전에 위임계약을 해지한 것만으로 수임인에게 불리한 시기에 해지한 것이라고 볼 수는 없어 중개인은 임대중개 의뢰를 받은 건물 전체에 대한 중개가 가능하였음을 전제로 기대 중개료 상당의 손해배상 청구를 할 수 없다.

대법원 2021. 7. 29. 선고 2017다243723 판결 [손해배상(기)]
공인중개사가 중개대상물에 대한 계약이 완료되지 않을 경우에도 중개행위에 상응하는 보수를 지급하기로 약정할 수 있다. 이 경우 당사자의 약정에서 보수액을 산정하는 구체적인 기준을 정하지 않았으면 중개의뢰 경위, 중개사건처리 경과와 난이도, 중개에 들인 기간과 노력의 정도, 의뢰인이 중개로 얻는 구체적 이익, 중개대상물의 가액, 그 밖에 변론에 나타난 여러 사정을 고려하여 보수를 정해야 하고, 약정에서 특정 보수액이 정해졌다면 신의성실의 원칙, 형평의 원칙 등을 고려하여 합리적이라고 인정되는 범위 내의 보수만을 청구할 수 있다. 이러한 보수는 계약이 완료되었을 경우에 적용되었을 부동산 중개보수 제한에 관한 공인중개사법 제32조 제4항과 같은 법 시행규칙 제20조 제1항, 제4항에 따른 한도를 초과할 수는 없다고 보아야 한다.

　　교수님, 정말 죄송한데요. 마지막으로 하나만 더 질문해도 될까요? 정말 궁금해서 그렇습니다.

알겠습니다. 진짜 마지막 질문입니다. 하하하, 어서 해보세요.

교수님, 혹시 부동산 중개를 의뢰할 때 주는 중개보수는 부동산 중개인과 고객이 자유롭게 정할 수 있는 것인지요? 뉴스에서 법이 정한 보수 한도가 있다고 들은 것 같기도 해서 그렇습니다.

앞서 설명한 대로 기본적으로 중개 의뢰와 같은 위임은 계약이고, 계약은 계약자유의 원칙에 따라 자유롭게 계약 내용을 합의로 정할 수 있습니다. 그에 따라 중개계약을 체결하면서 중개보수(수수료)를 얼마로 할 것인지도 당사자가 합의로 정할 수 있는 것입니다.

그러나 이렇게 될 경우에 중개업자가 과도한 중개보수를 약정해서 받아 갈 우려가 있습니다. 이로 인한 불이익을 없애기 위해서 우리나라의 관련법 에서는 중개보수의 상한을 정해 놓고 있습니다. 이 점에서 계약자유의 원칙 이 수정 내지는 제한되었다고 볼 수 있죠.

중개보수한도

교수님, 그러면 만일 법이 정한 보수보다 더 많은 금액으로 보수약정을 하였다면, 약정대로 모두 다 지급해야 하는 것인지요?

아니, 마지막 질문이라고 하지 않았나요?

교수님, 이 질문은 앞의 질문과 연결되어 있는 질문이어서 하나의 질문으로도 볼 수 있지 않을까요? 하하하, 죄송합니다.

알겠습니다. 정말 중요하고도 좋은 질문이라 제가 서비스로 알려줄게요. 여기서는 보수 한도를 정한 법규정의 성격이 무엇인가가 문제 해결의 쟁점 이 됩니다. 법규정은 임의규정과 강행규정으로 나뉜다고 앞에서 말했었죠? 임의규정이란 법이 규정한 내용과 다르게 당사자가 합의한다면 그 합의는 비록 법에 정한 내용과 다르지만 유효한 합의로 인정되는 규정을 말합니다. 즉 당사자 사이의 합의로 법규정의 적용을 배제하거나 내용을 얼마든지 변경할 수 있는 규정을 말합니다. 이는 민법의 기본원칙인 사적자치원리에 기초한 계약자유의 원칙에서 나오는 결론입니다.

이에 비하여 강행규정은 법이 정한 규정대로 체결하여야 하고 비록 당사자 사이의 원만한 합의로 법규정과 다르게 약정하여도 그 약정은 무효로 되고, 법이 정한 규정에 따라야 하는 규정을 말합니다. 즉 계약자유의 원칙이 적용되지 않아 법규정의 적용을 임의로 배제하거나 내용을 변경할 수 없는 규정입니다.

> 교수님, 그러면 법에서 문제된 규정이 강행규정인지, 아니면 임의규정인지를 미리 정해 놓는 것인가요?

강행규정과 임의규정의 구별

꼭 그렇지는 않기 때문에 어려움이 발생합니다. 일반적으로는 법에서 그러한 것을 규정해 놓지 않고 있습니다. 법에서 어떤 규정은 강행규정이고, 또 다른 규정은 임의규정이라고 정해 놓는 경우는 극히 드물다는 점입니다. 그에 따라 실제 재판에서는 문제된 규정을 강행규정으로 볼 것인지, 아니면 임의규정으로 볼 것인지가 첨예하게 대립되기도 합니다. 결론은 당해 규정에 대한 법해석에 따라 임의규정으로 보기도 하고, 강행규정으로 보기도 합니다.

부동산 중개보수 상한 규정도 마찬가지입니다. 법에서는 이 규정이 강행규정인지 여부에 대하여 아무런 언급(규정)이 없습니다. 그에 따라 법해석을 통하여 강행규정 여부를 판단하여야 합니다. 그런데 우리 대법원은 부동산 중개업을 건전하게 지도·육성하고 부동산 중개업무를 적절히 규율함으로써 부동산중개업자의 공신력을 높이고 공정한 부동산 거래 질서를 확립하여 국민의 재산권 보호에 기여함을 입법목적으로 하고 있다는 점에 착안하여 강행규정으로 보고 있습니다.

그에 따라 강행규정인 중개보수 한도 규정을 위반하여 더 많은 수수료를 지급하기로 하는 합의는 초과 금액 부분만큼 당연히 무효이고, 그에 따라 한도를 초과한 금액만큼은 이를 지급할 필요가 없으며, 만일 그럼에도 불구하고 모두 지급하였다면, 후에 이를 부당이득으로 보아 초과 금액만큼 그 반환을 청구할 수도 있습니다.

판례

대법원 2007. 12. 20. 선고 2005다32159 전원합의체 판결 [약정금]
구 부동산중개업법(2005. 7. 29. 법률 제7638호 '공인중개사의 업무 및 부동산 거래신고에 관한 법률'로 전문 개정되기 전의 것)은 부동산중개업을 건전하게 지도 · 육성하고 부동산중개 업무를 적절히 규율함으로써 부동산중개업자의 공신력을 높이고 공정한 부동산거래질서를 확립하여 국민의 재산권 보호에 기여함을 입법목적으로 하고 있으므로(제1조), 중개수수료의 한도를 정하는 한편 이를 초과하는 수수료를 받지 못하도록 한 같은 법 및 같은 법 시행규칙 등 관련 법령 또는 그 한도를 초과하여 받기로 한 중개수수료 약정의 효력은 이와 같은 입법목적에 맞추어 해석되어야 한다. 그뿐 아니라, 중개업자가 구 부동산중개업법 등 관련 법령에 정한 한도를 초과하여 수수료를 받는 행위는 물론 위와 같은 금지규정 위반 행위에 의하여 얻은 중개수수료 상당의 이득을 그대로 보유하게 하는 것은 투기적 · 탈법적 거래를 조장하여 부동산거래질서의 공정성을 해할 우려가 있고, 또한 구 부동산중개업법 등 관련 법령의 주된 규율대상인 부동산의 거래가격이 높고 부동산중개업소의 활용도 또한 높은 실정에 비추어 부동산 중개수수료는 국민 개개인의 재산적 이해관계 및 국민생활의 편의에 미치는 영향이 매우 커 이에 대한 규제가 강하게 요청된다. 그렇다면, 앞서 본 입법목적을 달성하기 위해서는 고액의 수수료를 수령한 부동산 중개업자에게 행정적 제재나 형사적 처벌을 가하는 것만으로는 부족하고 구 부동산중개업법 등 관련 법령에 정한 한도를 초과한 중개수수료 약정에 의한 경제적 이익이 귀속되는 것을 방지하여야 할 필요가 있으므로, 부동산 중개수수료에 관한 위와 같은 규정들은 중개수수료 약정 중 소정의 한도를 초과하는 부분에 대한 사법상의 효력을 제한하는 이른바 강행법규에 해당하고, 따라서 구 부동산중개업법 등 관련 법령에서 정한 한도를 초과하는 부동산 중개수수료 약정은 그 한도를 초과하는 범위 내에서 무효이다.

네. 오늘 강의 정말 감사합니다. 교수님 강의를 들으니 법적 교양이 쑥쑥 자라는 것 같습니다. 더불어 현대 시민으로 살아감에 꼭 필요한 지식도 얻을 수 있어서 너무 좋습니다. 다음 시간에도 유익하면서 재미있는 강의 부탁드립니다.

스스로 풀어보는 문제

1. 일반인이 법무사에게 등기 신청대리를 의뢰하고 법무사가 이를 승낙하는 법률관계도 위임에 해당하나요?
2. 수임을 합의할 경우 무조건 위임 계약을 작성해야 되나요? 계약을 작성하려면 어떤 내용이 필요할까요?
3. 법이 정한 한도를 초과하여 부동산 중개수수료를 지급하기로 하는 합의를 하였고, 그에 따라 의뢰인이 약정 수수료 전부를 지급하였다면, 그 법률관계는 어떻게 처리될까요?

종합 판례

대법원 2021. 7. 29. 선고 2017다243723 판결 [손해배상(기)]

[1] 공인중개사법은 '중개'의 개념에 관하여 제2조 제1호에서 "제3조의 규정에 의한 중개대상물에 대하여 거래당사자 간의 매매·교환·임대차 기타 권리의 득실·변경에 관한 행위를 알선하는 것"이라고 정하고 있다. 이러한 중개에는 중개업자가 거래의 쌍방 당사자로부터 중개 의뢰를 받은 경우뿐만 아니라 일방 당사자의 의뢰로 중개대상물의 매매 등을 알선하는 경우도 포함된다.

[2] 공인중개사법 제32조 제1항 본문은 "개업 공인중개사는 중개업무에 관하여 중개의뢰인으로부터 소정의 보수를 받는다."라고 정하고 있고, 제32조 제4항과 같은 법 시행규칙 제20조 제1항, 제4항은 중개대상물별로 공인중개사가 중개업무에 관하여 중개의뢰인으로부터 받을 수 있는 보수의 한도를 정하고 있다. 부동산 중개보수 제한에 관한 위 규정들은 중개보수 약정 중 소정의 한도를 초과하는 부분에 대한 사법상의 효력을 제한하는 이른바 강

행법규에 해당한다. 따라서 공인중개사법 등 관련 법령에서 정한 한도를 초과하는 부동산 중개보수 약정은 한도를 초과하는 범위 내에서 무효이다.

[3] 공인중개사가 중개대상물에 대한 계약이 완료되지 않을 경우에도 중개행위에 상응하는 보수를 지급하기로 약정할 수 있다. 이 경우 당사자의 약정에서 보수액을 산정하는 구체적인 기준을 정하지 않았으면 중개의뢰 경위, 중개사건처리 경과와 난이도, 중개에 들인 기간과 노력의 정도, 의뢰인이 중개로 얻는 구체적 이익, 중개대상물의 가액, 그 밖에 변론에 나타난 여러 사정을 고려하여 보수를 정해야 하고, 약정에서 특정 보수액이 정해졌다면 신의성실의 원칙, 형평의 원칙 등을 고려하여 합리적이라고 인정되는 범위 내의 보수만을 청구할 수 있다. 이러한 보수는 계약이 완료되었을 경우에 적용되었을 부동산 중개보수 제한에 관한 공인중개사법 제32조 제4항과 같은 법 시행규칙 제20조 제1항, 제4항에 따른 한도를 초과할 수는 없다고 보아야 한다.

[4] 부동산 중개보수 제한에 관한 공인중개사법 제32조 제4항과 같은 법 시행규칙 제20조 제1항, 제4항의 규정들(이하 '보수 제한 규정'이라 한다)은 공매 대상 부동산 취득의 알선에 대해서도 적용된다고 봄이 타당하다. 이유는 다음과 같다.

① 공매는 목적물의 강제환가라는 특징이 있기는 하나 본질적으로 매매의 성격을 지니고 있으므로 실질적인 내용과 효과에서 공매 대상 부동산의 취득을 알선하는 것은 목적물만 차이가 있을 뿐 공인중개사법 제2조 제1항에서 정하는 매매를 알선하는 것과 차이가 없다. 따라서 공매에 대해서 보수 제한 규정을 비롯하여 매매에 관하여 적용되는 거래당사자 보호에 관한 규정을 배제할 이유가 없다.

② 공인중개사법 제32조 제1항은 중개보수 청구의 대상을 '중개'가 아닌 '중개업무'로 정하고 있고, 법체계상 하위규정에 위치한 보수 제한 규정도 '중개업무'를 전제로 한 규정으로 볼 수 있다. 대법원 2007. 4. 12. 선고 2005다40853 판결은 공인중개사법상 손해배상이나 보증보험 관련 조항에 규정된 '중개행위'의 개념을 '중개'와 구분하고, 그중 '중개행위'에 해당하는지 여부는 거래당사자의 보호에 목적을 둔 법규정의 취지에 비추어 공인중개사의 행위를 객관적으로 보아 사회통념상 거래의 알선, 중개를 위한 행위라고 인정되는지 여부에 따라 결정해야 한다고 유연하게 해석하고 있다. 이러한 법리는 중개보수 관련 조항에 규정되어 있는 '중개업무'의 해석에도 그대로 적용할

수 있다.

③ 공인중개사법 제14조는 '개업 공인중개사가 국세징수법 그 밖의 법령에 의한 공매 대상 부동산에 대하여 권리분석, 취득의 알선 및 매수신청대리 등을 할 수 있다.'고 정하고 있고(제2항), 그에 관한 요건 등을 대법원규칙으로 정하도록 하고 있다(제3항). 그 위임에 따라 공인중개사의 매수신청대리인 등록 등에 관한 규칙 제17조 제1항 등에서는 공매 대상 부동산에 관한 '권리분석'과 '매수신청대리'에 대한 보수에 관하여 법정 한도를 정하고 있는데 '취득의 알선'에 대한 보수에 관해서는 아무런 규정을 두고 있지 않다. 만일 공매 대상 부동산 취득의 알선에 관하여 보수 제한 규정이 적용되지 않는다고 본다면, 공인중개사가 취득의 알선에서 나아가 매수신청대리까지 한 경우에는 법령상 보수 제한을 받는 것에 비해 취득의 알선에 그치는 경우에는 오히려 제한 없이 보수를 받을 수 있다는 부당한 결론에 이르게 된다.

CHAPTER

03

의료분쟁, 똑똑하게 대처하기

묻고 답하는 민법이야기

교수님, 강의에 앞서 부탁드릴 일이 있습니다.

부탁이라고요? 학생이 원하는 것이라면 그것이 강의 본질에 어긋나지 않는 한 들어줘야 하지요. 하하하, 어떤 부탁이지요?

지난 시간에 위임을 설명해주시면서 의사와 환자 사이의 법률문제를 다뤄주셨는데요. 그런데 의사로부터 치료받는 도중에 의료사고도 종종 발생한다는 이야기를 들었습니다. 실은 제 주위에도 의료사고로 고통받고 있는 분도 있고요. 그래서 드리는 말씀인데, 혹시 의료사고를 둘러싼 법적 문제를 조금 더 자세하게 다뤄주실 수는 없는지요?

학생이 말한 대로 지난 강의 시간에 의사와 환자 간의 법률문제를 다루면서 의료사고와 그에 따른 법적 문제를 조금 다루었는데, 조금 더 자세한 내용을 알고 싶다는 의견 같습니다. 학생이 원하고, 다른 학생들도 원한다면 조금 더 강의해줄 수는 있어요. 학생 여러분은 어떻게 생각하는지요?

당연히 좋습니다. 저희들도 궁금한 것이 좀 있었는데, 강의해주시면 감사하겠습니다. 무엇보다도 의료사고가 발생하였을 때 환자측에서는 구체적으로 어떻게 대응하여야 할지 몰라 당황하는 경우가 많이 있다고 들었습니다. 그래서 환자나 보호자의 대처 방법을 다뤄주시면 고맙겠습니다.

알겠습니다. 태어나서 사망할 때까지 우리는 질병에 걸리거나 사고를 당하여 병원을 찾는 일이 종종 있죠. 단순한 감기나 소화가 잘 안되는 비교적 가벼운 병증으로 병원을 찾기도 하고, 뇌출혈이나 심장마비 같은 위급한 상황에서 병원을 찾기도 하죠. 이때 모든 환자들은 병원에서 잘 치료받고 건강하게 병원 밖으로 나오기를 바랄 것입니다.

그런데 안타깝게도 주변에서 병원에서 예기치 못하게 환자가 사망하거나 상태가 더 위중해지는 경우도 보게 되죠. 이때 혹시 의료진의 잘못으로 오히려 환자 상태가 악화된 것은 아닌지 하는 생각이 들더라도 어떻게 대처해야 할지 몰라서 난감하신 경우가 많을 것 같아요. 그래서 오늘은 의료분쟁에 대처하는 방법에 대해 알아보겠습니다.

그런데 의료분쟁에 대하여 알아보기 위해서는 먼저 구별하여야 할 것이 있습니다. 앞서 의사와 환자 사이의 치료행위는 민법상의 위임계약에 해당하고, 이 경우 의사의 진료채무는 결과채무가 아닌 수단채무라고 말했지요.

이를 조금 자세하게 설명하면, 병원에서 치료를 받는 일련의 과정을 법률적인 의미로 해석하면, 의사와 환자 사이에는 「의사가 환자에게 진료비 등을 받고 의료행위를 하기로 하는 계약」이 체결된 것이고, "의료인은 환자에게 진료비 등을 받고, 환자를 진찰, 치료해야 하는 '진료채무'를 부담하게 된다"라고 말할 수 있습니다.

의료계약

의료계약
의사가 환자에게 진료비 등을 받고 의료행위를 하기로 하는 계약 그리고 여기서 말하는 의료인의 환자에 대한 채무는 질병의 치유와 같은 결과를 반드시 달성해야 하는 결과채무가 아니라 환자의 치유를 위하여 선량한 관리자의 주의의무를 가지고 현재의 의학 수준에 비추어 필요하고 적절한 진료를 다해야 할 채무, 즉 수단채무입니다.

진료채무의 특수성 = 수단채무

의료인이 환자에게 부담하는 채무는 질병의 치유와 같은 결과를 반드시 달성해야 하는 결과채무가 아니라 환자의 치유를 위하여 선량한 관리자의 주의의무를 가지고 현재의 의학수준에 비추어 필요하고 적절한 진료를 다해야 할 채무, 즉 수단채무임

예를 들어, 말기 암이나 백혈병 등 희귀질환처럼 질병 자체가 현대의학으로는 회복하기 어려운 경우에는 의료인의 과실 없이도 병원 치료를 시작한 이후 환자 상태는 더 위중해질 수 있습니다. 따라서 병원에 가기 전의 상태에 비해 치료 후에 결과가 나빠졌다고 해서 바로 분쟁을 일으키는 것은 적절하다고 할 수 없습니다. 즉, '의료사고'와 '의료과실'을 구분하여야 합니다.

교수님, 그러면 의료사고와 의료과실은 다른 개념이라는 것인가요? 저희가 볼 때는 둘 다 같은 뜻으로 이해되는데, 아니군요.

그렇습니다. '의료사고'란 의사, 간호사 등 보건의료인이 환자에 대하여 실시하는 진단·검사·치료·의약품의 처방 및 조제 등의 의료행위로 인하여 사람의 생명·신체 및 새산에 대하여 피해가 발생된 모든 경우를 말합니다.

의료과실

이에 반하여 의료과실(의료과오)이란, 보건의료인이 환자에 대한 의료행위를 하면서 당연히 기울여야 할 업무상 요구되는 주의의무를 소홀히 하여 사망, 상해, 치료 지연 등 환자의 생명·신체의 완전성을 침해한 경우로서 의료인의 주의의무 위반에 대한 비난가능성이 있는 것을 말합니다.

교수님, 그러면 의료사고가 발생하여도 의료과실이 아닐 수도 있고, 그에 따라 법적 책임을 부담하지 않을 수도 있다는 뜻인지요?

바로 그것입니다. 의료행위로 인하여 어떠한 피해, 즉 의료사고가 발생하였다고 해서 곧바로 의료과실이라고 할 수는 없고, 여기에 의료인의 고의나 과실이 있어야 비로소 의료과실이 되어 법적 책임이 부과될 수 있는 것입니다.

의료사고

의사, 간호사 등 보건의료인이 환자에 대하여 실시하는 진단·검사·치료·의약품의 처방 및 조제 등의 의료행위로 인하여 사람의 생명·신체 및 재산에 대하여 피해가 발생된 경우

의료과실(의료과오)

보건의료인이 환자에 대한 의료행위를 하면서 당연히 기울여야 할 업무상 요구되는 주의의무를 소홀히 하여 사망, 상해, 치료 지연 등 환자의 생명·신체의 완전성을 침해한 경우로서 의료인의 주의의무 위반에 대한 비난가능성을 말함

교수님, 그렇다면, 병이 나아지려고 병원을 찾았는데, 오히려 건강이 더 나빠졌다고 해서 무조건 병원에서 잘못한 것은 아니라는 뜻인가요?

하하하, 바로 그것입니다. 여러분들이 날로 똑똑해지는 것 같습니다. 일반인들이 가장 많이 혼동하는 것이 바로 이것입니다. 의료사고와 의료과오는 분명히 구별되기에 모든 의료사고에 대하여 의사나 병원이 책임을 부담하는 것이 아니라 그중 의료과오로 인정되는 경우에 한하여 법적 책임이 문제되

는 것이죠.

잘 알겠습니다. 그러면 '의료사고'가 발생하였을 때 환자는 구체적으로 무엇을 근거로 의사 등을 상대로 금전적인 손해배상을 청구할 수 있나요?

 의료인이 과실로 인하여 의료사고가 발생한 경우에, 환자는 ① 의료계약을 충실히 이행하지 않았음을 이유로 채무불이행책임(민법 제393조)을 물을 수도 있고, ② 의료행위 중에 의료인이 마땅히 취했어야 할 최선의 주의를 기울이지 않았음을 이유로 손해배상을 청구(민법 제750조)할 수 있습니다. 즉 채무불이행을 원인으로 한 손해배상청구(계약상의 채무불이행책임)와 불법행위를 원인으로 한 손해배상청구(불법행위책임)를 선택적으로 할 수 있습니다.

관련 법조문

채무불이행책임
민법 제393조(손해배상의 범위) ① 채무불이행으로 인한 손해배상은 통상의 손해를 그 한도로 한다.
② 특별한 사정으로 인한 손해는 채무자가 그 사정을 알았거나 알 수 있었을 때 한하여 배상의 책임이 있다.
불법행위책임
민법 제750조(불법행위의 내용) 고의 또는 과실로 인한 위법행위로 타인에게 손해를 가한 자는 그 손해를 배상할 책임이 있다.

교수님, 그러면 환자 입장에서는 채무불이행책임과 불법행위책임 중 어느 쪽으로 청구하는 것이 더 유리한 것인지요?

 똑 부러진 정답은 없습니다. 둘 다 모두 장점과 단점이 있습니다. 먼저 채무불이행책임의 경우에는 의료인 쪽에서 과실 없음을 증명하여야 하고, 불법행위책임의 경우에는 환자가 의료인의 과실을 증명하여야 하기 때문에 증명책임이라는 점에서는 채무불이행책임을 주장하는 것이 환자에게 유리할 수 있습니다. 그러나 채무불이행책임을 주장하는 경우에도 환자가 의사측의 채무불이행사실을 선행하여 주장하려면, 당해 진료나 치료에 있어서 의료진의 완전한 진료채무의 내용이 무엇인지 먼저 설명할 수 있어야 한다는 어려움이 있고, 또한 채무불이행책임 구성에서 위자료는 특별손해에 해당하여 이를 인정받기 쉽지 않다는 문제점도 있습니다.

교수님, 그래도 실제 소송에서는 어떤 법리를 갖고 하는지 궁금합니다.

실무적으로는 대부분 불법행위책임에 의한 이론구성을 하게 되는데, 그에 따라서 민법상 소멸시효가 중요하다는 점을 꼭 기억해주셔야 합니다. 그리고 아래에 법원에서는 과연 어느 경우에 의료과실을 인정하고, 어느 경우에는 인정하지 않는지를 보여주는 판례를 몇 개 소개합니다. 혹시 조금 더 전문적인 지식을 원하는 학생들은 자세히 읽어보면 도움이 될 것입니다.

판례

대법원 1996. 6. 25. 선고 94다13046 판결 [손해배상(의)]
[1] 무릇 의사는 진료를 행함에 있어 환자의 상황과 당시의 의료 수준 그리고 자기의 전문적인 지식과 경험에 따라 생각할 수 있는 몇 가지의 조치 중에서 적절하다고 판단되는 진료방법을 선택할 수 있고, 그것이 합리적인 재량의 범위를 벗어난 것이 아닌 한 진료의 결과를 놓고 그 중 어느 하나만이 정당하고 그와 다른 조치를 취한 것에 과실이 있다고 말할 수는 없다.
[2] 의사가 환자 내지 그 가족에게 상처 부위의 조직괴사에 대응하기 위하여 필요한 검사 내지 치료를 할 수 있는 병원으로는 종합병원밖에 없다고 설명하면서 종합병원으로 전원할 것을 권유하였다면 그것으로 의사로서의 진료상의 의무를 다하였다 할 것이고, 거기서 나아가 그 환자나 가족들이 개인의원으로 전원하는 것을 만류, 제지하거나 그 환자를 직접 종합병원으로

전원하여야 할 의무까지 있다고 할 수는 없다고 하여, 환자가 그 권유에 따르지 아니하여 증세가 악화된 데 대한 의사의 과실을 부정한 원심판결을 수긍한 사례.

대법원 2011. 7. 14. 선고 2009다101916 판결 [손해배상(의)]

1. 분만과정에서의 과실 유무에 대하여

가. 의료행위상의 주의의무 위반으로 인한 손해배상청구에서, 피해자가 일련의 의료행위 과정에 있어 저질러진 일반인의 상식에 바탕을 둔 의료상의 과실 있는 행위를 증명하고 그 결과와 사이에 일련의 의료행위 외에 다른 원인이 개재될 수 없다는 점, 이를테면 환자에게 의료행위 이전에 그러한 결과의 원인이 될 만한 건강상의 결함이 없었다는 사정을 증명한 경우에는 의료상 과실과 결과 사이의 인과관계를 추정하여 손해배상책임을 지울 수 있도록 증명책임을 완화하는 것이 이 법원의 확립된 견해이나(대법원 1995. 2. 10. 선고 93다52402 판결 참조), 이 경우에도 의료상 과실의 존재는 피해자가 증명하여야 하므로 의료과정에서 어떠한 주의의무 위반이 있었다는 점을 인정할 수 없다면 그 청구는 배척될 수밖에 없다(대법원 1999. 9. 3. 선고 99다10479 판결, 대법원 2002. 8. 23. 선고 2000다 37265 판결 등 참조). 또한 의사는 진료를 함에 있어 환자의 상황과 당시의 의료 수준 그리고 자기의 전문적 지식과 경험에 따라 생각할 수 있는 몇 가지 조치 중에서 적절하다고 판단되는 진료방법을 선택할 수 있으므로, 그것이 합리적 재량의 범위를 벗어난 것이 아닌 한 그 중 어느 하나만이 정당하고 이와 다른 조치를 취한 것에 과실이 있다고 말할 수 없으며 진료의 결과를 보아 위와 달리 평가할 것도 아니다(대법원 1996. 6. 25. 선고 94다13046 판결 등 참조).

나. 원심은 그 채택 증거에 의하여 판시와 같은 사실을 인정한 다음, 원고 2가 원고 3을 분만하는 도중 2004. 3. 2. 22:45경 태아심박동수가 분당 96회로 떨어지자 피고들 의료진이 원고 2에게 산소를 공급하고 심호흡을 격려하는 등의 조치를 취하였고, 이에 따라 태아심박동수가 곧 정상수치를 회복한 점, 일시적인 태아심박동감소가 있다고 하더라도 바로 제왕절개술을 시행하여야 하는 것은 아니며 원고 3의 경우 아두골반불균형이 의심되거나 기타 제왕절개적응증으로 볼 증상이 없었던 점, 피고들 의료진이 같은 날 23:10경부터 분만을 시도하다가 1회의 흡입분만으로 같은 날 23:24경 분

만을 완료하였고 그 과정에서 무리하게 흡입분만을 하였다고 볼 증거가 없는 점, 흡입분만의 경우 경막하 출혈이 있을 수 있지만 특별한 이상소견을 보이지 않기도 하며, 원고 3의 뇌경막하 출혈 등의 부위와 출혈량, 관찰 시점 등에 비추어 분만 과정에서의 뇌경막하 출혈로 인해 저산소성 뇌손상을 입었다고 보기 어려운 점 등의 사정을 종합하여, 이러한 상황에서 피고들 의료진이 제왕절개술을 시도하지 아니하고 질식분만으로 출산케 한 조치나 흡입분만에서의 처치 과정에 어떠한 과실이 있다고 볼 수 없을 뿐 아니라 원고 3이 피고들 의료진의 흡입분만상 과실로 인해 저산소성 뇌손상을 입게 되었다고 볼 수도 없다고 판단하였다.

앞서 본 법리와 기록에 비추어 살펴보면 원심의 위와 같은 인정과 판단은 정당한 것으로 수긍이 가고, 거기에 논리와 경험의 법칙에 위배하고 자유 심증주의의 한계를 벗어나 사실을 인정한 잘못이 있다거나 상고이유에서 주장하는 바와 같은 법리오해 등의 위법이 있다고 할 수 없다. 이 부분 상고이유는 받아들일 수 없다.

2. 분만후 응급처치 및 전원과정에서의 과실에 대하여

원심은, 피고들 의료진이 원고 3이 분만 당시 호흡이 없자 곧바로 기도 내 이물질 등을 제거하고 앰뷰백으로 양압환기를 하며 지속적으로 자극하는 등 소생술을 시행하였고, 이에 원고 3의 호흡, 맥박, 심박동이 곧 정상수치로 회복되었음에도 여전히 호흡이 약하자 분만 당일 23:35경 및 23:45경 기관내삽관을 시행하였고 인큐베이터에 넣고 체온을 유지하였으며, 앰뷰백으로 양압환기를 계속하면서 의사와 간호사가 동승하여 마산삼성병원으로 전원한 점, 분만시로부터 마산삼성병원으로 후송되기까지 1시간 30분 정도의 시간이 걸렸다 하더라도 위와 같은 피고들 의료진의 응급조치나 분만 이후의 처치 등을 고려하면 그 후송을 지체하였다고 볼 수 없는 점 등에 비추어 분만후 응급처치 및 전원 과정에서도 피고들 의료진에게 어떠한 과실이 있었다고 보기 어렵다고 판단하였다.

기록에 비추어 살펴보면 원심의 위와 같은 인정과 판단도 정당한 것으로 수긍할 수 있고, 거기에 논리와 경험의 법칙에 위배하고 자유심증주의의 한계를 벗어나 응급조치 및 전원상의 과실에 관한 법리를 오해하는 등의 위법이 있다고 할 수 없다. 이 부분 상고이유도 이유 없다.

대법원 2010. 5. 27. 선고 2006다79520 판결 [손해배상(기)]

[1] 의료에 관한 지식과 능력 등에 따라 의사와 조산사 등 의료인의 자격과 권한을 구분하고 조산사로 하여금 의사의 지도를 받도록 하고 있는 구 의료법(2007. 4. 11. 법률 제8366호로 전부 개정되기 전의 것) 및 구 의료법 시행규칙(2008. 4. 11. 보건복지가족부령 제11호로 전부 개정되기 전의 것) 등 관계 법령의 취지 및 인간의 생명과 건강을 담당하는 의료인은 해당 진료 환경 및 조건에서 최선의 진료를 제공할 의무가 있다는 점 등에 비추어 볼 때, 조산사는 분만과정에서 산모와 태아의 상태가 정상적인지 여부를 계속적으로 관찰하고 산부인과 전문의 등으로 하여금 발생가능한 응급상황에 적절히 대처할 수 있도록 산모와 태아의 상태를 적시에 보고하여야 하며, 응급상황에서 자신이 취할 수 있는 범위 내의 필요한 조치를 취할 의무가 있다.

[2] 병원에서 조산사가 분만을 관장하여 출생한 신생아가 뇌성마비 상태가 된 사안에서, 분만과정에 태변착색 등 이상 징후를 발견하였음에도 산부인과 전문의 등에게 보고를 지연함으로써 신생아가 의사로부터 적시에 기관 내 삽관을 통한 태변제거 및 인공호흡 등 응급조치를 받을 기회를 상실시켰을 뿐만 아니라 분만실에서 호흡을 하지 않는 신생아의 코에 산소가 나오는 고무관을 대주었을 뿐 마스크와 백을 이용한 인공호흡을 시키지 않는 등 조산사 스스로 가능한 범위 내의 심폐소생술도 제대로 하지 않은 조산사에게 의료과실이 있다고 본 사례.

[3] 뇌성마비는 대부분의 경우 그 원인을 밝혀내기 어렵고 분만 중의 원인은 6~8%에 불과하다고 할지라도 뇌성마비의 가능한 원인 중 하나가 될 수 있는 분만 도중 발생한 저산소성-허혈성 뇌손상을 표상하는 간접사실들이 인정되는 반면 선천적 또는 후천적인 다른 요인의 존재를 추인하게 할 만한 사정은 발견되지 않는다면, 뇌성마비가 분만 중 저산소성-허혈성 뇌손상으로 인하여 발생하였다고 추정함이 상당하다.

교수님, 지난번 의사의 환자에 대한 진료비채권에 대한 소멸시효를 말씀해주셨는데, 오늘은 그 반대로 의료사고에 따른 환자의 의사 등에 대한 손해배상채권의 소멸시효를 말씀하시는 것인지요?

맞습니다. 의료인에 대한 손해배상책임을 물을 경우, 앞서 말한 채무불이행책임으로 청구할 것인지, 아니면 불법행위책임으로 갈 것인지에 따라 소멸시효기간이 달라지기에 환자측에서는 주의할 필요가 있다는 것입니다.

교수님, 그러면 이 기회에 소멸시효 일반에 대하여 먼저 자세히 설명해주시면 정말 고맙겠습니다.

소멸시효

좋은 의견 같으니 그렇게 하죠. 그럼 먼저 한가지 문제를 질문할까요?

교수님이 질문을 하신다고요? 알겠습니다. 이왕이면 좀 쉬운 문제를 질문해주세요. 부탁드려요.

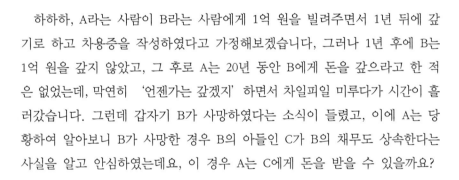

하하하, A라는 사람이 B라는 사람에게 1억 원을 빌려주면서 1년 뒤에 갚기로 하고 차용증을 작성하였다고 가정해보겠습니다. 그러나 1년 후에 B는 1억 원을 갚지 않았고, 그 후로 A는 20년 동안 B에게 돈을 갚으라고 한 적은 없었는데, 막연히 '언젠가는 갚겠지' 하면서 차일피일 미루다가 시간이 흘러갔습니다. 그런데 갑자기 B가 사망하였다는 소식이 들렸고, 이에 A는 당황하여 알아보니 B가 사망한 경우 B의 아들인 C가 B의 채무도 상속한다는 사실을 알고 안심하였는데요, 이 경우 A는 C에게 돈을 받을 수 있을까요?

지난번 강의에서 일정 기간이 지나서 소멸시효가 완성되면 채무가 소멸한다고 하셨는데, 잘 모르겠습니다.

소멸시효에 관하여는 "권리 위에 잠자는 자는 보호받지 못한다" 라는 명언이 늘 인용됩니다. 즉, 행사할 수 있는 권리가 있음에도 법에 정해진 기간 동안에 행사하지 않는 경우가 지속될 경우, 그 권리의 소멸을 인정하는 제도입니다. 소멸시효 제도가 존재하는 이유는, 법적 질서의 유지 및 사회질서의 안정과 권리행사를 촉구하기 위해서입니다.

위 사례에서 B의 아들인 C는 20여 년 전 아버지의 채무에 대해 알지 못하고 있었다면, 갑작스러운 A의 빚 독촉에 당황스러울 수밖에 없겠죠? 대여금 채권과 같은 일반 민사채권의 소멸시효기간은 10년이기에 A는 적어도 10년 이내에 B에게 대여금 채권에 대한 청구권을 행사하여 시효 연장을 했어야 합니다.

그런데 의료사고 손해배상은 주로 불법행위에 의한 손해배상청구로 구성된다고 하였죠? 이 경우에는 소멸시효기간이 가해자를 안 날로부터 3년 또는 의료사고가 실제 발생한 날로부터 10년이 되는데, 앞선 3년 혹은 10년의 소멸시효 중 어느 한 기간이 먼저 경과할 경우 소멸시효는 완성됩니다. 즉, 의료사고 발생 10년이 넘은 후에 비로소 의료사고 사실을 알게 되었더라도 이미 소멸시효 완성으로 손해배상청구가 불가능하다는 것입니다. 반대로 의료사고 발생 후 10년이 지나지 않았더라도 의료사고 사실을 안 지 3년이 경과한 경우 마찬가지로 소멸시효는 완성됩니다.

소멸시효 일반

의료사고손해배상[불법행위책임] 소멸시효

- 손해사실이나 가해자를 안 날로부터 <u>3년</u>, 또는 의료사고가 실제 발생한 날로부터 <u>10년</u>
- 3년 혹은 10년의 소멸 시효 중 어느 한 기간이 먼저 경과할 경우 소멸시효 완성

교수님, 그러면 손해사실이나 가해자를 알았다는 것은 구체적으로 어떤 의미인지요?

참으로 좋은 질문입니다. 여기서 손해사실이나 가해자를 '안 날'이란, 단순히 의료사고가 있었다는 사실을 안 때를 의미하는 것은 아니고, '의사의 가해행위와 환자의 손해발생 사이에 인과관계가 있으며 그것이 위법하고 과실이 있는 것까지도 안 때'를 말합니다. 이 점에서 환자측에게 약간 유리한 면이 있죠.

손해사실이나 가해자를 '안 날'이란?

'의사의 가해행위와 환자의 손해발생 사이에 인과관계가 있으며 위법하고 과실이 있는 것까지도 안 때'를 의미

교수님, 그러면 실제 의료사고가 발생했을 때, 환자측에서는 어떻게 대처해야 할까요?

의료사고 대응

만일 의료사고가 발생하였다면, 치료 내용을 파악하고, 거기에 어떠한 과실은 없는지를 발견하고 그에 따른 제반 증거를 확보하는 것이 가장 중요합니다.

1) 먼저 담당의사에게 의료사고의 원인이 무엇인지 설명을 요구하고, 동시에 모든 진료기록의 사본 발급을 요청하여야 합니다. 진료기록부는 병원마다 의사기록지, 간호기록지, 마취기록지, 수술기록지 등 다양한 서식으로 구성되어 있습니다. 또한, X-ray, CT, MRI, 초음파 등을 촬영한 경우에는 그 영상물을 CD형태로 교부받을 수 있습니다.

2) 다음으로 담당 의사의 설명을 듣고 의료과실이라고 판단된다면, 의료기관 내 의료분쟁 담당 부서를 확인하고 처리방안을 협의해보세요.

3) 단, 환자가 사망하였을 때는 병원 소재지 관할 경찰서에 부검 의뢰를 고려해볼 수도 있습니다. 의료사고와 관련된 부검은 사실상 유가족의 선택적인 사항이나, 부검은 사망원인을 해부병리학적으로 밝힐 수 있는 유일한 방법입니다. 다만, 환자의 신체가 손상될 수 있으므로, 의료과실로 환자가 사망하였다는 의심이 있는 경우에 고려해볼 수 있습니다. 부검이 이루어졌을 때에는 유가족은 경찰로부터 부검결과를 안내받거나 부검감정서의 교부를 요청할 수 있습니다.

이를 도표로 살펴보면 다음과 같습니다.

담당 의사에게 의료사고의 원인이 무엇인지 설명을 요구하고 동시에 모든 진료기록의 사본 발급을 요청하는 것이 중요

↓

담당 의사의 설명을 듣고 의료과실이라고 판단되면, 의료기관 내 의료분쟁 담당 부서를 확인하고 처리방안을 협의

↓

환자가 사망하였을 경우에는 병원 소재지 관할 경찰서에 부검 의뢰를 고려

↓

유가족이 부검을 하고자 할 경우
1) 병원 소재지를 관할하는 경찰서에 신고 → 2) 검사의 지휘에 따라 통상 2~3일 이내에 국립과학수사연구원에서 부검 실시 → 3) 부검 후 약 2달 정도 후 경찰서로부터 부검 결과 통보

소송외 해결

교수님, 뉴스에서 보면 실제 의료사고가 발생하여 소송으로 간다고 하여도 의료소송은 시간도 너무 많이 걸리고 비용도 많이 든다는 인식이 있어서 환자들이 선뜻 법원에 소송을 제기하기 쉽지 않은 것이 현실이라고 합니다. 혹시 소송 이외에 다른 해결 방법이나 제도는 없을까요? 경제적이면서도 간단하게 해결할 수 있는 방법이 있으면 좋겠습니다.

그렇습니다. 실제 의료소송에서는 의료과오 여부를 판단하는 일이 결코 쉽지 않은 매우 전문적인 영역이라 시간이 많이 소요됩니다. 뿐만 아니라 실제 소송에서 승소할 가능성도 결코 높지 않습니다. 그래서 많은 사람들이

소송 이외의 다른 구제수단을 찾게 되는데요. 그러한 방법으로는 아래와 같은 것이 있습니다.

1) 자체합의

이는 경미한 사건이나 소액배상, 민원 해결의 방법으로 병원 자체적으로 적정한 보상기준으로 환자의 동의를 얻어 합의하는 방식입니다. 사안에 따라서는 오히려 중과실 사건의 경우 배상액이 크더라도 분쟁의 확대나 병원 이미지 실추 등의 손익을 고려하여 병원측에서 신속한 합의 필요성이 있을 때 추진되는 방식이기도 합니다.

2) 보험처리

일부 병원들은 한번 의료사고가 발생하면 갑자기 많은 배상액이 발생할 수 있으므로, 사전에 의료배상책임보험이나 의사협회공제회에 가입하는 경우가 있습니다. 이러한 경우에는 마치 자동차 사고시의 보험처리와 같이 보험처리를 하게 되는데요. 보험처리의 경우, ① 보험사의 요청을 받은 손해사정인이 사고조사를 통해 의료 및 법률 자문을 거쳐 의료과실 여부를 판정하여, ② 의료과실이 있다고 판단될 경우에는 손해배상액을 제시하고 환자의 동의를 얻어 합의하는 방식으로 진행됩니다.

> 교수님, 앞서 말씀하신 방법 이외에 다른 구제제도는 없는 것인가요? 자체합의나 보험처리방식만으로는 뭔가 좀 부족해 보입니다.

그렇습니다. 소송 이외의 해결 제도를 두고 있고, 이를 대체적 분쟁해결 방식(ADR)이라고 하는데요. 의료분쟁에 대하여 한국형 대체적 분쟁해결방식으로 의료분쟁 조정·중재제도와 소비자피해구제제도가 있습니다.

대체적
분쟁해결

대체적 분쟁 해결(Alternative Dispute Resolution, ADR)이란 법원의 소송 이외(협상, 화해, 조정, 중재 등)의 방식으로 이루어지는 분쟁해결방식을 말함

대체적 분쟁해결(ADR) - 의료분쟁 조정·중재제도(한국의료분쟁조정중재원)

근　거
의료사고 피해구제 및 의료분쟁 조정 등에 관한 법률(의료분쟁조정법)
목　적
의료사고로 인한 피해를 신속·공정하게 구제하고 보건의료인의 안정적인 진
료환경을 조성하기 위함
운영기관
한국의료분쟁조정중재원(보건복지부 산하 공공기관)

의료분쟁조정

　　교수님, 그러면 의료분쟁 시 환자측에서는 조정이나 중재를 통하여 구제받을 수
도 있다는 의미이네요. 그러면 정말 시간도 절약되고 비용도 많이 줄 것 같습니다.

　　그렇죠. 의료분쟁 발생 시 한국의료분쟁조정중재원에 조정 또는 중재를
신청할 수 있습니다. 그리고 환자뿐만 아니라 의료기관 또한 신청할 수 있
습니다. 다만, 신청 대상은 2012. 4. 8. (의료분쟁조정법 시행일) 이후 발생한
의료사고여야 하고, 이미 해당 사건이 법원에 소송이 제기된 경우 또는 소
비자분쟁조정위원회에서 사건 진행 중인 경우 조정신청 대상에서 제외됩니다.

신청대상

2012. 4. 8. (의료분쟁조정법 시행일) 이후 발생한 의료사고로 한정

　　교수님, 여기서 진짜 궁금한 것이 있습니다. 이처럼 한국의료분쟁조정중재원에 조
정을 신청할 경우에 병원 등 의료진은 반드시 위 절차에 응해서 참가해야 하는지요?

정말 좋은 질문입니다. 원칙적으로 조정절차 참여 여부에 대한 강제력이 없습니다. 따라서 피신청인이 조정절차에 응하지 않겠다는 의사를 통지할 경우, 조정신청은 본격적인 심리를 하지 않고 그대로 각하됩니다. 다만, 2016. 11. 30. 이후 종료된 의료행위로 인해 발생된 의료사고의 경우에는 환자의 사망, 1개월 이상의 의식불명, 자폐성 장애 또는 정신장애를 제외한 장애인복지법에 따른 장애등급 1등급에 해당하는 경우에는 피신청인의 절차 참여 동의 여부에 관계없이 자동으로 조정절차가 개시됩니다.

의료분쟁 조정제도 특징

- 원칙적으로 조정절차 참여 여부에 대한 강제력이 없음. 따라서 피신청인이 조정절차에 응하지 않겠다는 의사를 통지할 경우, 조정신청은 각하 처리
- 다만, 아래의 경우 조정절차 자동 개시(2016. 11. 30. 이후 발생한 의료사고에 한함)
　1. 환자의 사망
　2. 1개월 이상의 의식불명
　3. 자폐성 장애 또는 정신장애를 제외한 장애인복지법에 따른 장애등급 1등급

　　교수님, 의료분쟁조정제도를 이용할 때 생기는 가장 큰 장점은 무엇이지요? 소송에 비하여 신속히 구제받고 비용도 저렴할 것 같은데요?

　　의료분쟁조정제도의 가장 큰 장점은 신속성과 비용 절감입니다. 한국의료분쟁조정중재원은 조정절차가 개시된 날부터 90일 이내에 조정결정을 하여야 하며, 1회에 한하여 30일까지 연장할 수 있다고 정하고 있어, 최장 120일 이내에 절차가 종결됩니다. 통상 의료소송 진행 시 최소 2~3년의 기간이 소요될 수 있다는 점과 비교하면, 신속한 분쟁 해결에 확실한 장점이 있습니다.

　　또한, 조정신청서 접수시 기본수수료 22,000원에 조정신청금액에 따라 일정액이 가산되는데, 소액의 수수료만 납부하면 조정결정 완료시까지 별도의

초과 비용이 발생하지 않습니다. 이 역시 소송절차 진행 중에 발생하는 인지대, 송달료, 의료감정비용 등과 비교하면 매우 적은 비용이라고 할 수 있을 것입니다.

교수님, 이처럼 조정 결과 일정한 돈을 지급하라고 결정되었음에도 만일 병원측에서 이를 지급하지 않을 때는 경제적으로 어려운 환자 입장에서는 힘든 상황이 될 것 같은데, 이러한 경우를 대비한 구제수단이 있는지 궁금합니다.

그래서 이를 위한 부가적인 제도가 마련되어 있습니다. 의료사고 피해자가 의료분쟁 조정성립 후 손해배상금을 지급받지 못한 경우에 한국의료분쟁조정중재원에서 먼저 피해자에게 미지급된 배상금을 지급하고 추후 손해배상 의무자에게 이를 구상하는 '손해배상금 대불제도'를 운영하고 있습니다.

손해배상금 대불

또한 분만사고의 경우, 보건의료인이 충분한 주의의무를 다하였음에도 불구하고 불가항력적으로 발생하였다고 인정되는 사례가 많으므로, 이와 같은 불가항력적인 분만사고의 경우에, 피해자와 의료인 모두에게 경제적, 심리적 손실을 최소화하기 위하여 최대 3,000만 원을 보상하도록 하는 제도를 운영 중에 있습니다.

교수님, 환자 입장에서는 정말 좋은 제도인 것 같습니다. 특히 의료과실 여부를 증명하기가 쉽지 않다고 하셨기에 불가항력적 분만사고시에도 보상을 해준다니 너무 좋습니다.

그렇습니다. 의료사고의 경우 정말 과실 여부를 증명하기가 쉽지 않은데, 그중에서도 분만사고의 경우에는 그 증명이 더욱 어려운 것이 현실이기에 제가 보기에도 참 좋은 제도 같습니다.

의료사고와 의료과실의 의미를 명시한 과거 분만사고 판례 사안의 경우를 보면, 이와 같은 경우 불가항력 의료사고보상 대상이 될 수 있다고 할 것입니다.

손해배상금 대불

의료사고 피해자가 의료분쟁 조정성립 후 손해배상금을 지급받지 못한 경우 한국의료분쟁조정중재원에서 우선적으로 피해자에게 미지급된 배상금을 지급하고 추후 손해배상 의무자에게 이를 구상하는 제도

불가항력 의료사고보상

보건의료인이 충분한 주의의무를 다하였음에도 불구하고 불가항력적으로 발생한 분만 과정에서의 의료사고에 대해서 최대 3,000만 원을 보상해 피해자와 의료인 모두에게 경제적, 심리적 손실을 최소화 하는 제도

판례

대법원 1975. 5. 13. 선고 74다1006 판결
제왕절개수술을 받고 아기를 분만한 후 사지운동장애, 언어장애, 의식투명 등 뇌증후군이 발생된 것은 의료사고이지만, 그 원인이 의사가 시행한 의료행위 상의 고의·과실에 기인한 것이 아니라 현대의학으로는 사전예견이나 치료가 어려운 양수색전증에 의한 것으로 보이고, 환자 본인의 특이한 체질에 기인한 것이라면 의료과실은 아니다.

　　마지막으로 또 다른 대체적 분쟁해결방법으로 소비자피해구제제도가 있습니다. 이는 의료분쟁조정신청 결과, '피신청인의 참여 부동의에 의해 조정신청이 각하' 된 경우 한국소비자원의 소비자 피해구제제도 이용을 생각해 볼 수 있습니다.

대체적 분쟁해결(ADR) - 소비자피해구제제도(소비자원)
근　　거
소비자기본법

목　적
소비자의 권익을 증진
운영기관
한국소비자원(공정거래위원회 산하 공공기관)

교수님, 오늘 강의 내용 너무나도 유익합니다. 주변에서 의료분쟁으로 어려움을 겪는 사람들에게 도움을 줄 수 있을 것 같습니다. 오늘 강의 너무 감사합니다.

좋은 강의이었다니 다행입니다. 마지막으로 하나 생각할 것이 있습니다. 의료분쟁 발생 시 위와 같은 여러 제도가 법적으로 마련되어 있으니 결코 폭력적인 방법을 쓰는 것은 피해야 합니다. 이는 분쟁 해결에 별로 도움이 되지 않을 뿐만 아니라 오히려 범죄가 되어 처벌받을 수도 있기에 명심하여야 할 것입니다. 그럼 다음 시간에 찾아오겠습니다.

CHAPTER

04

비밀로 녹음하면?

묻고 답하는 민법이야기

교수님, 오늘은 어떤 내용으로 강의하실 것입니까?

최근 비밀 녹음이 법정에서 개인 간의 소송 증거로 상당히 많이 쓰인다고 하는데요. 비밀 녹음, 어디까지가 합법인지? 재판에 증거로 사용하는 것이 가능한지? 등 여러 법적 문제가 있습니다. 그러나 민법 강의 시간이기에 민사 분야의 법적 쟁점을 중심으로 자세하게, 그러면서도 참으로 쉽게 알아보겠습니다.

교수님, 요즘 법정에서 증거로 비밀 녹음이 상당히 많이 사용되고 있잖아요. 뉴스에서도 비밀 녹음에 관한 기사도 많이 나오고 있습니다. 대화를 몰래 녹음하는 경우 무조건 형사적 처벌이 되는 건가요?

앞서 언급한 바와 같이 법적 쟁점은 여러 가지인데요. 그중 가장 중요한 것이 민사책임과 형사책임입니다. 그러므로 학생이 질문한 대로 민사책임을 다루기 전에 먼저 타인의 대화를 비밀리에 녹음했을 때 형사처벌이 될 것인가를 간단히 살펴보도록 하겠습니다.

1) A와 B의 대화를 제3자인 C가 녹음하는 것과 같이 일반적으로는 타인 간의 대화를 제3자가 무단히(즉 동의나 허락 없이) 녹음할 경우에는 당연히 형

사처벌 대상이 됩니다.

2) 대신 서로 대화를 하고 있는 A와 B 둘 중 하나가 대화를 녹음할 경우가 있죠. 전화까지도 그렇고요. 이러한 경우에는 비록 상대방의 동의를 받지 않더라도 형사처벌을 받지 않습니다.

3) 통신비밀보호법으로는 공개되지 않은 타인 간의 대화를 제3자가 녹음하는 것만을 처벌로 하고 있기 때문입니다. 그래서 대화자나 쌍방이 녹음할 때는 형사처벌이 되지 않는 겁니다.

즉 헌법 제18조에서 인정되는 통신의 비밀 보호와 통신의 자유 보장을 위하여 통신비밀보호법이 제정되어 있고, 통신비밀보호법 제3조에서는 형사소송법 등의 일정한 예외사유에 해당하지 않는 한 누구든지 "타인 간의 대화를 녹음 또는 청취하지 못한다"라고 규정하고 있어서 타인 간의 대화만을 녹음하지 못하는 것이고, 대화자 상호 간의 녹음은 문제되지 않는 것입니다.

이에 위반하여 '공개되지 아니한 타인 간의 대화를 녹음 또는 청취한 자'는 통신비밀보호법 제16조 제1항 제1호에 따라 10년 이하의 징역과 5년 이하의 자격정지에 처하는 처벌을 받게 됩니다. 또한 이러한 행위가 미수에 그친 경우에도 위 법 제17조에 따라 미수범으로 처벌받게 됩니다.

통신비밀보호법

교수님, 그렇다면 비밀 녹음이 민사적으로는 어떻게 처리가 되고 있나요?

여러분도 알다시피 요즘은 녹음이 너무나도 남발되고 있다는 느낌이 있을 정도로 많이 이루어지고 있죠. 그래서 가장 신뢰하고 가까운 관계라 할 수 있는 스승과 학생 간, 친구 간, 부부간, 직장 동료 간에도 너무도 쉽게 녹음이 되고 있어요.

먼저 공개되지 아니한 타인 간의 대화를 제3자가 녹음하는 경우는 위에서 살펴본 것과 같이 형사범죄이기에 당연히 민법 제750조의 불법행위에 해당하여 녹음자는 민사적으로도 불법행위로 인한 손해배상책임을 지게 되어 있습니다.

다음으로는 형사처벌 대상이 되지 않는 대화자 간의 녹음행위는 민사적으로 어떻게 될 것인가가 문제되는데요. 기본적으로 형사처벌의 대상이 아니기 때문에 민사책임이 성립하지 않는 것이냐, 아니면 그럼에도 불구하고 성립하는 것이냐가 논쟁이 되고 있는데요.

실은 대화자 간 녹음행위가 범죄로 처벌되지 않기 때문에 너도나도 쉽게 녹음하고, 법정에서 증거자료로 쓰이기도 하죠. 관행이 되고 있기도 하고요. 특히나 요즘은 비밀 녹음이 무분별하게 이뤄지고 있는 상황인데, 이러한 현상이 발생한 것은 대화자의 녹음은 죄가 되지 않는다는 법 규정과 녹음 장치의 발달로 언제, 어느 곳에서든 녹음이 쉽게 이루어질 수 있기 때문이라고 봅니다.

그런데 통신비밀보호법에 따른 형사처벌과는 관계없이 내 음성이 상대에게 비밀리에 녹음되었던 것이 내 의지와 상관없이 유포되고 유출되었을 때 내 목소리가 침해받을 수 있지 않습니까? 그런 경우에는 위법행위의 소지가 있습니다. 즉 '음성권'이 문제됩니다. 그에 따라 음성권 침해로 인한 손해배상책임을 지게 될 여지도 있습니다. 물론 무조건은 아닙니다.

음성권

교수님, 방금 음성권이라고 말씀하셨는데, 도대체 음성권은 어떤 개념의 권리인가요?

좋은 질문입니다. 사람마다 각자의 고유한 목소리가 있을 것 아닙니까? 음성도 실은 개인의 비밀영역이고 사생활 보호의 영역이자 인격의 일부가 될 수 있는 것입니다. 그리고 이러한 고유의 음성을 하나의 권리로 보고 이를 보호할 필요가 있게 되는 것입니다. 즉 "사람은 누구나 자신의 음성이 자기 의사에 반하여 함부로 녹음되거나 재생, 녹취, 방송 또는 복제·배포되지 아니할 권리를 가지는데, 이러한 음성권은 헌법 제10조 제1문에 의하여 헌법적으로도 보장되고 있는 인격권에 속하는 권리이다. 그러므로 피녹음자의 동의 없이 대화 내용을 비밀리에 녹음하고 이를 공연히 재생하는 행위는 피녹음자의 승낙이 추정되거나 사회상규에 위배되지 아니하는 등의 다른 사정이 없는 한 헌법 제10조 제1문에서 보장하는 음성권을 부당하게 침해하는 행위에 해당하여 불법행위를 구성한다." [16]라는 것입니다.

그래서 음성 소유자 본인의 동의 없이 함부로 녹음하여 배포하든가 유출했을 때는 음성권 침해로 받아들일 수 있고, 그러한 경우에는 음성권 침해로 인한 민법상의 불법행위가 되어 손해배상책임을 질 수 있는 상황이 있는 것이죠.

앞에서 말한 것과 같이 음성권은 우리 헌법 제10조에서 규정하고 있는 '인격권'이라는 헌법상의 권리에서 출발합니다. 인간이란 존엄한 존재라는 헌법상의 권리죠. 그리고 이러한 인격권 안에 초상권이나 음성권이 포함되어 있다고 보는 겁니다. 그래서 타인의 음성을 무단 녹음, 배포, 유출했을 때는 인격권의 침해나 사생활의 자유를 침해하는 것이기 때문에 법적으로 문제가 될 수 있고 위헌적인 소지가 있을 수 있습니다.

교수님, 음성권이 인격권에서 나오는 권리라고 말씀하셨는데요. 인격권에 대하여 조금 더 설명해주시면 감사하겠습니다.

인격권

알겠습니다.[17] 먼저 인격권이란 사람이 자신의 생명·신체·건강·자유·명예·사생활·성명·초상·음성 및 개인정보 등과 같은 인격적 이익에 대해 가지는 권리로서 헌법상의 권리라고 할 수 있고, 대법원 판례와 헌법재판소 결정례를 통하여 인정되어 왔지만 개별 법률에는 이에 관한 명문 규정이 없었습니다. 그런데 최근 디지털 성범죄, 학교폭력, 온라인 폭력, 불법 촬영, 개인정보 유출 등 인격적 이익에 대한 침해로 인한 범죄나 법적 분쟁이 증가하면서 이에 대한 구체적인 법규정이 필요하다는 의견이 나오고 있습니다.

이에 법무부에서는 인격적 가치를 갈수록 중시하는 우리 사회의 법의식을 법제도에 반영하고, 인격권을 보다 두텁게 보호하기 위해 민법에 인격권 조항을 신설하고, 그 구제수단으로 침해제거·예방청구권을 부여하려고 하고 있습니다. 그에 따라 인격권을 명문화하고 그 침해에 대한 구제수단으로 침해제거·예방청구권을 부여하는 내용의 민법 개정안이 2023. 11. 10. 국무회의를 통과하여 국회에 제출되었습니다.

이를 구체적으로 살펴보면, 민법 제3조의2 제1항을 신설하여, "사람은 생명, 신체, 건강, 자유, 명예, 사생활, 성명, 초상, 음성, 개인정보, 그 밖의 인격적 이익에 대한 권리를 가진다."라고 인격권을 개념정의하는 한편 모든 사람이 이러한 인격권을 갖게 됨을 밝혔습니다.

그리고 이어서 제3조의2 제2항에서 "사람은 제1항의 인격적 이익에 대한 권리(이하 "인격권"이라 한다)를 침해하는 자에게 침해를 제거하고 침해된 인격적 이익을 회복하는 데 적당한 조치를 할 것을 청구할 수 있다."라고 하여 인격권 침해시의 일정한 조치 근거를 마련하였고, 마지막으로 제3조의2 제3항에서 "사람은 인격권을 침해할 염려가 있는 행위를 하는 자에게 침해의 예방이나 손해배상의 담보를 청구할 수 있다."라고 규정하여 구체적인 청구권을 인정하고 있습니다.

즉 인격권이 침해된 경우 사후적 손해배상청구권만으로는 권리구제를 확실하게 할 수 없기에 제3조의2 제2항 및 제3항을 신설하여, 현재 이루어지고 있는 인격권 침해의 중지를 청구하거나 필요시 사전적으로 그 침해의 예방을 청구할 수 있도록 규정하는 법안을 마련한 것입니다.

교수님, 이러한 인격권 신설조항이 실제 국회에서 통과하여 실행된다면 구체적으로 어떤 효과가 있는지도 궁금합니다.

법무부에서는 개정안이 국회를 통과하게 되면, 판례로만 인정되던 인격권이 민법에 명문화됨으로써, 일반 국민도 인격권이 법의 보호를 받는 권리임을 명확하게 인식하게 될 것이고, 그에 따라 타인의 인격권 침해에 대한 우리 모두의 경각심이 제고될 것으로 보고 있습니다.

교수님, 그렇다면, 민법에서의 인격권 신설 조항이 음성권 침해와는 어떻게 연결되는지도 궁금합니다.

인격권이 민법에 규정된다면, 아무래도 인격권 침해의 하나인 비밀 녹음에 의한 음성권 침해시 불법행위로 인한 손해배상책임이 조금 더 쉽게, 그리고 배상금액도 많이 인정되지 않을까 생각합니다.

교수님, 그렇다면 음성권 차원에서, 상대와 나와의 대화 녹음이 나도 모르게 동의 없이 유출됐을 때, 무조건 위법행위가 되나요?

음성권은 민사상의 위법행위, 즉 불법행위를 구성해서 손해배상책임이 구성될 여지가 있는데요. 다만 타인의 음성을 무조건 녹음했다고 해서 자동적으로 음성권 침해에 해당되고 그로 인하여 손해배상책임을 지는 것은 아닙니다. 즉 음성권을 침해하는 목적의 필요성이나 정당성과 수단이나 정도에 있어서 상당성의 유무에 따라 달라질 것 같습니다.

이를 자세히 설명하면, 자신의 권리보호를 위하여 녹음해야 할 필요성이 있는 것인지, 녹음의 방법, 수단과 내용은 상당한 수준으로서 사회통념상 허용될 수 있는 것인지, 녹음의 내용이 사생활과 직접적으로 연결되는 것인지 아닌지를 종합적으로 고려해서 음성권 침해로 인한 손해배상을 물을 수 있는 것이죠.

교수님, 요즘은 개인의 음성권을 존중하는 분위기라고 하셨잖아요. 그렇다면 법원에서는 이를 어떻게 보고 있는지, 실제 이에 대한 판례들이 있나요?

최근 하급심에서 음성권에 대해서 음성권이 헌법상에 유래되는 고유의 권리라고 하면서, 이것을 침해했을 때 손해배상의 대상이 된다고 선언한 판결이 있었습니다. 물론 그 판결에서도 비록 음성권이 손해배상의 대상이 된다고 했지만, 종합적인 사정을 고려했을 때, 음성권의 침해가 곧바로 손해배상책임을 구성하지 않는다고 결론을 맺었습니다.

교수님, 그 사건에서는 어떤 목적으로 녹음을 했던 건가요? 그리고 최종적으로 손해배상책임을 인정하였는지요?

그 사건에서 녹음자가 녹음하여 사용하려 했던 목적은 자신을 보호하고 소송에서 사용하려는 목적이 있었고 일반 제3자에게 유출되는 것은 아니라고 해서 손해배상책임까지 나아가진 않았습니다. 그렇지만 기본적으로 음성권 자체가 침해되었을 때는 불법행위를 구성할 수 있다는 점을 명백히 밝혔다는 점에서 상당히 의의가 있는 판결이라고 할 수 있습니다. 위 판결은 항소 제기 없이 그대로 확정되었습니다.

> 교수님, 그럼 음성권 침해를 이유로 손해배상책임을 인정한 판결은 없는지 궁금합니다. 인정한 판결도 있을 것 같은데, 어떻습니까?

학생이 지금 질문한 대로 또 다른 판결도 있는데요. 이 판결은 앞의 판결과는 정반대로 음성권 침해로 인한 손해배상책임을 직접 인정하였습니다.

즉 한 인터넷 방송이자 유튜버 기자 A가 평소 알고 지내던 B와의 전화 통화를 녹음한 후 녹취록을 유튜브에서 공개한 것과 관련하여, B가 음성권 침해 등을 이유로 손해배상을 청구하고, 이에 대하여 A는 기자임을 밝히고 인터뷰를 요청하였으므로 사적 대화를 녹음한 것이 아니라 공적 취재 활동에 해당하는 행위이므로 불법행위가 되지 않는다고 주장한 사건이었는데요.

서울중앙지법 담당 재판부는 "음성권은 헌법 제10조에 의해 헌법적으로 보장되고 있는 인격권에 속하는 권리"라는 대법원판결을 인용하며 "동의 없이 상대방 음성을 녹음하고 이를 재생, 녹취, 복제, 배포하는 행위는 설령 그것이 형사상 범죄에 해당하지 않는다 해도 특별한 사정이 없는 한 헌법상 보장된 음성권을 침해하는 행위에 해당해 민사상 불법행위를 구성한다."라고 하면서, 위자료 손해배상금으로 A에게, 1천만 원을 B에게 지급하라는 판결을 선고하였습니다.[18]

그리고 비록 음성권이 조금 침해되었다 할지라도 상대방의 명예를 훼손할 내용이 없을 뿐만 아니라 녹음이 필요한 범위 내에서 상당한 방법으로 이루어져서 사회 윤리나 통념에 비추어 보았을 때 용인이 될 정도라고 평가받을 수 있는 경우에는 손해배상책임을 지지 않는다는 판결[19]도 있습니다.

판례

서울중앙지방법원 2016. 7. 21. 선고 2015가단5324874 판결(확정)

갑 방송사 소속 리포터와 촬영기사가 취재를 위해 찾아간 사무실에서 리포터가 직원인 을에게 공식적인 입장을 말해 줄 사람이 있는지 묻자 을이 '네, 전혀 안 계세요'라고 대답하는 대화 장면을 을의 동의 없이 동영상 촬영하여 갑 방송사가 이를 방송한 사안에서, 갑 방송사가 을의 동의 없이 을의 음성을 녹음한 후 목소리를 변조하지 않은 채 그대로 방영하였더라도 동영상에 담긴 을의 음성 내용 등에 비추어 이는 사회상규상 용인될 수 있는 정도이고, 갑 방송사가 을의 동의 없이 짧은 치마를 입은 을의 하반신 부분을 촬영하여 방영하였더라도, 초상권을 침해하지 않기 위해 하반신을 촬영하는 통상적인 보도 관행 등에 비추어 이를 성적 수치심 등을 유발할 수 있는 타인의 신체를 촬영한 것으로 보기 어려울 뿐만 아니라 사회상규에도 위배되지 아니하므로, 갑 방송사의 손해배상책임을 인정할 수 없다고 한 사례.

교수님, 여기서 한 가지 질문이 있습니다. 전화 통화를 녹음할 경우에는 단순히 목소리만 녹음이 되지만, 요즈음에는 비밀리에 영상 촬영도 많이 하고 있지 않습니까? 이처럼 영상 촬영이 비밀리에 이루어지면, 목소리뿐만 아니라 얼굴도 표시가 되는데, 이런 경우는 어떻게 되는 것이지요?

오늘의 베스트 질문입니다. 맞습니다. 학생 말대로 영상 촬영이 이루어질 경우에는 단순히 목소리의 침해뿐만 아니라 얼굴과 신체 모습 등이 침해되기도 하는 것이죠.

여기서 얼굴이나 신체 모습도 인격권의 하나로 초상권이라고 합니다. 이 초상권 침해시에는 역시 불법행위로 인한 손해배상책임을 지게 됩니다.

교수님, 초상권이라고 말씀하셨는데, 조금 자세하게 설명해주시면 고맙겠습니다. 대충은 개념이 잡히기는 하는데, 그래도 정확히 알고 싶습니다.

초상권

좋습니다. 그럼 초상권에 대하여 대법원 판례를 중심으로 자세히 알아보도록 하죠. 사람은 누구나 자신의 얼굴 기타 사회통념상 특정인임을 식별할 수 있는 신체적 특징에 관하여 함부로 촬영 또는 그림묘사되거나 공표되지 아니하며 영리적으로 이용당하지 않을 권리를 가지는데, 이를 초상권이라고 합니다.

이러한 초상권은 우리 헌법 제10조 제1문에 의하여 헌법적으로도 보장되고 있는 권리인데, 초상권뿐만 아니라, 헌법 제10조는 헌법 제17조와 함께 사생활의 비밀과 자유를 보장합니다. 이에 따라 개인은 사생활 활동이 타인으로부터 침해되거나 사생활이 함부로 공개되지 아니할 소극적인 권리는 물론, 오늘날 고도로 정보화된 현대사회에서 자신에 대한 정보를 자율적으로 통제할 수 있는 적극적인 권리도 갖습니다.[20]

그러므로 초상권 및 사생활의 비밀과 자유에 대한 부당한 침해는 불법행위를 구성하는데, 위 침해는 그것이 공개된 장소에서 이루어졌다거나 민사소송의 증거를 수집할 목적으로 이루어졌다는 사유만으로는 정당화되지 아니합니다.

교수님, 그러면 실제 대법원판결에서 문제되었던 영상 촬영은 어떤 사건이었습니까?

그 사건은 이러한 사건이었습니다. 피고 보험회사의 직원들이 피고 회사를 상대로 손해배상을 구하는 소송을 제기한 원고들의 후유장해 정도에 대한 증거자료를 수집할 목적으로 원고들 몰래 원고들의 사진을 촬영하여 법원에 제출하였습니다. 그런데, 그 사진의 내용은 원고들이 일상생활에서 장해부위를 사용하는 모습으로서 원고들의 아파트 주차장, 직장의 주차장, 차량수리업소의 마당, 어린이집 주변 도로 등 일반인의 접근이 허용된 공개된 장소에서 촬영한 것이며, 위 피고들은 위 사진을 촬영하기 위하여 원고들을 몰래 지켜보거나 미행하고 때에 따라서는 차량으로 뒤따라가 사진을 촬영하였습니다.

이에 원고들은 피고 보험회사 등을 상대로 초상권 침해를 원인으로 한 위자료청구 소송을 제기한 사건이었습니다.

교수님, 그 사건에서 법원은 어떻게 판단하였나요?

결론적으로 말하면, 항소심이자 원심인 서울중앙지방법원에서는 원고들의 위자료청구를 인정할 수 없다는 이유로 청구를 기각하였지만, 대법원에서는 이를 뒤집고,[21] 원고들의 위자료청구를 인정하였습니다.

와와, 교수님, 정말 대단합니다. 대법원은 도대체 무슨 근거로 서울중앙지방법원과는 달리 원고들의 청구를 인정하였나요?

하하하, 무척 궁금하죠? 그 질문에 대하여는 제가 직접 대답하지 않고 해당 판례를 아래에 표시해 놓겠습니다. 학생 모두 잠시 아래 판결을 읽어보고 스스로 쟁점과 논리, 그리고 결론을 파악해보는 것도 좋을 것 같습니다. 자 지금부터 10분의 시간을 주겠으니 한번 정리해보세요. 시작!

교수님, 그것도 좋은 방법 같습니다. 우리 스스로 해보는 것도 필요한 것 같습니다.

대법원 2006. 10. 13. 선고 2004다16280 판결 [위자료]
상고이유를 본다.
사람은 누구나 자신의 얼굴 기타 사회통념상 특정인임을 식별할 수 있는 신체적 특징에 관하여 함부로 촬영 또는 그림묘사되거나 공표되지 아니하며 영리적으로 이용당하지 않을 권리를 가지는데, 이러한 초상권은 우리 헌법 제10조 제1문에 의하여 헌법적으로도 보장되고 있는 권리이다. 또한, 헌법 제10조는 헌법 제17조와 함께 사생활의 비밀과 자유를 보장하는데, 이에 따라 개인은 사생활 활동이 타인으로부터 침해되거나 사생활이 함부로 공개되지 아니할 소극적인 권리는 물론, 오늘날 고도로 정보화된 현대사회에서 자신에 대한 정보를 자율적으로 통제할 수 있는 적극적인 권리도 가진다(대법원 1998. 7. 24. 선고 96다42789 판결 참조). 그러므로 초상권 및 사생활의 비밀과 자유에 대한 부당한 침해는 불법행위를 구성하는데, 위 침해는 그것이 공개된 장소에서 이루어졌다거나 민사소송의 증거를 수집할 목적으로 이루어졌다는 사유만으로는 정당화되지 아니한다.

원심이 적법하게 인정한 사실에 의하면, 피고 보험회사의 직원들인 피고 2, 피고 3이 원고들이 피고 보험회사를 상대로 제기한 손해배상청구소송에서 원고 1, 원고 2의 후유장해 정도에 대한 증거자료를 수집할 목적으로 원고들 몰래 원고들의 사진을 촬영하여 법원에 제출하였는데, 그 사진의 내용은 원고들이 일상생활에서 장해부위를 사용하는 모습으로서 원고들의 아파트 주차장, 직장의 주차장, 차량수리업소의 마당, 원고 3의 어린이집 주변 도로 등 일반인의 접근이 허용된 공개된 장소에서 촬영한 것이며, 위 피고들은 위 사진을 촬영하기 위하여 원고들을 몰래 지켜보거나 미행하고 때에 따라서는 차량으로 뒤따라가 사진을 촬영하였음을 알 수 있다.

위와 같은 위 피고들의 행위는 특정의 목적을 가지고 의도적·계속적으로 주시하고 미행하면서 사진을 촬영함으로써 원고들에 관한 정보를 임의로 수집한 것이어서, 비록 그것이 공개된 장소에서 민사소송의 증거를 수집할 목적으로 이루어졌다고 하더라도 초상권 및 사생활의 비밀과 자유의 보호영역을 침범한 것으로서 불법행위를 구성한다고 할 것이다. 원심이 이 부분에 관하여 같은 결론에 이른 판단은 정당하다.

한편, 피고들에게는 위 침해행위로 인하여 달성하려는 이익, 즉 위 손해배상소송에서 승소함으로써 손해배상책임을 면하여 얻는 재산상 이익, 허위 또는 과장된 청구를 밝혀내어야 할 소송에서의 진실발견이라는 이익, 부당한 손해배상책임을 면함으로써 보험료를 낮출 수 있다는 보험가입자들의 공동이익 등이 있고, 이는 원고들의 초상권 및 사생활의 비밀과 자유와 충돌하는 이익이 된다. 이처럼 초상권이나 사생활의 비밀과 자유를 침해하는 행위를 둘러싸고 서로 다른 두 방향의 이익이 충돌하는 경우에는 구체적 사안에서의 사정을 종합적으로 고려한 이익형량을 통하여 위 침해행위의 최종적인 위법성이 가려진다. 이러한 이익형량과정에서, 첫째 침해행위의 영역에 속하는 고려요소로는 침해행위로 달성하려는 이익(이하 '침해법익'이라 한다)의 내용 및 그 중대성, 침해행위의 필요성과 효과성, 침해행위의 보충성과 긴급성, 침해방법의 상당성 등이 있고, 둘째 피해이익의 영역에 속하는 고려요소로는 피해법익의 내용과 중대성 및 침해행위로 인하여 피해자가 입는 피해의 정도, 피해이익의 보호가치 등이 있다. 그리고 일단 권리의 보호영역을 침범함으로써 불법행위를 구성한다고 평가된 행위가 위법하지 않다는 점은 이를 주장하는 사람이 증명하여야 한다.

이러한 법리에 비추어 이 사건에 관하여 판단하건대, 피고들의 침해법익의 하나인 보험가입자들의 공동이익이나, 소송에서의 진실발견이라는 이익도 구체적인 사실에 관하여서 허위주장을 하지 않는 경우에까지 이러한 이익들이 원고들의 인격적 이익보다 더 우월하다고 단정할 수 없고(양 법익 내용의 비교), 원고들의 피해영역 또한 일반적으로 공개가 허용되는 가장 바깥 테두리의 영역이라고만은 할 수 없는 그 중간의 영역에 속한다고 볼 수 있으며(피해법익의 중대성), 촬영한 사진의 내용 역시 타인에게 굳이 공개하고 싶지 않은 것으로 보여지고, 사진촬영과정에서 미행·감시당함으로써 자신들의 일상생활이 타인에게 노출되는 것은 결코 피해정도가 작다고 할 수 없다(피해 정도). 뿐더러, 위 손해배상소송에서 피고들이 촬영한 위 사진이 법원에 제출된 다음 원고 1에 대하여 실시된 재감정 결과에 의하더라도 기왕증 고려 전의 후유장해는 요추부 24%, 경추부 23%로서 피고들이 잘못 감정되었다고 주장하는 1차 감정 결과와 대체적으로 일치하고 있고, 다만 요추부에 대한 기왕증의 고려 여부 및 장해기간에 다소 차이가 있을 뿐인데, 이러한 차이는 사진촬영으로 밝힐 수 있는 성질의 것이 아니어서 사진촬영을 할 필요성이나 효과성은 인정하기 어렵고, 한편 원고들이 주장하는 장해 정도가 허위라거나 과장이라고 합리적으로 의심할 상당한 이유가 있다고 보기 어려워 피해이익의 보호가치는 인정된다(침해행위의 필요성과 효과성, 피해이익의 보호가치). 더 나아가 소송당사자는 먼저 자신의 법테두리 안에서 증거를 수집하여야 함은 물론, 이를 넘어서는 증거수집은 법적인 절차에 따라 하여야 하며 스스로 타인의 법영역을 무단으로 침범하여 증거를 수집하는 것은 허용되지 아니하는바, 감정 결과에 불복이 있을 경우 그 감정과정이나 장해 정도의 평가에 의학적, 논리적, 경험칙상 발견되는 객관적인 잘못이나 의문점을 지적하는 등의 방법으로 소송절차 내에서 문제를 해결하지 아니하고 무단히 타인의 법영역을 침범하는 것은 보충성에 반할 뿐만 아니라, 위 사진촬영에 특별히 긴급한 사정이 있었다고도 보이지 아니하며(침해행위의 보충성, 긴급성), 또한 피고측에서 8일이라는 상당기간에 걸쳐 미행을 하거나 차량으로 추적을 하여 몰래 숨어서 촬영함으로써 피고들이 원치 않는 사생활의 일면까지 침해함으로써 그 침해방법 역시 합리적이라고도 보여지지 아니한다(침해방법의 상당성). 이러한 여러 가지 사정을 종합하여 보면, 피고측이 원고들에 대하여 저지른 침해행위는 위법성이 조각된다고 보여지지는 아니한다.

그렇다면 이와 달리 피고들의 행위가 초상권 및 사생활의 비밀을 침해한다고 판단하였으면서도 그 판시 이유로 위법성이 조각된다고 판단한 원심의 조치에는 초상권 및 사생활의 비밀과 자유에 관한 법리와 위법성조각에 관한 법리를 오해하여 판결에 영향을 미친 위법이 있다.

그러므로 원심판결을 파기하고, 사건을 다시 심리·판단하게 하기 위하여 원심법원으로 환송하기로 하여 관여 법관의 일치된 의견으로 주문과 같이 판결한다.

교수님, 다 읽었습니다. 그런데, 읽기는 하였지만, 이해되는 것 같기도 하고, 안되는 것 같기도 하고, 아무튼 잘 모르겠습니다.

하하하, 당연하죠. 법률 전문가들도 대법원판결을 이해하는 것이 결코 쉽지만은 않습니다. 요점만 정리해보죠. 자, 먼저 원심인 서울중앙지방법원에서도 대법원과 같이 피고들의 행위는 원고들에 대한 초상권 침해와 사생활 침해가 되고, 이는 불법행위를 구성한다고 인정했습니까, 인정하지 않았습니까?

원심도 불법행위를 구성한다고 인정했습니다.

그런데 왜 대법원은 원심을 파기한다고 하였죠?

음, 그것은 아마도 비록 초상권을 침해하기는 하였지만, 보험회사 입장에서 원고들이 실제 아파서 치료를 받고 있는 것인지, 아니면, 소위 꾀병 환자로 아프지도 않으면서 보험료만 타 먹으려고 하는 것인지를 확인할 필요가 있다고 본 것 같습니다. 또 그렇게 하지 않으면 공연히 보험회사가 꾀병 환자에게 보험금을 지급하게 되고, 이는 단순히 보험회사만의 손해가 아니라, 이로 인하여 결국에는 보험료를 인상하게 되고, 그렇게 되면 종국적으로는 자동차보험 등에 가입한 일반 시민 모두의 부담이나 손실로 이어지게 되니까 이를 확인할 필요가 있다고 본 것 같습니다.

오호, 대단합니다. 오늘의 베스트 답변입니다. 결국 보험회사 직원들의 행위는 위법성이 사라져서(없어져서)[22] 정당한 행위로 인정된다는 논리입니다. 그런데 대법원에서는 그 부분에 대하여 어떻게 판단했죠?

네, 대법원에서는 침해방법이 합리성이 없어서, 즉 다른 방법을 통하여 얼마든지 실제 아픈지 여부를 확인할 수 있음에도 이를 활용하지 않고 원고들의 초상권이나 사생활을 침해한 것은 합리성이 없고, 이는 결국 침해방법의 상당성 요건을 충족하지 못하므로 위법성이 사라지지 않는다고 본 것 같습니다.

바로 그것입니다. 원심과 대법원 모두 초상권 등 침해가 불법행위를 구성한다는 점에 대하여는 인정하였지만, 원심은 위법성이 조각된다고 보았고, 대법원에서는 초상권 침해로 인한 피해와 공동의 이익을 비교하여 볼 때[23] 원고들이 입은 피해가 더 크고, 침해방법의 상당성 등 여러 요건을 갖추지 못해서 위법성이 조각되지 않으므로 손해배상책임을 부담하여야 한다고 본 것이죠.

다음의 대법원판결도 같은 입장의 판결이라고 할 수 있죠.

판례

대법원 2013. 6. 27. 선고 판결 [사생활침해행위금지등]

[1] 헌법 제10조 제1문, 제17조, 제21조 제4항, 형법 제316조, 제317조 등 여러 규정을 종합하여 보면, 사람은 자신의 사생활의 비밀에 관한 사항을 함부로 타인에게 공개당하지 아니할 법적 이익을 가진다고 할 것이므로, 개인의 사생활의 비밀에 관한 사항은 그것이 공공의 이해와 관련되어 공중의 정당한 관심의 대상이 되는 사항이 아닌 한, 비밀로서 보호되어야 한다. 또한 사람은 누구나 자신의 얼굴 기타 사회통념상 특정인임을 식별할 수 있는 신체적 특징에 관하여 함부로 촬영 또는 그림묘사되거나 공표되지 아니하며 영리적으로 이용당하지 아니할 권리를 가지는데, 이러한 초상권도 헌법 제10조 제1문에 의하여 헌법적으로 보장되는 권리이다. 그러므로 사생활의 비밀과 자유 또는 초상권에 대한 부당한 침해는 불법행위를 구성하고, 그 침해는 그것이 공개된 장소에서 이루어졌다거나 민사소송의 증거를 수집할 목적으로 이루어졌다는 사유만으로는 정당화되지 아니한다.

[2] 개인의 사생활과 관련된 사항의 공개가 사생활의 비밀을 침해하는 것이더라도, 사생활과 관련된 사항이 공공의 이해와 관련되어 공중의 정당한 관심의 대상이 되는 사항에 해당하고, 공개가 공공의 이익을 위한 것이며, 표현내용·방법 등이 부당한 것이 아닌 경우에는 위법성이 조각될 수 있다. 초상권이나 사생활의 비밀과 자유를 침해하는 행위를 둘러싸고 서로 다른 두 방향의 이익이 충돌하는 경우에는 구체적 사안에서의 사정을 종합적으로 고려한 이익형량을 통하여 침해행위의 최종적인 위법성이 가려진다. 이러한 이익형량과정에서, 첫째 침해행위의 영역에 속하는 고려요소로는 침해행위로 달성하려는 이익의 내용 및 중대성, 침해행위의 필요성과 효과성, 침해행위의 보충성과 긴급성, 침해방법의 상당성 등이 있고, 둘째 피해이익의 영역에 속하는 고려요소로는 피해법익의 내용과 중대성 및 침해행위로 인하여 피해자가 입는 피해의 정도, 피해이익의 보호가치 등이 있다. 그리고 일단 권리의 보호영역을 침범함으로써 불법행위를 구성한다고 평가된 행위가 위법하지 아니하다는 점은 이를 주장하는 사람이 증명하여야 한다.

[3] 갑 주식회사 등이 을, 병의 동의 없이 을 등의 사생활 영역에 속하는 양가 상견례, 데이트 장면 등을 상세히 묘사하고, 을 등을 무단으로 촬영한 사

진을 함께 싣는 보도를 한 사안에서, 갑 회사 등은 위 보도를 통해 을 등의 사생활의 비밀과 자유, 을의 초상권을 침해하였으므로 공동불법행위자로서 을 등이 입은 정신적 손해를 배상할 의무가 있다고 한 사례.

교수님, 조금 어렵기는 하지만, 정말 재미있습니다. 이처럼 비밀 녹음이 자신의 권리보호를 위한 수단으로 법정에서 증거자료로 쓰이고 있잖아요? 이 경우 현실적으로는 어느 정도로 인정이 되나요?

참 어려운 주제입니다. 이에 관해서는 아직 확립된 법리나 판례가 있는 것 같지는 않습니다. 그러나 일반적으로 비밀 녹음을 하는 가장 큰 이유가 있다면 법정에서 증거로 활용하기 위한 것이겠죠.

예를 들어, 내가 돈을 빌려주었는데 상대방이 돈을 갚지 않을뿐더러 빌린 사실조차 없다고 주장할 수 있잖아요. 그런데 차용증도 작성하지 않았다면 법원에서 재판을 한다 하더라도 내가 질 수 있겠죠. 돈을 빌려준 사실을 증명할 수가 없으니까요.

왜냐하면 민사소송에서는 당사자주의와 변론주의에 따라 기본적으로 자신이 주장한 사실이 진실임을 밝힐(증명할) 책임이 주장자 본인에게 있기 때문입니다. 이를 입증책임 혹은 증명책임이라고 부릅니다. 그래서 빌려주었다고 주장하는 사람(이처럼 소를 제기한 자를 원고라고 함)이 빌려주었다는 사실을 증명하지 못하면 비록 실제로는 빌려준 사실이 있다고 할지라도 법의 세계에서는 빌려준 사실이 없는 것처럼 되어 법원은 상대방(이를 원고로부터 소의 제기를 당한 사람이라는 의미로 피고라고 함)에게 돈을 갚으라고 명령하는 판결을 선고할 수가 없는 것입니다.

증명책임

그래서 현실적으로 민사소송에서 이기느냐(이를 승소라고 부름), 지느냐(이를 패소라고 부름)의 성패는 자신의 주장을 증명할 증거자료를 얼마나 갖고 있는지에 달려 있다고 하여도 과언이 아니라고 할 수 있습니다. 이런 것을 대비해서 몰래 언제 빌려줬는데 언제까지 갚겠느냐는 대화를 나누면서 이를 녹음하고, 이에 대하여 상대방이 미안하다, 언제까지 갚겠다, 지금 돈이 없다든가 등의 대화 내용을 녹음할 수 있겠죠. 그리고 이러한 녹음 내용 중에 돈을 빌린 사실을 전제로 하는 행동들이 많이 있을 수 있기 때문에 법정에서 증거로 제출하고 싶어 할 것이고요.

이처럼 녹음자료가 증거로 제출되었을 때, 실제로 법정에서 어떠한 취급을 받을 것인지가 가장 중요한 쟁점이 되는데요. 이것을 법정에서 증거로 즉 사실인정의 자료로 사용할 수 있을까, 없을까를 따지는 것을 바로 법률용어로 증거능력이라고 불러요.

증거능력

> 교수님, 지금 말씀하신 증거능력이라는 개념, 조금 어려운데 쉽게 설명해주신다면요?

조금 어려운 용어이지요? 증거능력은 증거로서 능력이 있을 때만 법적 소송에 쓸 수 있다는 겁니다. 그래서 만일 아무리 중요한 증거라 할지라도 증거능력을 갖추지 못한 경우에는 증거로 사용할 수가 없습니다. 그런데 이 증거능력은 형사법정과 민사법정에서 차이가 있을 수 있습니다. 형사법정에서는 증거능력이라는 개념이 굉장히 강해요. 그래서 증거능력이 없는 자료는 법정에 제출할 수도 없을 뿐 아니라, 판사가 재판함에 있어서 증거로 삼을 수도 없는 거예요. 이것이 증거능력의 핵심 능력이죠. 특히 수사관 등에 의한 고문이나 협박 등에 의하여 이루어진 자백과 같이 위법한 방법으로 수집한 증거가 있을 수 있죠.

과거에는 사법경찰관들에 의해서 수사권이 남용되는 경우가 있었잖아요. 고문을 통해서 자백을 받거나 증거를 받는다든가, 영장 없이 함부로 물건을 가져와서 유죄의 증거로 쓸 수도 있잖아요. 이런 부작용을 방지하기 위해서 위법한 방법에 의하여 수사기관이 수집한 증거의 증거능력을 배제하는 원리가 형사법으로 강하게 확립되어 있습니다.

이것을 법률가들은 '위법수집증거의 배제법칙' 혹은 '독수독과'라고 하는 것입니다. 타인의 대화를 제3자가 녹음해서 유출했을 때 형사처벌이 된다고 했잖아요. 그런 경우에는 이를 재판 등의 목적으로 썼다 하더라도 위법하게 수집된 증거로 볼 수 있기 때문에 증거로 쓰이지 않는다고 볼 수 있습니다.

아주 좋은 질문입니다. 앞서 설명한 대로 대화자 사이의 녹음은 적법한 녹음이 되지요. 그리고 공개된 장소에서의 발언이나 대화를 녹음하는 것도 문제가 되지 않습니다. 그러므로 대화자 사이의 녹음인지 여부나 공개된 장소에서의 대화인지 여부가 매우 중요할 수밖에 없지요. 그런데 사실 일반적으로는 대화자 사이의 녹음인지, 아니면 대화자가 아닌 제3자에 의한 녹음인지, 공개된 장소에서의 녹음인지 여부를 구별하는 것이 어렵지 않지만, 경우에 따라서는 위 둘을 구별하기가 쉽지 않을 때도 있습니다.

있었습니다. 실제 사례를 들어볼까요? 초등학교 3학년 학생인 자녀를 둔 학부모가 담임 선생님에 의한 아동학대를 의심하고, 자녀의 가방 속에 녹음기를 넣어 두었고, 이 녹음기를 통하여 수업 시간에 "구제불능이야", "학교 안 다니다 온 애 같아" 등과 같이 담임 선생님이 아동을 정서적으로 학대하는 말이 녹음되었고, 이를 증거로 하여 검찰은 담임 선생님을 아동학대범죄의 처벌 등에 관한 특례법 위반으로 기소한 사건이 있었습니다.

학생이 쟁점을 정말 잘 찾았습니다. 이를 좀 더 자세히 살펴보면, 먼저 교실에서의 수업 중 발언이 공개된 장소에서의 발언인지 여부가 가장 큰 쟁점이 될 것 같습니다. 즉 만일 공개된 장소에서의 발언이라고 한다면, 비밀 녹음이라 할지라도 증거능력이 인정되어 담임 선생님을 처벌할 수가 있을 것이고, 그렇지 않다면, 위법하게 수집된 증거이기에 이를 형사재판에서 증거로 사용할 수 없고, 그에 따라 유죄를 선고할 수 없게 되는 것이죠. 그리고 이의 연장선에서 또 하나의 쟁점이 있습니다.

교수님, 그 쟁점은 무엇이죠?

비록 수업 중 발언이 일반적으로는 공개된 장소에서의 발언이 아니라 할지라도 초등학교 3학년이라는 어린이는 스스로 자신을 지킬 방어능력이 부족한 상태에서 부모가 불가피하게 자녀를 통하여 비밀리에 녹음한 것이므로 예외적으로 공개된 대화로 볼 수도 있지 않냐는 것입니다.

교수님, 위 사건에서 법원이 어떻게 판결하였을지 정말 궁금합니다. 어서 결론부터 말씀해 주세요.

하하하, 정말 급하군요. 결론부터 말하겠습니다. 제1심과 제2심은 위 비밀 녹음의 증거능력을 인정하면서 유죄를 선고하였습니다.

교수님, 그러면 법원에서 증거능력을 인정한 근거가 무엇이었죠?

제2심인 항소심에서는 초등학교 3학년 학생은 스스로 자신의 권리를 방어할 능력이 없다고 할 것이고, 초등교육의 공공성과 당시 수업에 참가한 학생이 30명 정도인 상항에서 이루어진 발언이었던 점을 고려하면 공개되지 않은 대화라고 보기 어렵다는 이유로 위법한 비밀 녹음이 아니어서 증거능력이 있다고 본 것입니다.

교수님, 기소를 한 검찰에서는 항소심 판결을 받아들이고 대법원까지 가지 않았나요?

+그렇지 않습니다. 검찰은 항소심 판결의 결론을 받아들이지 않고 바로 대법원에 상고하였습니다. 자, 대법원은 어떻게 판결하였을까요?

교수님, 정말 궁금합니다. 항소심 판결이 맞다고 할 것 같기도 하고, 잘못된 판결이라고 할 것 같기도 하고… 정말 모르겠습니다.

하하하, 정말 어렵죠? 대법원에서는 위법한 증거로 봐서 항소심 판결을 파기하면서 다시 재판하라고 항소심 법원으로 사건을 돌려보냈습니다.

예? 무죄 취지로 판결하였다고요? 그러면 무죄라고 본 근거는 무엇이죠?

대법원은 교사의 수업 시간 중 발언은 교실에 있는 학생들만을 대상으로 하는 것으로서, 불특정 다수에게 공개된 것이 아니기에, 대화 내용이 공적인 성격을 갖는지, 발언자가 공적 인물인지 등은 '공개된 대화' 여부를 판단하는 데 아무런 영향을 주지 않는다고 본 것입니다.

결국 수업 중 발언은 공개되지 않은 대화이어서 이를 몰래 녹음하는 것은 위법한 행위가 되고, 그에 따라 위 녹음내용은 증거능력이 없어 이를 갖고 범죄의 증명에 사용할 수는 없다고 본 것입니다.

와와! 정말 법은 어렵기도 하고, 쉽게 예측하지도 못하겠습니다.

하하하, 그런가요? 실은 저도 그렇습니다. 오죽하면 법의 전문가들인 판사들 사이에도 이렇게 정반대의 결론이 나오겠습니까? 그래서 우리가 할 일은 더욱 열심히 공부하는 것밖에는 없습니다.[24]

그런데, 여기서 또 한 번의 반전이 일어납니다.

예? 교수님, 그러면 위 대법원판결과 결론이 다른 판결이 선고되었다는 것인지요?

그렇습니다. 비록 하급심 판결이기는 하지만 중요한 판결이 선고되었습니다.

와, 정말 흥미진진합니다. 어서 소개 좀 해주세요.

 지금부터 소개할 사건은 아마 여러분들도 뉴스를 통해서 알고 있을 것 같습니다. 바로 자폐 초등학생 자녀를 둔 부모가 특수교사로부터 아동학대를 받고 있다고 생각하고, 자녀의 가방에 녹음기를 넣어 둔 후 수업 시간에 특수교사가 자녀에게 한 대화를 녹음하였고, 이를 토대로 검찰이 특수교사를 정서적 아동학대 혐의로 기소한 사건입니다.

교수님, 언론을 통하여 뉴스를 본 기억이 납니다. 당시에 교원단체 등에서는 가혹한 기소라고 하면서 선처를 호소하기도 하였는데 결론이 어떻게 되었는지 궁금합니다.

 이 사건은 앞에서 소개한 대법원판결 사건과 매우 유사하죠. 즉 둘 다 초등학생 자녀의 아동학대를 의심한 부모가 자녀의 가방에 녹음기를 넣어두고 수업 시간에 교사가 말하는 것을 몰래 녹음하여 이를 증거로 하여 검찰이 교사를 아동학대 혐의로 기소한 점은 동일합니다. 그런데 유일한 차이점이 있습니다.

교수님, 유일한 차이점이 있다고요? 어떤 차이점이 있죠?

 앞의 대법원판결 사건과는 달리 이 사건의 초등학생은 자폐 아동이었다는 점입니다.

교수님, 만일 자폐 아동이라면 같은 초등학생이라 할지라도 판단력이나 상황 대응력 등에 차이가 있을 수 있고, 그러면 좀 더 아동을 보호할 필요가 있는 것 같기도 하고, 다른 한편으로는 일반 교사가 아닌 특수교사의 경우에는 가르치는 데에 어려움이 더욱 커서 특수교사의 입장을 존중해 줄 필요도 있는 것 같습니다. 정말 어떻게 하는 것이 정당한 판결이 될지 궁금하고, 담당 판사도 고민에 고민을 거듭했을 것 같습니다.

정말 좋은 지적입니다. 위 사건에서 법원은 앞의 대법원판결과 같이 수업 중 대화는 공개된 대화가 아니고, 공개되지 아니한 타인 간의 대화라는 점을 인정했습니다. 그에 따라 위법성이 있을 수 있고, 그러면 위 녹음 내용은 증거능력이 없다고 볼 수 있는 것이죠.

교수님, 그러면 이 사건에서도 비밀 녹음 파일의 증거능력을 부인해서 무죄를 선고하였는지요?

그렇지 않습니다. 그래서 앞에서 또 한 번의 반전이 있다고 이야기한 것입니다. 이번 재판부에서는 해당 학생이 초등학생이라는 점뿐만 아니라 자폐아라는 점에 주목했습니다. 재판부는 이 사건은 CCTV가 설치되어 있거나 어느 정도 방어 능력과 표현력이 있는 여러 학생이 함께 수업을 듣는 장소와 달리 장애를 가진 소수의 학생만이 있고, CCTV도 없는 교실에서 있었던 대화를 녹음한 것이어서 이는 형법상의 위법성이 사라진다고 보았습니다(이를 법률용어로는 위법성 조각 사유라고 부름).

교수님, 그러면 해당 특수교사에 대하여는 형이 어떻게 선고되었습니까?

재판부는 이처럼 비밀 녹음을 한 것은 정당한 행위로서 위법성이 없어 녹음 파일의 증거능력을 인정하였고, 그에 따라 특수교사를 유죄로 보아 벌금 200만 원의 형을 선고할 것이지만, 여러 사정을 두루 참작하여 위 벌금형의 선고를 유예한다는 선고유예 판결을 하였습니다.

교수님, 선고유예 판결이란 무슨 뜻인지 궁금합니다.

이 수업은 형법 수업이 아니지만 학생이 질문을 하였기에 이번 판결을 이해하는 선에서 선고유예에 대하여 간단하게 설명하겠습니다. 선고유예란 비교적 가벼운 범죄에 대하여 유죄로 인정하면서도 일정 기간 형의 선고를 유예하고(미루고), 유예일로부터 2년이 지나면 선고의 효력이 없어져, 사실상 유죄 선고가 없었던 것으로 해주는 제도입니다. 즉 형법 제59조에 의하면, "1년 이하의 징역이나 금고, 자격정지 또는 벌금의 형을 선고할 경우에 제51조의 양형조건을 참작하여 개전의 정상이 현저한 때에는 형의 선고를 유예할 수 있다"고 규정하고 있는데, 이 조항에 의하여 재판부는 특수교사에게 여러 가지 참작할 만한 사유가 있다고 보아 형의 선고를 유예한 것입니다.

교수님, 그러면 선고유예판결을 받아 확정되면 아무런 처벌을 받지 않는 것인지요?

꼭 그렇지만은 않습니다. 선고유예 판결이 확정되면 일단은 아무런 처벌을 받지 않지만, 만일 형의 선고유예를 받은 자가 유예기간 중에 자격정지 이상의 형에 처한 판결이 확정되거나 자격정지 이상의 형에 처한 전과가 발견된 때에는 유예한 형을 선고하게 되고, 그렇게 되면 다시 처벌을 받게 됩니다.

비밀 녹음에 관한
판결

교수님, 이번 판결이 제1심판결이라고 하셨는데, 만일 피고인 측에서 항소를 하면 어떻게 될 것인지 정말 궁금합니다. 미리 예측을 하실 수 있는지요?

결론부터 말한다면, 저로서는 예측하기가 어렵습니다. 이번 판결은 제1심 판결이기에 항소가 이루어질 경우, 과연 항소심이나 대법원에서는 과연 어떻게 판단할지 저도 궁금합니다. 함께 관심을 갖고 지켜보는 것이 좋을 것 같습니다.

교수님, 형사적으로는 불법으로 녹음되었다면 증거로 쓰지 못할 수도 있다는 거네요. 그렇다면 개인 간 민사소송에서는 비밀 녹음이 어디까지 증거로 쓰이고 있나요?

실은 형사법정에서도 비밀 녹음이 많이 문제가 될 수 있지만, 민사법정과 가사법정에서 더 많이 문제되고 있어요. 특히 이혼을 앞둔 부부들의 비밀 녹음이 횡행하고 있거든요. 또 고용관계에서도 많이 나타나고 있어요, 사용자와 근로자 간의 관계에 있어서도 서로를 보호하기 위해 녹음할 수도 있습니다. 이런 경우에서도 불법하게 수집한 녹음자료를 증거로 사용할 수 있을지 문제가 되는 것인데요. 물론 합법적으로 취득한 것이라면 큰 문제가 될수 없겠죠. 다만 위법한 경우가 문제죠. 그런데 민사소송과 가사소송에서는 앞의 형사소송과는 달리 증거능력이라는 개념이 별도로 없습니다.

교수님, 민사소송이나 가사소송에서는 기본적으로 증거능력이 있는 증거인지 여부가 문제되지 않는다는 의미인가요?

그렇습니다. 형사법정에서는 증거능력이 굉장히 중요해서 증거능력이 있는 상태에서만 그 증거가 믿을 수 있는지, 없는지의 문제인 증거의 신빙성을 따지는 것이지만, 민사법정에서는 증거능력이라는 개념이 없거나 약해요. 우리 판례에서도 자유심증주의라고 해서 증거 판단은 법관의 자유로운 심증에 의해서 할 수 있도록 되어 있고, 이는 민사소송법의 대원칙입니다.

자유심증주의

자유심증주의 원칙에 의해서 민사법정에서는 증거능력과 관계없이 거의 보편적으로 일반적으로 증거능력이 인정되고 있죠. 그에 따라 민사소송이나 가사소송 등에서는 증거능력이라는 개념을 별도로 사용하지 않고, 단지 그 증거가 믿을만하여 이를 가지고 당사자의 주장 사실을 인정할 수 있느냐의 문제인 증거의 신빙성 여부인 증명력만을 판사가 판단하고 있습니다.

물론 이 부분에서도 형사적으로 유죄가 되는 경우, 음성권 침해의 불법행위를 구성하는 정도라면 민사법정에서는 증거로 삼지 못하는 것이 정정당당한 재판이지 않을까, 또 그렇게 가야 하지 않을까 생각합니다.

교수님, 저희 학생들과도 관련이 있어 질문을 드리고 싶습니다. 학생들이 시험을 잘 보기 위해서 복습하려고 교수님이나 선생님의 강의를 살짝 녹음하는 경우에도 법적으로 문제가 될까요?

하하하, 우리 학생들 사이에서 얼마든지 일어날 수 있는 일들이죠. 현실적으로도 그런 경우가 많이 있죠. 대부분은 순수한 의도일 것입니다. 예를 들어, 강의를 한 번만 듣고는 이해할 수 없다거나 공부를 정확하게 할 수 없다는 생각에 좀 더 반복적으로 듣고 싶은 마음에서 녹음하는 경우가 있는데요. 기본적으로 교수님의 동의를 받았다면 문제가 없겠지만, 동의 없이 몰래 하는 경우도 많잖아요?

이럴 때는 두 가지 각도에서 살펴볼 수 있을 것 같아요. 하나는 저작권 문제이고 또 하나는 방금 설명한 음성권 측면입니다. 기본적으로 강의 내용은 넓은 의미의 저작물에 포함됩니다. 그렇기 때문에 저작권법상의 보호 대상이죠. 그래서 타인의 동의 없는 강의 녹음은 저작권 침해가 되는 것이고 이를 친구들에게 보여주거나 배포하는 경우도 있는데요. 이런 경우 더 심각한 저작권 침해가 되는 것입니다.

제가 그래서~ 강의를 녹음까지 하면서 공부하지 않았던 거예요. ^^ 하하하. 교수님, 공부를 열심히 하려고, 복습하려고 나도 모르게 녹음했다가는 큰일날 수도 있는 것이죠?

그렇습니다. 다만 위법성 조각사유라는 것이 몇 개 있을 수 있어요. 사용 목적이 순수하게 강의를 잘 이해하려는 목적이라든가 영리적인 목적으로 사용하지 않으려고 한다든가 강의 내용을 제3자에게 팔거나 제공한다든가 하는 것이 아닌 상태라면 사회상규나 통념상 위법성이 있다고 보기 어렵기 때문에 저작권법으로 문제가 안 된다고 볼 수 있습니다.

교수님, 강의 녹음은 저작권과 음성권으로 본다고 하셨잖아요. 그렇다면 음성권의 측면에서는 불법인가요, 아닌가요?

강의 녹음을 음성권으로도 볼 수 있다고 했잖아요. 즉 저작권에 대한 어떠한 문제나 제재가 없다고 할지라도 음성권이 문제될 수 있어요. 교수님이나 선생님의 고유 음성을 녹음해서 제3자에게 배포하고 유출하면 또 다른 문제가 된다는 것이죠. 그 부분은 음성권에 있어서의 손해배상을 구성할지 아닌지로 연결되기도 하는 것입니다.

얼마 전까지 코로나 19시대인 관계로 많은 학교에서 온라인 수업이 이루어지고 있고, 지금도 일부 강의는 온라인으로 이루어지고 있잖아요. 그때 교수님의 강의를 무단으로 녹음하는 경우가 있을 수 있잖아요. 신중을 기해야 할 것이고요. 법적인 책임을 떠나 학생으로서 교수님과 선생님에 대하여 지켜야 할 기본 예의가 아닐까 싶어요. 혹시라도 녹음을 해서 공부를 하고 싶다면, 온라인이든 오프라인이든 저작물이든 관계없이 학생 입장에서 공부를 위해 녹음해두고 기록해두겠다고 한다면 정식으로 양해 말씀을 구하는 것이 맞지 않을까 합니다.

> 자기 스스로를 보호하기 위해서 어쩔 수 없이 비밀 녹음을 하는 경우도 있는 건 사실이잖아요. 교수님께서는 법률가 입장에서 비밀 녹음에 대해서는 개인적으로 어떻게 보고 계시는지 궁금해요.

비밀 녹음은 자기를 보호하기 위해, 자구행위의 일환으로 하는 경우가 많이 있을 수 있죠. 증거가 없을 때 증거를 확보하고 싶다거나 내가 피해를 당하는데 나중에 법적 보호를 받기 위해서도 지금 녹음을 해둬야 한다는 동기와 목적이 있죠.

그러나 여기서 더 나아가 비밀 녹음이 남용되는 것은 심각한 문제가 될 수 있습니다. 법적인 책임을 떠나 사회를 구성하는 틀이 무너질 수 있어요. 같이 살아가는 사회에서 신뢰가 무너지는 것이죠. 조금 더 자제하고 신뢰하는 사회를 만들어보면 어떨까 하는 것이 개인적인 생각입니다. 그리고 우리 사회에서는 앞에서 살펴본 것과 같이 기본적으로 대화자 사이의 대화 녹음은 범죄를 구성하지 않기 때문에 비밀 녹음이 더욱 성행하여 사회적으로 문제가 되고 있다고 말했었죠?

교수님, 비밀 녹음이 정말 필요한 경우도 있지만 너무 남발되는 것도 문제라고 생각합니다.

그렇습니다. 이러한 문제점을 제거하기 위하여 비록 대화자 사이의 대화 녹음이라 할지라도 상대방의 동의 없이 녹음하였을 때도 형사처벌을 하여야 한다는 여론이 일부 있고, 그에 따라 이를 법제화하려는 움직임도 있는데, 아직 통신비밀보호법의 개정까지는 이루어지고 있지 않다는 점을 마지막으로 말해주고 싶습니다. 오늘 강의는 여기서 마칩니다. 수고했어요.

교수님, 오늘 강의도 재미있었습니다. 감사합니다.

스스로 풀어보는 문제

1. 비밀 녹음이 사생활 침해가 안 된다면 책임이 면해지는 건가요?
2. 비밀 녹음 내용을 녹취해서 공증하는 경우도 재판에 인정되나요?
3. 남편의 이혼 귀책사유를 몰래 녹음하면 재판에 인정되나요?
4. 통화내용을 녹음할 때는 반드시 미리 알려줘야 하나요?

비밀 녹음

CHAPTER

05

부동산 중개는 누가?

묻고 답하는 민법이야기

학생 여러분, 반갑습니다. 오늘 강의는 잠시 쉬어간다는 의미로 좀 가벼운 강의를 하려고 합니다. 어떻게 생각하세요?

교수님, 정말 너무너무 감사합니다. 하하하. 사실 말씀은 드리지 못했지만, 강의 분량도 많고 어렵기도 해서 힘들었는데, 오늘은 가벼운 강의를 한다고 하니 기분이 최고로 좋습니다.

 하하하, 충분히 이해됩니다. 그래서 오늘은 여러분 입장을 충분히 배려해서 조금은 간단한 주제를 갖고 강의하겠다는 것입니다.

네 교수님, 빨리 시작해주세요.

 앞선 강의에서 변호사 선임료, 부동산 중개 수수료, 의사 치료비 등을 둘러싼 여러 법률문제를 살펴보았는데요. 오늘은 부동산 거래 중개 수수료 문제입니다. 부동산 중개 수수료는 부동산 가액에 따라 법정수수료율이 정해져 있죠. 그래서 중개 수수료가 10억 원이 넘는 사례도 있어 사회적으로 문제가 되기도 했는데요. 몇 년 전 변호사들이 "집값에 상관없이 중개료

45~99만 원"이라고 하면서 부동산 중개시장에 뛰어들었습니다.

교수님, 저도 위와 같은 뉴스를 본 적이 있는데, 혹시 중개사가 하는 일을 변호사가 한다는 이야기인가요? 저부터도 값싼 중개 수수료에다가 변호사가 처리해준다면 혹하고 눈길이 갈 것 같습니다.

사실 변호사는 모든 법률사무를 취급할 수 있죠. 그래서 일반적으로 말한다면 변호사는 변리사, 세무사, 법무사, 공인노무사 등의 업무행위를 할 수 있습니다. 왜냐하면 이들 업무는 기본적으로 법률사무라고 볼 수 있기 때문이죠. 그러나 2006년에 대법원은 공인중개사의 업무는 법률사무가 아니라는 이유로 변호사 자격을 가지고 있는 사람이 공인중개사로 등록할 수는 없다고 한 판결이 있습니다.

법률사무

판례

대법원 2006. 5. 11. 선고 2003두14888 판결 [부동산중개사무소개설등록신청반려처분취소]

[1] 변호사법 제3조에서 규정한 법률사무는 거래당사자의 행위를 사실상 보조하는 업무를 수행하는 데 그치는 구 부동산중개업법(2005. 7. 29. 법률 제7638호 공인중개사의 업무 및 부동산 거래신고에 관한 법률로 전문 개정되기 전의 것) 제2조 제1호 소정의 중개행위와는 구별되는 것이고, 일반의 법률사무에 중개행위가 당연히 포함되는 것이라고 해석할 수 없다. 이와 같은 법리는 구 부동산중개업법이 중개업자에게 부동산중개와 관련하여 매매계약서 등을 작성하거나 중개대상물에 대한 확인·설명의무를 부과하고 있기 때문에, 부동산중개업자가 중개업무와 직접적으로 연관관계에 있고 구 부동산중개업법에서 부과한 작위의무를 이행하는 과정에서 변호사의 직무와 일부 관련이 있는 위와 같은 업무를 행할 수 있다고 하여 달리 볼 것은 아니다.

[2] 변호사의 직무에 부동산중개행위가 당연히 포함된다고 해석할 수도 없고, 변호사법에서 변호사의 직무가 구 부동산중개업법 시행령(2002. 12. 26. 대통령령 제17816호로 개정되기 전의 것) 제5조 단서 소정의 '다른 법률의

규정'에 해당한다고 명시한 바도 없으므로, 변호사는 구 부동산중개업법 (2005. 7. 29. 법률 제7638호 공인중개사의 업무 및 부동산 거래신고에 관한 법률로 전문 개정되기 전의 것) 제4조 제1항, 제4항, 같은 법 시행령 제5조에 규정된 중개사무소개설등록의 기준을 적용받지 않는다고 할 수는 없다.

그런데 부동산 중개용 개인 사이트를 개설하고 부동산 정보를 게재하였을 뿐만 아니라 서비스를 제공한다고 온라인에 고시하고, 부동산 중개가 아닌 "부동산 중개에 따른 법률자문"을 해준다고 하여 법정중개수수료보다 낮은 금액으로 수수료를 받으며 영업을 해오던 변호사가 적발되어 서울중앙지법에 공인중개사법 위반 혐의로 기소된 사건이 있었습니다. 그리고 그에 대한 판결이 내려졌습니다.

그렇습니까? 교수님, 그 판결의 배경과 내용이 정말 궁금한데요?

어떻게 되었을 것 같은지 우리 학생들도 궁금하죠? 일반 시민들은 어떻게 볼 것인지도 궁금하고요. 이 재판은 형사재판으로서 국민참여재판으로 진행이 되었는데요. 배심원 7명 중 4명은 무죄 의견을, 3명은 유죄 의견을 냈습니다. 그리고 판사는 무죄 선고를 하였고요. 판사의 무죄 이유는 아래와 같습니다.

법원판결의 취지

해당 변호사는 중개행위를 한 것이 아니라 부동산 중개에 따른 계약서 작성, 권리관계 자문 등 법률사무를 처리하였다는 이유로 무죄 선고

이 판결이 의미 있는 것은, 전문 법률가인 1심 판사의 결론과 일반 시민의 결론이 동일하였다는 것입니다. 일반 시민 입장에서는 부동산 거래 단계에서 법률 전문가의 법적 도움을 받을 수 있을 뿐만 아니라, 수수료까지 공

인증개사에 비하여 저렴하므로 변호사를 통한 부동산 거래를 인정하는 것도 바람직하다고 본 것입니다.

> 교수님, 그러면 위 판결은 그대로 확정되었나요?

하하하, 무죄를 받은 검찰측이나 공인중개사들 입장에서는 이를 그대로 승복하기가 어렵겠죠? 당연히 검찰이 항소하였습니다.

> 교수님, 그러면 항소심에서는 어떻게 되었습니까? 그 결과가 정말 궁금합니다.

학생 여러분, 법은 참 어려운 것 같습니다. 2심인 항소심에서는 1심과는 달리 정반대의 판결이 선고되었습니다. 즉 무죄에서 유죄로 바뀌었습니다.

> 교수님, 항소심에서는 유죄로 선고되었다고요? 정말 법은 애매하고도 어려운 것 같습니다. 모두 다 법률 전문가인 판사들인데, 판사들 사이에도 결론이 달라지다니 말입니다. 유죄 이유가 궁금합니다.

네, 항소심인 서울고등법원에서는 피고인이 한 행위는 부동산 중개행위로서 공인중개사로의 등록이 필요한데, 피고인이 거래 당사자로부터 받은 보수는 명목 여하를 불문하고 일부는 중개행위의 대가로 받은 사실이 인정되고, 변호사가 공인중개사로 등록절차를 거치지 않고 중개업을 실시한 사실이 인정된다는 이유로 유죄로 인정하면서 벌금 500만 원을 선고한 것입니다.[25] 즉 1심에서는 법률사무로 보아 무죄를 선고하였지만, 항소심에서는 중개행위로 보아 유죄를 선고한 것입니다. 그리고 위 판결은 그대로 확정되어, 이제 변호사의 부동산중개행위는 공인중개사로 등록절차를 거치지 않는 한 형사처벌의 대상이 된다고 할 수 있습니다.

서울고등법원 2017. 12. 13. 선고 2016노3746 판결: 확정 [공인중개사법위반]
갑 주식회사의 설립·운영자로서 변호사인 피고인이 개업공인중개사가 아니어도 '갑 부동산'이라는 명칭으로 개설한 갑 회사의 인터넷사이트(홈페이지) 및 블로그, 페이스북을 통하여 부동산 거래를 알선하고 일정한 보수를 받는 등 중개사무소의 개설등록 없이 중개업을 영위하고, 그 과정에서 공인중개사무소, 부동산중개와 유사한 명칭을 사용하고, 위 인터넷사이트에 특정 지역의 매매, 전세 및 월세 등 거래 대상 부동산 총 801개에 대한 정보를 게시하는 방법으로 중개대상물에 대한 표시·광고를 하였다고 하여 공인중개사법 위반으로 기소된 사안에서, 피고인이 부동산 거래와 관련하여 법률자문 등 일부 법률사무를 수행하기는 하였으나, 반면 이에 수반된 중개행위를 하고 실질적으로 그 대가에 해당하는 일부 보수를 지급받음으로써 중개사무소 개설등록 없이 중개업을 하였고, '갑 부동산'이라는 명칭으로 인터넷사이트 등을 개설·운영한 것은 일반인으로 하여금 피고인이 공인중개사사무소를 운영하거나 부동산중개를 하는 공인중개사인 것으로 오인하도록 할 위험성이 있어 공인중개사법 제18조 제2항에서 금지하는 '공인중개사사무소, 부동산중개 또는 이와 유사한 명칭을 사용한 행위'에 해당하며, 중개업을 영위하면서 특정 지역의 부동산들에 대한 정보를 위 인터넷사이트에 게시한 행위는 공인중개사법 제18조의2 제2항에서 금지하는 '개업공인중개사 아닌 자의 중개대상물 표시·광고 행위'에 해당한다는 이유로, 이와 달리 보아 공소사실 전부를 무죄로 판단한 제1심판결에 사실오인 또는 법리오해의 위법이 있다고 한 사례

그러면 앞선 대법원 판례와 이번 판결을 종합적으로 살펴본다면, 과연 어떻게 될까요?

현재 문제가 된 변호사의 부동산 중개 자문행위가 법률사무로서의 행위인지, 아니면 사실행위로서의 중개행위인지 여부가 핵심 쟁점입니다. 앞서 말한 대로 일반 법률업무는 변호사의 업무이고, 중개행위는 법률행위가 아닌

사실행위로 공인중개사의 고유 업무영역입니다.

그래서 부동산 거래에 따른 목적물의 권리관계 설명이나 계약서 작성과 그에 따른 등기업무수행을 사실행위인 중개행위로 볼 것인지, 아니면 법적인 행위로 보아 법률사무로 볼 것인지의 문제인 것이죠. 결국 공인중개사는 부동산 매매 등의 거래 알선이라는 행위를 할 수 있는 것이고, 변호사는 중계계약에 따른 법률사무를 할 수 있는 것입니다.

교수님, 그렇다면 어떻게 하는 것이 우리 사회를 위해서 바람직한 길이 될까요? 변호사나 공인중개사 모두 직업 이기주의가 아닌 우리 사회와 시민들에게 도움이 되는지를 가지고 판단해야 할 것 같은데요.

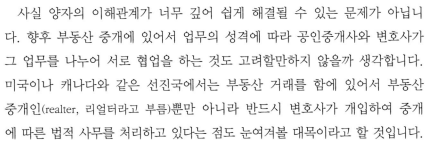

사실 양자의 이해관계가 너무 깊어 쉽게 해결될 수 있는 문제가 아닙니다. 향후 부동산 중개에 있어서 업무의 성격에 따라 공인중개사와 변호사가 그 업무를 나누어 서로 협업을 하는 것도 고려할만하지 않을까 생각합니다. 미국이나 캐나다와 같은 선진국에서는 부동산 거래를 함에 있어서 부동산 중개인(realter, 리얼터라고 부름)뿐만 아니라 반드시 변호사가 개입하여 중개에 따른 법적 사무를 처리하고 있다는 점도 눈여겨볼 대목이라고 할 것입니다.

일반적으로 부동산 거래, 특히 토지나 건물 매매를 하는 단계를 보면,

1. 건물이나 토지 주인이 중개사무소에 살 사람을 알아봐 달라고 매물을

내놓고,

2. 그러면 부동산 중개인이 이를 수요자들에게 알리고,

3. 이를 본 수요자가 중개사무소를 찾아가 알선을 의뢰하고,

4. 그에 따라 매도인과 매수인의 의사가 합치하면 매매계약서를 작성하고 매수인이 매매대금을 지급함과 동시에 매매에 따른 등기 관계 서류를 받아

5. 소유권이전등기를 마치는 것으로 끝이 나는 것이죠.

이 중에서 앞부분, 즉 부동산 소개와 매매 등 거래의 알선이라는 중개행위는 사실행위로 보아 공인중개사가 맡고, 그 이후 단계인 권리관계 분석, 계약서 작성, 매매대금 지급, 소유권이전등기절차는 법률사무로 보아 변호사가 맡는 것이 바람직하다고 봅니다. 위에서 잠시 언급한 바와 같이 미국 캐나다 등이 협업 관계로 리얼터라는 우리의 부동산 중개인과 변호사가 공동으로 부동산 거래를 진행함도 우리가 참고할 수 있다고 봅니다.

변호사와 공인중개사의 업무영역 갈등은 근본적으로 각 전문가의 영역을 철저히 구분하여 타 영역을 침범하지 못하게 하는 것이 우리 사회에 유익한 것인지, 아니면 각 직무영역을 존중하되 국민의 신체나 재산에 대한 위험을 초래할 가능성이 적고 일정한 전문지식이 있는 경우 환자 등 소비자의 선택권을 존중하여 이들의 선택에 맡기는 것이 더 바람직한 것인지의 문제입니다. 우리 사회가 선진사회로 나아가기 위하여 앞으로 깊이 고민해 볼 주제임에 틀림이 없습니다.

교수님, 최근 전세 사기 등으로 인하여 많은 서민, 특히 청년세대들이 큰 고통을 받고 있고, 사회적으로도 문제가 되고 있습니다. 그리고 이러한 문제는 단순히 특정 지역에서만 발생하는 것이 아니라 지역을 가리지 않고 전국 방방곡곡에서 일어나기에 더욱 두렵습니다. 그리고 우리도 언젠가는 똑같은 피해 당사자가 될 수도 있다는 생각에 걱정도 큽니다. 이러한 상황에서 법률 전문가인 변호사가 중개 과정에 관여하게 되면 그래도 피해가 줄어들지 않을까 생각합니다.

그렇습니다. 무엇보다도 최근 기획 전세 사기 등의 문제로 많은 임차인들이 극심한 고통을 겪고 있기에 이 문제는 더욱 중요한 사회적 쟁점이라고

볼 수 있습니다. 기획 전세 사기의 경우에는 대부분이 전세보증금이 임차 부동산의 매매가격을 상회하여서 사후적으로 이를 구제할 마땅한 수단이 없습니다. 그렇기 때문에 예방이 중요할 수밖에 없는데, 법률 전문가인 변호사가 부동산 중개 과정 중 최소한 중개계약서를 최종적으로 검토하는 단계를 반드시 둘 필요가 있다고 할 것입니다.

교수님, 사회는 생물이라서 시시각각 변화하잖아요. 법원 판결도 바로 그런 추세와 사회를 반영한 것 같은데요. 오늘의 판결들… 무엇보다 서로 간의 갈등이 먼저 완화되는 게 중요하지 않나 싶습니다.

정말 좋은 지적입니다. 그렇습니다. 사람들끼리의 일에도 법은 가장 마지막에 해결하는 수단이라고들 하잖아요. 법원의 판결 취지는 인정하되, 함께 상생하는 방법을 먼저 모색했으면 합니다. 무엇보다 사회적인 합의가 중요하니까요.

교수님, 오늘 강의 감사합니다.

캐럴 저작권과 민사책임

묻고 답하는 민법이야기

학생 여러분, 오늘의 민법 강의, 어떤 내용인지 궁금하시죠? 12월 하면 연말이기도 하지만, 크리스마스라는 특별한 날도 생각나죠? 그런데 몇 년 전부터 크리스마스 분위기를 느끼는게 어려웠는데요. 가장 큰 변화가 어디에 있다고 보세요?

교수님, 저도 크리스마스 분위기가 많이 식은 것 같아서 좀 아쉽습니다. 이렇게 된 것은 경제가 어려워진 면도 있지만 아무래도 캐럴 소리가 줄어들어서 크리스마스 느낌이 덜 나는 것이 아닐까요? 몇 년 전부터 저작권 때문에 상점에서 캐럴을 틀 수 없다는 얘기를 들은 적도 있고요.

네, 그래서 오늘은 크리스마스 시즌에 제과점, 커피점 등 거리 가게들이 틀어주는 캐럴이 저작권법에 위반되는 것인지, 그로 인하여 민법상의 불법행위책임 등이 성립하는 것인지에 관하여 강의하려고 합니다. 그동안 음악재생과 관련하여 많은 분쟁이 있었는데 그중 가장 대표적인 것으로는, 2012년에 커피전문점(스타벅스) 판결, 2015년 백화점(현대백화점) 판결, 2016년 가전매장(하이마트) 판결 등이 있습니다.

그렇군요, 정말 음원 재생과 관련해서, 많은 분쟁이 있었네요. 교수님이 구체적인 내용을 자세하게 설명해주시면 감사하겠습니다.

먼저 음악 재생과 관련된 저작권법의 내용을 이해할 필요가 있습니다. 음악 재생과 관련된 당시의 우리 저작권법의 내용을 간단히 말씀드리면, 백화점이나 대형 매장 등과 같은 일부 영업장을 제외하고는 '판매용 음반'을 재생하여 공연하는 경우에는 저작권료를 납부하지 않아도 되도록 규정되어 있습니다. 때문에 커피숍 같은 매장에서 음악을 트는 행위가 소위 '판매용 음반'에 해당할 경우 예외적인 시설을 제외하면 저작권료 납부 의무 없이 자유롭게 이용할 수 있는 반면에, '판매용 음반'에 해당하지 않는다면 원칙적으로 저작권자의 허락을 받고 저작권료를 지불해야 합니다.

판매용 음반

그러므로 문제의 핵심은 매장에서 음악을 틀어주는 것이 판매용 음반으로 틀어 주는 경우에는 저작권료를 납부하지 않아도 되고, 그것이 판매용 음반이 아닐 경우에는 저작권료를 납부해야 합니다. 즉 판매용 음반에의 해당 여부가 쟁점이 되는 것이죠. 자! 이제 사전지식을 갖고 실제 사건으로 들어가 보죠.

먼저 스타벅스 커피전문점 사건인데요. 외국 본사에서 별도로 제작한 배경음악이 담긴 CD를 국내 지점에서 구입하여 각 매장에서 틀어준 것인데요. 외국본사에서 특별히 제작하여 공급받은 것도 저작권료 납부가 면제되는 "판매용 음반"인지가 문제된 사건이죠.

이 사건에서 우리 대법원은 이런 음반은 따로 판매된 것이 아니기 때문에, 청중으로부터 돈을 받지 않는다 해도 재생할 수 없다고 판단하였습니다. 즉 판매용 음반이 아니기 때문에 외국 본사에서 제작한 음반을 국내에서 배포 및 복제하기 위해서는 별도의 저작권료를 지불해야 한다는 것이 판결의 핵심 내용입니다.

관련 법조문
구(舊) 저작권법 제29조 제2항
청중이나 관중으로부터 당해 공연에 대한 반대급부를 받지 아니하는 경우에는 판매용 음반 또는 판매용 영상저작물을 재생하여 공중에게 공연할 수 있다.
예외
대형마트·전문점·백화점 또는 쇼핑센터, 골프장 등 전문체육시설, 호텔, 숙박업 및 목욕장, 유흥주점 등

교수님, 그렇다면 음반을 사서 트는 것 말고요. 스트리밍 재생이라고 하죠? 음원을 구입해서 실시간으로 재생해주는 스트리밍은 어떤가요?

정말 좋은 질문입니다. 학생은 음반하면 보통 무엇이 떠오르는지요? 아무래도 CD나 MP3가 떠오르죠? 이들은 당연히 음반에 해당하겠죠. 그러나 과학기술의 발달로 음악의 유통과 이용방식이 변화하면서 과연 무엇이 음반인지가 논란이 생겼고, 그중의 하나가 바로 소위 스트리밍 방식에 의한 음악 재생도 음반에 해당하는지가 문제되었습니다.

앞서 설명한 것과 같이 백화점과 같은 대형매장 등에서는 비록 판매용 음반을 틀어 준다 하여도 저작권료를 납부하여야 하는데요. 현대백화점은 스트리밍 서비스 업체에게는 정당한 사용료를 내고 음악을 재생하였는데, 그것이 "판매용 음반"을 사용한 경우는 원 저작자에게 보상을 해줘야 하는 것인지가 문제되었습니다. 결국 스트리밍 서비스가 "판매용 음반"이냐고 하는 것이 문제된 것이죠.

우선 구 저작권법상 음반은 음이 유형물에 고정된 것(음이 영상과 함께 고정된 것을 제외한다)을 말한다고 규정하고 있습니다. 따라서 카세트 테이프나 CD처럼 음악이 고정되어 있는 것이 음반이라는 것이라 해석할 수 있는데요. 이에 따라 1심은 스트리밍 서비스는 시중에 팔려고 만든 "음반"이 아니라고 하여 백화점의 손을 들어 주었습니다. 그러나 2심 및 대법원은 스트리밍 서비스도 "매장의 컴퓨터에 일시적으로 음원이 고정되기 때문에 '음반'으로 볼 수 있다고 하여 저작권료를 납부하여야 한다."고 하였습니다.

교수님, 결국에 '스트리밍' 음악도 하나의 음반으로 본 것이네요. 그렇다면 스트리밍 재생은 판매용 음반이라고 생각하고 법률적용을 떠올리면 되나요?

하하하. 그럴 것 같죠? 그런데 또 다른 가전매장사건에서도 역시 스트리밍으로 음악을 재생한 것이 문제되었는데요. 앞선 백화점 사건에서는 스트리밍으로 재생한 것도 음반을 재생한 것으로 보아 판매용 음반이라고 인정받았지만, 이 사건에서는 스트리밍 음악재생은 '판매용 음반'이 될 수 없다고 보았습니다. "판매용 음반"은 '시중에 판매할 목적으로 제작된 음반'을 의미하는데, 스트리밍은 여기에 해당하지 않는다고 본 것입니다.

따라서 음원을 재생한 가전매장이 저작권자에게 손해배상을 한 판결입니다. 가전매장은 호텔 백화점과 같은 저작권 납부 의무 장소가 아니어서 만일 스트리밍 방식에 의한 음악 재생이 음반에 해당한다고 볼 경우 저작권료를 납부하지 않아도 되는데 음반이 아니어서 저작권료를 내야 한다는 것이었죠.

가전매장의 스트리밍 음악 재생, 앞선 백화점의 사건과는 다른 것 같은데요?

네, 맞습니다. 스트리밍 서비스에 대하여 두 사건이 다른 해석을 내렸는데요. 물론 두 판결의 취지는 저작권자를 보호하기 위한 의미에서는 타당한

판결입니다. 다만, "판매용 음반"이라는 것이 무엇인지에 대하여는 혼란을
가져왔습니다.

교수님, 장사하시는 분들에게는 음악을 틀어주는 것이 상당히 중요한 판매전략이
기도 하잖아요. 두 판결이 사뭇 달라서 혼란스러운데, 해결방법이 있나요?

　　두 판결이 달라서 많이 혼란스럽죠? 그런데 다행히도 그 후에 개정된 저
작권법에서 이에 대한 문제를 해결해 주었습니다. 즉 개정된 저작권법에서
는 " '음반'은 음이 유형물에 고정된 것(음을 디지털화한 것을 포함한다)을 말한
다."라고 하여 디지털도 포함하였습니다.

상업용 음반　　또한 과연 무엇이 "판매용 음반"인지 해석하기 어려웠는데요. 현재는 그
용어를 "상업용 음반"으로 바꾸었습니다. 즉 판매용 음반이라는 용어는 더
이상 사용되지 않고, 대신 상업용 음반이라는 용어만 사용되고 있죠. 따라서
일반적인 대중음악은 CD, 다운로드, 스트리밍 등 이용방법과 상관없이 '상
업용 음반'에 해당되기 때문에 저작권료 지급 없이 틀 수 있습니다. 다만 종
전처럼 대형마트, 백화점, 호텔, 카페, 목욕장, 유흥주점 등은 여전히 여기에
서 제외됩니다.

관련 법조문

개정된 저작권법
제2조 제5호
"음반"은 음이 유형물에 고정된 것(음을 디지털화한 것을 포함한다)을 말한다.
제29조 제2항
청중이나 관중으로부터 당해 공연에 대한 반대급부를 받지 아니하는 경우에
는 "상업용 음반" 또는 "상업적 목적"으로 공표된 영상저작물을 재생하여 공
중에게 공연할 수 있다.
제외
대형마트·전문점·백화점 또는 쇼핑센터, 골프장 등 전문체육시설, 호텔, 숙
박업 및 목욕장, 유흥주점 등

그렇다면 제외되는 몇몇 공간을 빼고는 일반 상점에서는 상업용 음반을 무료로 재생할 수 있는 것이네요. 영세 상인들에게는 참 다행인 일이네요. 관련해서 법 개정의 취지도 한 번 짚어주시면 정말 감사하겠습니다.

알겠습니다. 학생들을 위하여 특별 서비스를 무료로 제공하겠습니다. 과학기술의 발달에 따른 현실을 반영하였다는 점에서 개정된 저작권법의 내용은 타당하다고 보여집니다. 이제 더 이상 종전처럼 스트리밍이 음반인가의 여부가 문제되지 않을 것입니다. 스트리밍도 당연히 음반으로 보여지구요, 무엇이 판매용인지에 대한 것도 앞으로는 문제되지 않을 것입니다. 앞서 얘기한 것과 같이 일반적인 대중음악은 CD, 다운로드, 스트리밍 등 이용 방법과 관계없이 '상업용 음반'이기 때문에 치킨집, 편의점, 김밥집 등의 일반 상점에서는 저작권료 걱정을 하지 않아도 될 것 같습니다.

교수님, 코로나19 이후로 인하여 경제 사정이 좋지 않지만 소규모 상인을 위해서라도 캐럴과 가요가 들리는 좋은 크리스마스와 연말 분위기가 조성되었으면 좋겠습니다.
그리고 무심코 행동했다가 큰 낭패를 볼 수도 있음을 알게 되었습니다. 행동하기 전에 한 번 더 생각해보고 행동하는 것이 필요함을 배웠습니다. 때로는 차갑고 때로는 따뜻한 법률, 사례를 통해 하나씩 알게 될 때마다 친근하게 느껴집니다. 저는 오늘 공부한 사례들이 평소 잘 안 보이는 부분까지 살펴볼 수 있었던 것 같습니다. 교수님, 오늘도 흥미롭고 재밌는 법 이야기 잘 들었습니다. 감사합니다.

판례 구성[26]

○ 사안
A는 음악 저작권자에게 관리를 신탁받아 사용자들에게 이용계약을 맺고, 이에 따른 사용료를 저작권자에게 분배하는 업무를 맡아왔고, 매장음악 제공업체 C사에 재단이 저작권을 갖고 있는 음원을 제공하였음
그 후 C사는 편의점 프랜차이즈 업체 운영사인 B사에 디지털 음원을 공급

했고, B사는 이를 매장에서 재생하였음

○ 당사자 주장

A는 B사가 자신들의 허락을 받지 않고 음원을 재생해 저작권 침해에 해당한다고 주장하며 B사를 상대로 부당이득금 반환청구 소송 제기

이에 대하여 B사는 C사로부터 받은 음원은 구(舊) 저작권법상의 '판매용 음반'에 해당해 저작권자의 공연권이 일부 제한될 수 있다기에 매장에서 송출된 음원 역시 판매용 음반에 해당해 공연권 침해가 성립하지 않는다고 맞섬

○ 법원 판단

매장 내에서 상업용 음원을 재생할 경우 저작권자의 공연권을 침해하지 않는다고 판단하였음

매장에서 음원을 재생한 것이 공연에는 해당하지만 상업용 음반으로 분류돼 송출해도 무방하고, 음원유통사나 제작사는 발행 시 판매 목적으로 디지털 형태의 음반을 냈기에 B사의 음원 재생이 공연권 침해가 아니라고 판단하였음

디지털 형태의 음반은 제작자에 의해 발행된 이후에도 여러 차례 복제나 전송되는 경우가 많기에 제작 당시에는 판매용이 아닌 용도였다고 해도 이후 판매용으로 발행한다면 해당 음반은 판매용 음반이라고 봄

또한 발행된 음반이 시중의 소비자들에게 널리 알려짐으로써 그 음반의 판매량이 증가해 저작권자에게 간접적인 이익을 줄 수 있기에 상업용 음반의 공연이 공연권 침해에 해당하지 않는다고 밝힘

CHAPTER

07

100세 시대, 정년 연장은 가능할까?

묻고 답하는 민법이야기

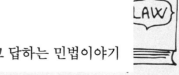

교수님, 평균 수명이 늘면서 100세 시대라는 말이 나오고 있습니다. 그에 따라 당연히 '과연 나는 언제까지 일할 수 있을까?'라는 생각이 들면서 내가 다니는 직장의 정년이 궁금해지기도 합니다. 그러면서도 혹시 정년을 연장할 수는 없는 것인지 알아보다가 판결 중에는 정년 연장과 관련된 일이 있어서 화제가 된 적이 있다고 들었습니다. 정년 연장 과연 가능한 것인지 좀 궁금합니다. 알려 주세요.

학생이 궁금하다면, 당연히 강의를 해주어야 하겠죠. 하하하, 최근에는 학생 말대로 평균 수명이 늘면서 정년도 연장하여야 하는 것이 아니냐는 의견이 나오고 있고, 이에 대하여 그렇게 될 경우 가뜩이나 직업을 갖기 어려운 청년세대에 더 불리할 수 있으므로 연장하면 안 된다고 반대하는 주장이 나오는 등 우리 사회에서 논쟁이 일고 있죠.

아주 오래되지 않은 판결인데요, 회사에 입사한 후 가족관계등록부상의 생년월일이 실제보다 빨리 되어 있다고 하면서 이를 정정해 생년월일이 실제 출생에 맞게 늘어지도록 바뀌었다면 정년퇴직 시점도 그에 맞춰 연장해야 한다는 대법원판결이 있습니다.

교수님, 지금이야 그런 일이 없지만, 부모님 말씀에 의하면, 예전에는 호적이나 주민등록상 생일과 실제 생일이 다른 분들이 많았다고 하시던데, 사실인가요?

물론입니다. 제 주변에도 그런 분들이 종종 있죠. 어떤 분은 실제 생년월일보다 소위 호적상의 생년월일이 늦게 되어 조기 퇴직으로 어려워하는 현대에 있어 이익을 보기도 하고, 정반대로 실제 생년월일보다 호적상의 생년월일이 빨리 되어 실제 나이보다 조기에 퇴직해야 하는 경우도 많이 있는데, 사실 출생신고시에는 이런 상황을 정년 연장까지 미처 생각하지 못한 경우가 대부분이죠.

> 교수님, 어떤 사연이었는지 정말 궁금해집니다. 설명해주세요.

알겠습니다. 그럼 함께 사례를 보면서 강의를 진행해보죠.

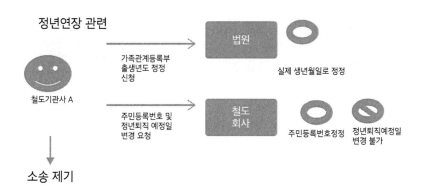

1983년 철도기관사로 일을 시작한 A는 자신의 가족관계등록부상 출생 연도가 잘못됐다며 법원에 정정을 신청했습니다. 이를 옛날에는 호적정정신청이라고 부르다가 민법상의 호적제가 폐지되면서 가족관계부의 기재사항을 바로잡는다는 의미로 가족관계부정정신청이라고 합니다.

가족관계부정정

이에 대하여 법원은 A의 신청을 받아들여 A의 생년월일을 실제 출생 연월로(예를 들어 1970년 12월을 1971년 1월로) 정정해주었습니다. 그 후 A는 다시 회사에 인사기록부상의 주민등록번호 및 정년퇴직 예정일을 새롭게 정정된 실제 생년월일에 맞춰 고쳐 달라고 요구했습니다. 그러나 사측에서는 주민등록번호 변경만 받아주고 정년은 늘려주지 못한다고 거절하였고, 이에 불복한 A는 법원에 소송을 냈습니다.

교수님, 요사이 이렇게 출생 연도 정정신청을 하시는 분들이 많다고 들었어요. 이 자료를 토대로 회사에도 정년 연장을 신청한 거죠? 재판이 어떻게 진행됐는지 궁금한데요?

궁금하죠? 1심은 정년을 계산하는 기준이 되는 '임용시 제출한 연령을 확인할 수 있는 서류'는 하나의 기준이 될 뿐이며 비록 임용 이후에 제출돼도 그것이 진실한 내용이 담긴 공적서류라면 역시 퇴직일을 정하는 기준이 될 수 있다고 보았습니다. 그러면서 1심은 이를 토대로 A의 정년 계산을 위한 실제 생년월일은 새롭게 정정된 생년월일이라며 A의 손을 들어줬고, 그에 따라 A의 정년도 1년이 더 늘어났죠.

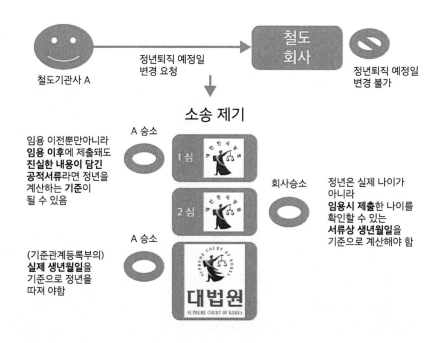

와, 교수님, 12월에서 이듬해 1월로 생년월일이 바뀌니까 정년이 1년 늘어나게 되는군요. 정정신청을 할만하네요.

하하하, 그런가요? 그러나 놀라지 마세요. 이에 불복한 회사측은 항소를 하였는데요. 항소심인 2심 판결은 완전히 달랐어요. 2심은 1심과 정반대로 회사측의 퇴직 정년은 임용시 제출한 서류를 기준으로 생년월일을 계산해야 한다는 이유로 A 주장을 인정하지 않았습니다. 즉 2심은 인사규정은 정년산정일에 관한 기준을 통일하기 위해 만든 취업규칙이고 정년산정의 기준이 되는 생년월일을 임용시 제출한 서류상의 생년월일로 한다고 직접 밝힌 것으로 봐야 한다고 판단한 것입니다.

교수님, 그런데 최종 대법원판결은 2심 판결을 다시 뒤집어 1심과 같은 판단을 한 것이군요?

그렇습니다. 대법원은 원고 패소 판결한 원심인 항소심 판결을 깨고 원고인 A의 승소 취지로 사건을 서울고법에 되돌려 보냈는데요. 재판부는 고령자고용법상 정년은(가족관계등록부의) 실제 생년월일을 기준으로 따지는 것이라며 1심판결과 같은 입장을 보였습니다.

그리고 덧붙여서 인사규정이 정년을 계산할 때 임용시에 제출한 서류상의 생년월일만을 기준으로 계산하고 잘못된 생년월일을 고칠 수 있는 방법을 전혀 허용하지 않는다면, 그것은 고령자고용법에 어긋나서 무효라고 지적하였습니다.

교수님, 정말 같은 법적 쟁점을 갖고도 판사님들 사이에도 어떻게 저렇게도 다른 판단이 나올 수 있는 것인지 정말 알다가도 모르겠습니다.

하하하, 정말 그렇습니다. 그렇기에 법은 어려운 것이고, 한편으로는 어렵기에 더욱 신중하게 판단해야 하는 것이죠.

오늘 강의와 관련하여 학생 여러분도 '나도 혹시 그런 경우가 아닐까?' 귀가 쫑긋하는 학생들도 많을 것 같은데, 이런 경우에 해당되는 주위 분들이 계시면 참고 사례로 삼으면 좋겠습니다. 강의 듣느라 수고 많이 했어요.

네, 오늘 강의 매우 흥미로웠습니다. 모두 능력 있고 법률 전문가인 법관들이 재판을 하는데도 이렇게 판단이 달라질 수 있다는 점이 새롭게 다가왔습니다. 그래서 단심제가 아니라 3심제로 재판이 이루어질 필요성도 좀 느꼈고요. 강의하시느라 수고 많이 하셨습니다. 교수님, 감사합니다.

《나도 변호사, 생년월일 정정은 쉽게 할 수 있을까?》

어느 경우에 정정할 수 있을까?

▶ 본인이 실제 태어난 생년월일과 가족관계등록부상에 기재된 생년월일이 다른 경우에 정정 가능

정정 근거 법률과 방법은?

▶ 가족관계의 등록 등에 관한 법률 제104조 제1항에 따라 가족관계등록부의 기재에 착오나 누락이 있는 경우에 본인의 등록기준지 소재 가정법원의 허가를 받아 그 정정을 신청할 수 있음

가능성은?

▶ 실제 잘못 기재된 생년월일을 바로잡는 것이 아니라 실제로는 기재가 잘못되지 않았음에도 빚이 많은 자가 빚을 갚지 않을 목적이나, 범죄를 숨길 의도로 잘못 기재되었다는 허위 주장을 하면서 정정 신청이 이루어지는 경우도 있을 수 있기에 법원에 의하여 정정 신청이 쉽게 받아들여 지지 않을 수도 있음

어떻게 주장하고 소명하여야 할까?

▶ 이처럼 범죄에의 악용 가능성 등이 있어서 정정 신청이 받아들여지지 않을 수도 있으므로 실제 생년월일이 등록부상의 그것과 다름을 소명 내지는 증명할 수 있는 자료를 철저히 준비해서 제출하고, 그 주장을 논리정연하게 전개할 필요가 있음
먼저 왜 등록부상의 생년월일이 실제 생년월일과 다르게 기재되게 되었는지에 관하여 사실에 맞게 그리고 논리에 기초하여 설득력 있게 주장하여야 함
이는 판사로 하여금 일단 '등록부상의 기재 내용이 실제와 다르게 기재되었

을 수가 있겠구나.'라는 의문이 들게 하기 위한 것임

다음으로는 실제 생년월일이 언제라는 사실을 소명하거나 증명할 자료를 철저히 준비해서 제출하여야 함

이는 판사로 하여금 단순히 의문을 뛰어넘어 실제 생년월일이 등록부상의 그것과 다르다는 심증을 형성하여야 정정 허가가 이루어지기 때문임

이를 위하여 출생과 관련된 상황에 관한 모든 자료를 제출하여야 하는 것으로, 예를 들어 출생 관련자의 확인서, 초등학교 등 각종 학교의 생활기록부와 같은 자료, 초등학교 친구들의 확인서, 출생 시점에 자연적, 사회적 특이상황이 있을 경우에 이에 관한 언론 기사, 실제 생년월일을 추정하게 할 수있는 족보와 돌이나 백일 사진 등을 제출할 필요가 있음

08

서당도 학원?

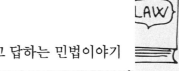

묻고 답하는 민법이야기

교수님, 오늘 강의하실 내용은 무엇인가요? 궁금합니다.

오호, 이제 학생 여러분들이 먼저 궁금해하니 교수 입장에서는 너무 반갑고 기쁩니다. 우리 학생들이 대견스럽기도 하고요. 법률 강의라 좀 지루하고, 어려울 수 있는데, 이렇게 수업에 적극적으로 참여해 주시니 너무 좋습니다. 그래서 그동안의 노고를 위로하는 차원에서 오늘은 여러분에게 쉬어가는 코너로 좀 쉬운 주제를 갖고 진행하려고 합니다.

교수님, 쉬어가는 코너라? 재미있을 것 같습니다. 수업 부담도 많지 않을 것 같고요.

강의에 앞서 먼저 한 가지 질문을 할게요. 청학동 서당에 관한 이야기를 언론, 티브이 프로그램을 통하여 들어본 경험이 있지요? 그러면 과연 청학동에 있는 서당은 학원일까요, 학원이 아닐까요?

교수님, 수강료를 받는다면 학원 같기도 하고요. 또 예절이나 인성교육을 하기 때문에 영어나 수학과 같은 일반적인 교과과정을 가르치는 것이 아니어서 학원이 아닌 것 같기도 합니다. 정말 헷갈립니다.

하하하, 아마 많은 학생들이 선뜻 답변을 못 할 것 같은데요. 실제 이런 일이 있었습니다. 먼저 사건 내용을 살펴볼까요.

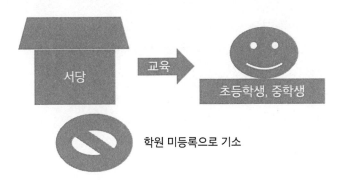

경남의 한 서당

초중학교 학생을 모집하여 수강료를 받음, 서당에서 명심보감, 사자소학 등 한문교육, 시험 기간에는 영어·수학을 가르침. 학원임에도 학원 등록을 하지 않았다는 이유로 학원법 위반으로 기소됨
피고인은 경남 하동에서 서당을 운영하면서 관할 교육청에 학원 등록을 하지 않고 초·중학교 수강생을 모집해 1인당 월 100만 원(숙박비 포함) 안팎의 수강료를 받음
피고인은 학생들에게 명심보감, 사자소학 등 한문교육과 숙제지도, 시험기간 학생지도 명목으로 영어·수학 등을 가르쳤는데, 등록도 하지 않고 숙박시설을 갖춘 학교교과 교습학원을 설치·운영한 혐의로 기소됨

 자, 1심과 2심 판결이 어떻게 나왔을 것 같은가요?

교수님, 숙박비가 포함되었다고 하지만, 100만 원이라는 고액의 수강료를 받고 운영하면서 관할 교육청에 등록을 하지 않았다… 뭔가 떳떳해 보이지는 않는데요.

1심과 2심은 비록 서당에서 명심보감, 사자소학 등 한자교육을 했지만 주된 목적이 한자 자체의 습득이라는 교습과정이 아니라 인성 및 예절교육 과정에서 불가피하게 부수적으로 교육이 이뤄진 것에 불과하므로 학원법 및 그 시행령이 규정한 교습과정 내지 그와 유사하거나 그에 포함된 교습과정을 가르쳤다고 보기 어렵다고 보았습니다.

그러면서 서당에서 방과 후 학교에서 돌아온 학생들을 가르치는 행위 등은 부모를 대신해 학생들을 돌보는 과정의 일환에 불과하고 학생들의 부모들이 지급한 수강료 역시 교습과정과 학업성적 향상의 대가라기보다는 숙식과 인성교육의 대가로 보인다는 이유로 학원법 등의 위반이 아니라고 하여 무죄로 판결했습니다.

법원의 1심과 2심 판결

서당은 학원법(학원의 설립·운영 및 과외교습에 관한 법률)에서 규정한 학원이 아니다. 주된 것이 교습이 아니라 숙식과 인성교육을 하기 때문이다.

교수님, 그렇다면 이런 성격의 서당들은 학원법상 학원이 아니라는 건가요?
학원법에서는 학원을 어떻게 규정하고 있는지 궁금합니다.

종전에는 학원을 초, 중등학생을 상대로 학교 교육과정을 교습하는 곳으로 규정하였습니다. 그러다가 2011년 7월 개정된 학원법에서는 비록 학교 교육과정에 대한 교습이 아니라고 하여도 교습만 하는 곳이면 그 내용이 학교 교육과정인지 여부에 관계없이 학원으로 규정하고 있습니다.

관련 법조문

학원의 설립·운영 및 과외교습에 관한 법률
제2조(정의) 이 법에서 사용하는 용어의 뜻은 다음과 같다.

1. "학원"이란 사인(私人)이 대통령령으로 정하는 수 이상의 학습자 또는 불특정다수의 학습자에게 30일 이상의 교습과정(교습과정의 반복으로 교습일수가 30일 이상이 되는 경우를 포함한다. 이하 같다)에 따라 지식·기술(기능을 포함한다. 이하 같다)·예능을 교습(상급학교 진학에 필요한 컨설팅 등 지도를 하는 경우와 정보통신기술 등을 활용하여 원격으로 교습하는 경우를 포함한다. 이하 같다)하거나 30일 이상 학습장소로 제공되는 시설을 말한다.

교수님, 그렇다면 학원법만 보면 서당도 당연히 학원으로 규정이 돼야 할 것 같은데요? 대법원은 어떻게 해석하였나요?

그렇습니다. 대법원이 1, 2심의 결과를 뒤집고 서당도 학원법상의 학원이라고 판결했습니다. 재판부는 2011년 7월 25일 개정된 학원법은 초등학교, 중학교, 고등학교, 특수학교 등 각종 학교의 학생을 대상으로 교습하는 학원은 그 교습내용에 관계없이 모두 학원에 포함되는 것으로 그 범위를 확대했기 때문에 비록 서당에서 초·중학생을 상대로 중국 고전에 나온 선현들의 금언이나 명구, 유교사상에 기초한 도의관념 등을 내용으로 하는 명심보감, 사자소학 등을 교습했다 하더라도 학원법 제6조의 규정에 따른 등록 대상이라고 판시했습니다.

2011년 학원법의 개정으로 초등학생, 중학생을 교습하면 학원

대법원판결
서당에서 초등학생 중학생을 교습하기 때문에 학원법에서 규정한 학원이다.

교수님, 이번 대법원판결로 청학동의 상당수 서당과 같은 교습소는 상당히 난처한 입장에 처할 것 같습니다. 학원으로 규정을 받게 되면 관리나 제재가 달라질 수 있을 것 같은데 어떻게 되죠?

좋은 질문입니다. 먼저 관할 교육청에 학원 등록을 하여야 함은 물론 강사 자격이나 학원비와 같은 교습비 기준 등을 모두 충족하여야 하고, 이들 모두에 대하여 관할 교육청의 감독과 지도를 받아야 합니다. 대법원판결 후 서당들은 일반 학원만큼 학원생들이 많지 않기 때문에 어려움이 많다는 입장이고, 지도나 감독을 해야 하는 교육청도 전례가 없어서 서당의 학원등록에 대한 세부 기준 마련 등에 어려움이 있다는 입장입니다. 그래서 서당 등과 같은 특수 교육기관에 대하여는 예외 규정을 두어서 일반 학원과 달리 특별 취급할 필요가 있다는 의견도 대두하고 있습니다.

그렇군요. 교수님, 예절과 인성을 배우는 서당이 입시학원이나 종합학원과는 분명 성격이 다르잖아요? 법리적인 해석과 함께 이런 현실적인 측면도 생각해봐야 하지 않을까 싶습니다. 오늘 강의 감사합니다.

 위 대법원판결에 대하여 조금 더 자세하게 알고 싶은 학생들 위하여 조금 길기는 하지만 아래에 대법원판결을 소개하면서 오늘 강의 마치겠습니다. 참고하면 좋을 것 같습니다. 수고 많이 했어요.

판례

대법원 2017. 2. 9. 선고 2014도13280 판결 [학원의설립·운영및과외교습에관한법률위반]
1. 학원의 설립·운영 및 과외교습에 관한 법률(2011. 7. 25. 법률 제10916호로 개정된 것, 이하 '학원법'이라 한다) 소정의 '학원'이란 사인(사인)이 대통령령이 정하는 수 이상의 학습자 또는 불특정다수의 학습자에게 30일 이상의 교습과정에 따라 지식·기술(기능을 포함한다)·예능을 교습하거나, 30일 이상 학습장소로 제공되는 시설로서(같은 법 제2조 제1호), 학원을 설립·운영하고자 하는 자는 일정한 시설 및 설비를 갖추어 대통령령이 정하는 바에 따라 교육감에게 등록을 하여야 하는데(같은 법 제6조), 학원의 설립 및 운영 등 등록절차에 관하여 규정한 학원의 설립·운영 및 과외교습에 관한

법률 시행령(2011. 10. 25. 대통령령 제23250호로 개정된 것, 이하 '학원법 시행령'이라 한다) 제5조 제2항 제3호, 제3항 제3호는 '등록신청서' 및 첨부서류인 '원칙(원칙)'에 '교습과정'을 기재하도록 규정하고 있고, 제3조의 3은 "학원의 종류별 교습과정의 분류는 [별표 2]와 같다."(제1항), "교습과정의 등록은 교습내용이 [별표 2]에 따른 분류와 가장 유사하거나 그 교습내용을 포함할 수 있는 교습과정으로 하여야 한다."(제2항)라고 규정한 다음, [별표 2]에서 각 교습과정을 분야별 및 계열별로 분류하여 열거하고 있다. 위와 같은 학원법 및 학원법 시행령의 규정에 따르면 학원법의 등록 대상이 되는 학원은 학원법 시행령 [별표 2]에 정하여진 교습과정 내지 그와 유사하거나 그에 포함된 교습과정을 가르치거나 위 교습과목의 학습장소로 제공된 시설만을 의미하는 것으로 제한하여 해석함이 타당하다(대법원 2001. 2. 23. 선고 99도1172 판결, 대법원 2008. 7. 24. 선고 2008도 3654 판결 등 참조).

한편 구 학원의 설립·운영 및 과외교습에 관한 법률(2011. 7. 25. 법률 제10916호로 개정되기 전의 것, 이하 '구 학원법'이라 한다) 제2조의2 제1항은 학원의 종류를 '학교교과교습학원'과 '평생직업교육학원'으로 나누고, 같은 항 제1호는 '학교교과교습학원'을 "유아교육법 제2조 제1호에 따른 유아 또는 장애인 등에 대한 특수교육법 제15조 제1항 각 호의 어느 하나에 해당하는 장애가 있는 자를 대상으로 교습하거나 초·중등교육법 제23조 제3항에 따른 학교교육과정을 교습하는 학원"으로 규정함으로써 '학교교과교습학원'으로 등록하기 위해서는 유아나 장애인을 대상으로 교습하지 아니하는 이상 반드시 초·중등교육법의 학교교육과정을 교습하여야만 하였으며, 이러한 학원의 종류별 교습과정의 분류는 대통령령으로 정하도록 규정하였다(같은 조 제2항). 이에 따라 구 학원의 설립·운영 및 과외교습에 관한 법률 시행령(2011. 10. 25. 대통령령 제23250호로 개정되기 전의 것) [별표 1]은 학교교과교습학원을 '입시·검정 및 보습, 국제화, 예능, 독서실, 특수교육, 기타'의 6개 분야로 나누고 그중 기타분야 기타계열의 교습과정을 "기타 법 제2조의2 제1항 제1호에 해당하는 교습대상으로 교습을 하거나 같은 호에 해당하는 교육과정을 교습하는 학원"으로 규정함으로써 위 구학원법 제2조의2 제1항 제1호에서 정한 학교교과교습학원의 범위를 모두 포함하는 것으로 정하였다.

그런데 2011. 7. 25. 개정되어 같은 날 시행된 학원법 제2조의2 제1항 제1

호는 '학교교과교습학원'을 "초·중등교육법 제23조에 따른 학교교육과정을 교습하거나 다음 각 목의 사람을 대상으로 교습하는 학원"으로 정의하면서, 개정 전의 교습대상이었던 유아[(가)목]와 장애인[(나)목] 외에 "초·중등교육법 제2조에 따른 학교의 학생. 다만, 직업교육을 목적으로 하는 직업기술 분야의 학원에서 취업을 위하여 학습하는 경우는 제외한다."[(다)목]라는 규정을 추가함으로써 초등학교, 중학교, 고등학교, 특수학교 등 각종 학교(초·중등교육법 제2조 참조)의 학생을 대상으로 교습하는 학원은 그 교습내용에 관계없이 모두 '학교교과교습학원'에 포함되는 것으로 그 범위를 확대하였다. 그리고 이러한 학원의 종류별 교습과정의 분류를 정한 학원법 시행령 [별표 2]는 학교교과교습학원 중 기타분야 기타계열의 교습과정을 단순히 "그 밖의 교습과정"이라고 포괄적으로 규정하는 것으로 2011. 10. 25. 개정됨으로써, 위 학원법 제2조의2 규정의 개정에 맞추어 교습과정이 초·중등교육법에 따른 학교교육과정에 해당하는지 여부와 관계없이 '기타' 학교교과교습학원에 포함될 수 있도록 범위가 확대되었다.

학원법은 학원의 설립과 운영에 관한 사항을 규정하여 학원의 건전한 발전을 도모함으로써 평생교육 진흥에 이바지함과 아울러 과외교습에 관한 사항을 규정함을 목적으로 하고(같은 법 제1조), 학원을 교육감에게 등록하도록 정한 취지는 학원으로 하여금 국가의 지도·감독을 받게 함으로써 양질의 교육서비스를 확보하고 수강생들을 보호하기 위함인데, 위와 같은 법률과 시행령의 개정은 초·중·고교 학생들을 대상으로 교습하는 학원들에 대하여 교습과정·내용과 관계없이 광범위하게 학원법상의 규제 대상으로 삼을 필요성이 크다는 점이 고려된 것이다.

앞서 본 법리와 위와 같은 학원법 및 그 시행령의 개정 경과 및 내용·취지에 따라 살펴보면, 유아나 장애인을 대상으로 교습하는 학원을 제외한 학원법 소정의 학원, 즉 '30일 이상의 교습과정에 따라 지식·기술(기능을 포함한다, 이하 같다)·예능을 교습하거나 학습장소로 제공되는 시설'이라는 조건을 충족하는 경우, 2011. 7. 25. 학원법이 개정되기 전에는 초·중등교육법 제23조에 따른 학교교육과정을 교습하여야만 '학교교과교습학원'의 범주에 포함되어 학원법상 등록의 대상이 되었으나, 2011. 7. 25. 개정된 학원법이 시행된 후에는 초·중등교육법 제2조에 따른 학교의 학생을 대상으로 지식·기술·예능을 교습하기만 하면 학교교육과정을 교습하지 아니하더라도 '기타분야 기타계열'의 '학교교과교습학원'에 포함되어 학원법상 등록의 대상이 되었다고 보아야 한다.

2. 가. 이 사건 공소사실의 요지는, 학원을 설립 · 운영하고자 하는 자는 교습과정별로 시 · 도의 조례로 정하는 단위시설별 기준에 따라 교습과 학습에 필요한 시설과 설비를 갖추어 관할 교육감에게 등록하여야 하는데, 피고인은 경남 하동군(이하 주소 생략)에서 서당(이하 '이 사건 서당'이라 한다)을 운영하는 사람으로서, 2004. 2.경부터 2013. 7. 11.경까지 이 사건 서당에서 관할 교육감에 등록을 하지 아니하고, 초등학생 · 중학생 수강생 22명을 상대로 명심보감, 사자소학 등 한문 교육과 숙제지도 및 시험기간의 학생지도 명목으로 영어, 수학을 교습하는 등 숙박시설을 갖춘 학교교과교습학원을 설립 · 운영하였다는 것이다.

나. 원심은, 피고인이 이 사건 서당에서 명심보감, 사자소학을 가르쳐왔고 한자교육을 하였다고 하더라도 주된 목적이 한자 자체의 습득이라는 교습과정이 아니라 인성 및 예절교육 과정에서 불가피하게 부수적으로 교육이 이루어진 것이므로 학원법 및 그 시행령이 규정한 교습과정 내지 그와 유사하거나 그에 포함된 교습과정을 가르쳤다고 보기 어려운 점, 이 사건 서당에서 방과 후 학교에서 돌아온 학생들을 가르치는 행위 등은 부모를 대신하여 학생들을 돌보는 과정의 일환에 불과하다고 보이는 점, 학생들의 부모들이 지급한 수강료는 교습과정과 학업성적향상의 대가라기보다는 숙식과 인성교육의 대가라고 보이는 점 등을 종합하여 피고인이 학원법상의 '학원'을 운영하였다고 보기 어렵다는 이유로 이 사건 공소사실에 대하여 무죄로 판단하였다.

3. 그러나 원심의 위와 같은 판단은 앞서 본 법리에 비추어 수긍하기 어렵다. 2011. 7. 25. 개정 학원법이 시행된 후에는 초 · 중등교육법 제2조에 따른 학교의 학생을 대상으로 지식 · 기술 · 예능 등을 교습하기만 하면 학교교육과정을 교습하지 아니하더라도 학원법상 '학교교과교습학원'으로서 등록의 대상이 되었다고 보아야 하는데, 기록에 의하면 피고인은 이 사건 서당에서 초등학생과 중학생을 상대로 중국고전에 나온 선현들의 금언이나 명구, 유교사상에 기초한 도의관념 등을 내용으로 하는 명심보감, 사자소학 등을 교습한 사실을 알 수 있으므로, 이 사건 서당은 2011. 7. 25.부터는 초 · 중등교육법 제2조에 따른 학교의 학생을 대상으로 교습하는 학교교과교습학원[학원법 제2조의2 제1항 제1호 (다)목]에 해당하게 되어 학원법 제6조의 규정에 따른 등록의 대상이 되었다고 봄이 상당하다.

그렇다면 원심으로서는 이 사건 공소사실 중 2011. 7. 25. 이후의 공소사실 부분에 대해서는 학원법에서 정한 학교교과교습학원으로서 등록의 대상이 됨을 전제로 하여 피고인의 행위가 학원법 제22조 제1항 제1호의 미등록 학원 설립·운영에 해당하는지 여부를 심리·판단하였어야 한다.

그럼에도 원심은 위와 같은 학원법의 개정 취지 등을 살펴보지 아니한 채 그 판시와 같이 학원법 및 그 시행령이 규정한 교습과정을 가르쳤다고 보기 어렵다는 등의 이유만으로 이 사건 공소사실 전부에 대하여 무죄로 판단하였으니, 이러한 원심의 판단에는 학원법에서 정한 교습과정 및 등록 대상에 관한 법리를 오해하여 판결에 영향을 미친 위법이 있다.

CHAPTER

09

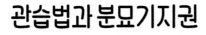

관습법과 분묘기지권
─갑자기 조상 묘가 파헤쳐져 있다면?

묻고 답하는 민법이야기

교수님, 오늘 강의해주실 내용들이 조금은 황당한 법률문제라고 들었습니다. 정말 궁금합니다.

학생 여러분들도 설이나 추석 명절에는 조상님 묘(산소)에 성묘하러 가지요? 만약 여러분 조상님들 묘가 수십 년 동안 남의 땅에 있었던 거라면 어떤 기분이 들 것 같으세요?

교수님, 조금 황당하지만 그래도 남의 땅에 모셨으니까 땅 주인하고 잘 얘기를 해봐야겠죠.

실제 이런 사건이 있었습니다. 2011년 12월 땅 주인인 A가 자기의 허락없이 분묘를 설치하였다는 이유로 자신의 땅에 있는 6기의 분묘를 관리해온 B를 상대로 분묘를 이전하라며 소송을 냈습니다. 그런데 분묘 6기 중 5기는 설치된 지 이미 20년이 넘은 분묘였습니다. 법원이 어떻게 판결을 내렸을 것 같아요?

교수님, 아마도 땅 주인이 엄연히 있고, 허락도 없이 함부로 분묘를 설치하였으니까, 당연히 땅 주인의 손을 들어주지 않았을까요? 그에 따라 법원은 B에게 묘를 파가라고 명령할 것 같아요.

하하하, 이 사건은 비록 토지소유자의 동의나 허락을 받지 않은 채 다른 사람의 땅에 분묘를 설치하였다 할지라도 20년이 지난 경우에는 그 분묘의 관리나 제사 등을 위하여 해당 토지를 이용할 수 있는 권리인 소위 분묘기지권(墳墓基地權)을 인정할지 여부가 쟁점인 사건이었습니다.

학생 여러분, 혹시 분묘기지권이라는 용어를 들어본 적이 있는지요?   분묘기지권

단 한 번도 들어보지 못했습니다.

좀 어려운 법률용어입니다. 분묘기지권이란 분묘를 관리하거나 제사를 지내기 위한 목적 달성에 필요한 범위 내에서 타인의 토지를 사용할 수 있는 권리입니다.

교수님, 다른 사람의 토지를 사용할 수 있는 권리라고요? 어떻게 그것이 가능하죠? 토지소유자의 허락도 없이 말입니다.

하하하, 너무 흥분하지 말아요. 찬찬히 설명해줄게요. 분묘기지권이라는 권리를 취득하게 되면 법적으로 가능할 수가 있습니다. 분묘기지권은 비록 다른 사람의 땅에 주인의 승낙 없이 분묘를 설치했더라도 20년간 평온, 공연하게 점유하였다면 그 땅을 계속 사용할 수 있는 권리로서, 이를 '취득시효형' 분묘기지권이라고 부릅니다. 대법원 판례에 의하여 인정되기 시작한 권리로서, 민법전에서 인정하고 있는 권리는 아니지만, 일종의 관습법상의 권리라고 할 수 있습니다.

학생 여러분, 타인에게 돈을 빌려주면 이를 돌려받을 권리인 금전채권과 같이 원래 채무자에 대하여만 권리를 행사할 수 있고, 채무자 이외의 제3자

에 대하여는 그 권리를 주장할 수 없는 상대권인 채권과 달리 소유권과 같은 물권은 절대권으로서 누구에게나 그 권리를 주장할 수 있습니다.

그렇기 때문에 물권은 많은 자들에게 영향을 주는 관계로 그 권리의 존재와 내용을 명확히 할 필요가 있습니다. 그렇지 않다면 이를 잘 모르는 3자는 본의 아니게 피해를 입을 수 있고, 권리자도 쉽게 권리 침해를 당할 수 있기에 그렇습니다. 이를 방지하기 위하여 우리 민법은 물권은 반드시 법에 의하여 미리 그 내용을 정해 놓아야 한다는 원칙을 취하고 있습니다. 즉 법률에 의하여 인정되는 물권만이 존재할 수 있고, 법률에 의하지 아니하고(예외적으로 관습법에 의한 것도 가능) 당사자가 임의로 물권을 만들지(이를 창설이 **물권법정주의** 라고 부름) 못하는 것입니다. 이를 물권법정주의(物權法定主義)라고 부릅니다.

관련 법조문

민법 제185조(물권의 종류) 물권은 법률 또는 관습법에 의하는 외에는 임의로 창설하지 못한다.

 그런데 위에서 설명한 대로 분묘기지권은 민법 등 법률에 의하여 인정되는 물권은 아니고, 관습법에 의하여 인정되는(사실은 법원의 판결에 의하여 인정되는) 관습법상의 물권입니다. 이러한 분묘기지권을 취득하게 되면 분묘가 설분(설치)된 타인의 토지를 사용할 수 있어서 분묘를 파가지(이를 '굴이'라고 부름) 않아도 되어서 분묘가 남아 있는 한 원칙적으로 계속 분묘를 설치해 둘 수 있게 됩니다.

위 사건에서 1·2심 재판부는 기존 판례에 따라 6기 중 20년이 넘은 5기에 대해 분묘기지권에 대한 취득시효가 완성됐음을 인정하고, 미처 20년이 경과하지 않은 나머지 1기만 이전하라고 판결하였습니다. 이에 대하여 A가 대법원에 상고를 한 사건입니다.

교수님, 만일 제가 땅 주인이라면 너무 억울할 것 같습니다. 자기 땅에 타인의 분묘가 설분되어 있다면 결국 땅 주인은 자기 땅임에도 그 땅을 전혀 이용할 수 없게 되는 것이어서 땅 주인에게는 법이 너무 가혹한 거 아닌가요?

그렇습니다. 최근 분묘와 제사에 대한 국민 의식이 변화하고 있고(화장률이 80%에 육박한다는 보도도 있음), 무엇보다도 이제는 땅 주인의 허락 없이는 타인 소유 토지상에 분묘를 설치할 수 없게 한 장사(葬事) 등에 관한 법률(장사법)의 시행에 따라 관습법상 인정되는 분묘기지권을 변경할 필요가 있다는 의견도 각계에서 나오고 있는 분위기가 있습니다.

이러한 분위기에 따라 대법원도 각계의 의견을 듣고 판단하기 위하여 이 사건에서 예외적으로 공개변론을 열기까지 하였습니다. 그러나 대법원의 최종 결론은 종전의 판례에 따라 1, 2심과 같이 분묘기지권을 인정하였습니다.

교수님, 분묘기지권을 관습법상 인정되는 권리라고 하셨는데, 그렇다면, 관습법은 무엇이고, 또 혹시 관습법의 효력을 바꾸면 어떻게 되는 것이지요? 예를 들어, 관습법이 변경된다거나 폐지되는 것은 없는지요?

관습법

정말 중요한 질문입니다. 관습법은 사회에서 일정한 관행이 계속적으로 이루어져야 하고, 다음으로는 이러한 관행에 대하여 사회 구성원 사이에 법적인 효력을 주어도 좋다는 확신,[27] 이를 법적 확신이라고 하는데, 두 가지가 충족될 때 성립하는 권리입니다. 그렇기 때문에 더 이상 종전 관행이 존재하지 않거나, 아니면 구성원 사이에 법적 확신이 없게 되면 관습법은 소멸하여 법적 효력이 없게 되는 것입니다.

그러므로, 그동안 인정되어 온 관습법의 효력을 바꾸기 위해서는 사회 구성원들의 인식이나 사회적 배경에 의미 있는 변화가 뚜렷이 드러나야 하는데, 대법원은 분묘기지권에 관한 한 아직까지는 우리 사회 구성원들이 이를 폐지하여야 한다거나 법적 확신이 사라졌다고 할 정도로는 의식이나 사회 분위기가 변하지 않았다고 판단한 것입니다.

그러나 실제로는 만일 판례에 의하여 옛날부터 인정되어 온 분묘기지권을 갑자기 부정할 경우 전국 각지에 있는 많은 분묘를 파내어야 하는 사회적 대혼란을 피하기 위한 고육지책의 면도 있다고 보입니다. 따라서 일정기간이 지난 후에는 다시 한 번 다른 취지의 대법원판결이 나올 수도 있을 것입니다. 특히 이번 대법원판결에서는 대법관 중 5명의 반대의견이 있음을 상기할 필요가 있습니다.

　여기서 또 하나 주의할 것은 장사(葬事)등에 관한 법률에 따라 장사법 시행일인 2001년 1월 13일 전에 설치된 분묘에 한하여 분묘기지권이 인정되는 것이고, 그 이후에 땅 주인의 허락 없이 설치된 분묘는 분묘기지권이 인정되지 않는다는 것입니다.

> 　교수님, 여기서 의문 하나가 듭니다. 분묘기지권이 인정되어 땅 주인이 그 땅을 이용할 수 없다면, 땅 주인으로서는 큰 손해를 입는 것인데, 혹시 이를 보완하기 위하여 분묘 설치자에게 땅 주인이 자기 땅을 사용하는 것에 대한 사용료를 달라고 할 수는 없을까요? 그래야 조금이나마 공평할 것 같은데요. 제가 너무 야박한 것일까요?

　정말 훌륭한 질문입니다. 학생은 법률가가 될 충분한 자질과 능력[28]이 있습니다. 종전에는 이처럼 분묘기지권이 인정될 때는 분묘 설치자는 그 땅을 사용하는 것에 대하여 사용료[29]를 내지 않아도 된다는 것이 확립된 판례이었습니다. 그런데 이를 부당하다고 느낀 한 땅 주인이 분묘기지권을 갖고 있는 자를 상대로 땅 사용료를 지급하라는 소송을 제기하였고, 대법원까지 올라가서[30] 대법원 전원합의체 판결이 선고되기에 이르렀습니다.

> 　교수님, 궁금합니다. 대법원은 과연 누구의 손을 들어주었나요?

　하하하, 무척 궁금할 것입니다. 그런데 여기에 대하여는 대법관들 사이에서도 의견이 크게 갈렸습니다. 종전처럼 토지 사용료를 지급할 의무가 없다는 의견과 이제는 토지 사용료를 지급하는 것이 타당하다는 의견으로 나누어졌고, 토지 사용료 지급의무가 있다는 견해는 다시 언제부터 토지 사용료를 지급하여야 하는지에 대하여 의견이 나뉘어졌습니다.

먼저 다수의견은 종전부터 관행적으로 인정되어 온 분묘기지권에 대하여 법적 확신이 없어졌다고 보기 어렵다는 이유로 분묘기지권은 여전히 인정되어야 한다고 말합니다. 즉 "타인 소유의 토지에 분묘를 설치한 경우에 20년간 평온, 공연하게 분묘의 기지를 점유하면 지상권과 유사한 관습상의 물권인 분묘기지권을 시효로 취득한다는 점은 오랜 세월 동안 지속되어 온 관습 또는 관행으로서 법적 규범으로 승인되어 왔고, 이러한 법적 규범이 장사법(법률 제6158호) 시행일인 2001. 1. 13. 이전에 설치된 분묘에 관하여 현재까지 유지되고 있다고 보아야 한다."라고 판시하였습니다.[31]

교수님, 그러면 다수의견에 반대하는 대법관들도 있었다는 것이죠?

그렇습니다. 다수의견에 반하여 소수의견은 반대의견으로 "토지소유자의 승낙이 없음에도 20년간 평온, 공연한 점유가 있었다는 사실만으로 사실상 영구적이고 무상인 분묘기지권의 시효취득을 인정하는 종전의 관습은 적어도 2001. 1. 13. 장사법(법률 제6158호)이 시행될 무렵에는 사유재산권을 존중하는 헌법을 비롯한 전체 법질서에 반하는 것으로서 정당성과 합리성을 상실하였을 뿐 아니라 이러한 관습의 법적 구속력에 대하여 우리 사회 구성원들이 확신을 가지지 않게 됨에 따라 법적 규범으로서 효력을 상실하였다. 그렇다면 2001. 1. 13. 당시 아직 20년의 시효기간이 경과하지 아니한 분묘의 경우에는 법적 규범의 효력을 상실한 분묘기지권의 시효취득에 관한 종전의 관습을 가지고 분묘기지권의 시효취득을 주장할 수 없다."라고 하여, 분묘기지권을 인정할 수 없다고 판시[32]하였습니다.

다음으로, 이처럼 분묘기지권이 여전히 인정될 경우에 과연 토지 사용료인 지료 지급의무가 있는지에 대하여 대법원 2021. 4. 29. 선고 2017다228007 전원합의체 판결에서, 다수의견은 타인의 토지에 분묘를 설치한 다음 20년간 평온·공연하게 분묘의 기지(基地)를 점유함으로써 분묘기지권을 시효로 취득하였더라도, 분묘기지권자는 토지소유자가 분묘기지에 관한 지료를 청구하면 그 청구한 날부터의 지료를 지급할 의무가 있다고 보아야 한다고 보았습니다.

그러나 3명의 대법관은 별개의견으로, 분묘기지권을 시효취득한 경우 분묘기지권자는 토지소유자에게 분묘를 설치하여 토지를 점유하는 기간 동안 지료를 지급할 의무가 있다고 보아야 하고, 토지소유자의 지료 청구가 있어 야만 그때부터 지료 지급의무가 발생한다고 볼 수 없다고 판시하였습니다. 즉 다수의견과 같이 지료를 지급할 의무가 있지만, 그 의무가 발생하는 시점은 분묘를 설치하여 토지를 점유하기 시작한 때부터 발생한다고 보았습니다. 지료지급의무의 발생 시점을 지료청구시부터로 보아야 한다는 다수의견과 달리 본 것입니다.

그러면 반대의견은 없었는지요?

반대의견이 있었습니다. 2명의 대법관은 위 다수의견이나 별개의견과는 달리 분묘기지권을 시효취득한 경우에는 종전과 같이 여전히 지료지급의무가 발생하지 않는다고 판시하였습니다. 즉 장사법 시행일인 2001. 1. 13. 이전에 분묘를 설치하여 20년간 평온·공연하게 그 분묘의 기지를 점유하여 분묘기지권을 시효로 취득하였다면, 특별한 사정이 없는 한 분묘기지권자는 토지소유자에게 지료를 지급할 의무가 없다고 보아야 한다고 판시한 것입니다.

그래서 결국 정리하면, 타인의 토지에 분묘를 설치하여 20년간 평온, 공연하게 점유한 자는 종전과 같이 여전히 분묘기지권을 시효취득하되, 종전과 달리 이제는 토지 사용료라고 할 수 있는 지료를 지급할 의무가 있다. 그러나 그 지료지급의무는 비록 분묘기지권을 취득하였다 할지라도 다수의견에 따라 토지 소유자로부터 사용료인 지료청구가 있을 때부터는 발생한다고 할 수 있습니다.

교수님, 조상 묘가 선대부터 이어져 온 거라 후손들은 정확히 모르고 있는 경우도 많은데, 우리 집은 어떤지 이번 기회에 확인을 해보는 것도 좋을 것 같습니다. 무엇보다도 이제는 지료를 지급하여야 한다는 판결은 너무 마음에 듭니다. 다른 사람의 토지를 사용하면서도 사용료를 내지 않는다는 것은 아무리 조상숭배라는 전통사상과 분묘라는 특수성이 있다 할지라도 너무 불공정하다고 느껴졌기 때문입니다.

그러나 한발 더 나아간다면, 앞으로 언젠가는 분묘기지권 자체를 인정할 수 없다고 판례가 변경될 수도 있다는 생각도 듭니다. 하하하. 오늘 강의도 너무 좋았습니다. 오늘 배운 민법 실력을 명절 집안 어르신들에게 설명해드리면 정말 좋아하실 것 같고, 또 저를 대단하다고 다시 한 번 볼 것 같습니다. 어깨에 힘 좀 들어갈 것 같습니다. 감사합니다. 하하하.

판례

대법원 2017. 1. 19. 선고 2013다17292 전원합의체 판결 [분묘철거등]

[다수의견] (가) 대법원은 분묘기지권의 시효취득을 우리 사회에 오랜 기간 지속되어 온 관습법의 하나로 인정하여, 20년 이상의 장기간 계속된 사실관계를 기초로 형성된 분묘에 대한 사회질서를 법적으로 보호하였고, 민법 시행일인 1960. 1. 1.부터 50년 이상의 기간 동안 위와 같은 관습에 대한 사회 구성원들의 법적 확신이 어떠한 흔들림도 없이 확고부동하게 이어져 온 것을 확인하고 이를 적용하여 왔다.

대법원이 오랜 기간 동안 사회 구성원들의 법적 확신에 의하여 뒷받침되고 유효하다고 인정해 온 관습법의 효력을 사회를 지배하는 기본적 이념이나 사회질서의 변화로 인하여 전체 법질서에 부합하지 않게 되었다는 등의 이유로 부정하게 되면, 기존의 관습법에 따라 수십 년간 형성된 과거의 법률관계에 대한 효력을 일시에 뒤흔드는 것이 되어 법적 안정성을 해할 위험이 있으므로, 관습법의 법적 규범으로서의 효력을 부정하기 위해서는 관습을 둘러싼 전체적인 법질서 체계와 함께 관습법의 효력을 인정한 대법원판례의 기초가 된 사회 구성원들의 인식·태도나 사회적·문화적 배경 등에 의미 있는 변화가 뚜렷하게 드러나야 하고, 그러한 사정이 명백하지 않다면 기존의 관습법에 대하여 법적 규범으로서의 효력을 유지할 수 없게 되었다고 단정하여서는 아니 된다.

(나) 우선 2001. 1. 13.부터 시행된 장사 등에 관한 법률(이하 개정 전후를 불문하고 '장사법'이라 한다)의 시행으로 분묘기지권 또는 그 시효취득에 관한 관습법이 소멸되었다거나 그 내용이 변경되었다는 주장은 받아들이기 어렵다. 2000. 1. 12. 법률 제6158호로 매장 및 묘지 등에 관한 법률을 전부 개정

하여 2001. 1. 13.부터 시행된 장사법[이하 '장사법(법률 제6158호)'이라한다] 부칙 제2조, 2007. 5. 25. 법률 제8489호로 전부 개정되고 2008. 5. 26.부터 시행된 장사법 부칙 제2조 제2항, 2015. 12. 29. 법률 제13660호로 개정되고 같은 날 시행된 장사법 부칙 제2조에 의하면, 분묘의 설치기간을 제한하고 토지 소유자의 승낙 없이 설치된 분묘에 대하여 토지 소유자가 이를 개장하는 경우에 분묘의 연고자는 토지 소유자에 대항할 수 없다는 내용의 규정들은 장사법(법률 제6158호) 시행 후 설치된 분묘에 관하여만 적용한다고 명시하고 있어서, 장사법(법률 제6158호)의 시행 전에 설치된 분묘에 대한 분묘기지권의 존립 근거가 위 법률의 시행으로 상실되었다고 볼 수 없다.

또한 분묘기지권을 둘러싼 전체적인 법질서 체계에 중대한 변화가 생겨 분묘기지권의 시효취득에 관한 종래의 관습법이 헌법을 최상위 규범으로 하는 전체 법질서에 부합하지 아니하거나 정당성과 합리성을 인정할 수 없게 되었다고 보기도 어렵다.

마지막으로 화장률 증가 등과 같이 전통적인 장사방법이나 장묘문화에 대한 사회 구성원들의 의식에 일부 변화가 생겼더라도 여전히 우리 사회에 분묘기지권의 기초가 된 매장문화가 자리 잡고 있고 사설묘지의 설치가 허용되고 있으며, 분묘기지권에 관한 관습에 대하여 사회 구성원들의 법적 구속력에 대한 확신이 소멸하였다거나 그러한 관행이 본질적으로 변경되었다고 인정할 수 없다.

(다) 그렇다면 타인 소유의 토지에 분묘를 설치한 경우에 20년간 평온, 공연하게 분묘의 기지를 점유하면 지상권과 유사한 관습상의 물권인 분묘기지권을 시효로 취득한다는 점은 오랜 세월 동안 지속되어 온 관습 또는 관행으로서 법적 규범으로 승인되어 왔고, 이러한 법적 규범이 장사법(법률 제6158호) 시행일인 2001. 1. 13. 이전에 설치된 분묘에 관하여 현재까지 유지되고 있다고 보아야 한다.

[대법관 김용덕, 대법관 박보영, 대법관 김소영, 대법관 권순일, 대법관 김재형의 반대의견] (가) 현행 민법 시행 후 임야를 비롯한 토지의 소유권 개념 및 사유재산제도가 확립되고 토지의 경제적인 가치가 상승함에 따라 토지 소유자의 권리의식이 향상되고 보호의 필요성이 커졌으며, 또한 상대적으로 매장을 중심으로 한 장묘문화가 현저히 퇴색함에 따라, 토지 소유자의 승낙 없이 무단으로 설치된 분묘까지 취득시효에 의한 분묘기지권을 관

습으로 인정하였던 사회적·문화적 기초는 상실되었고 이러한 관습은 전체 법질서와도 부합하지 않게 되었다.

(나) 비록 토지 소유자의 승낙이 없이 무단으로 설치한 분묘에 관하여 분묘기지권의 시효취득을 허용하는 것이 과거에 임야 등 토지의 소유권이 확립되지 않았던 시대의 매장문화를 반영하여 인정되었던 관습이더라도, 이러한 관습은 적어도 소유권의 시효취득에 관한 대법원 1997. 8. 21. 선고 95다28625 전원합의체 판결이 이루어지고 2001. 1. 13. 장사법(법률 제6158호)이 시행될 무렵에는 재산권에 관한 헌법 규정이나 소유권의 내용과 취득시효의 요건에 관한 민법 규정, 장사법의 규율 내용 등을 포함하여 전체 법질서에 부합하지 않게 되어 정당성과 합리성을 유지할 수 없게 되었다.

전통적인 조상숭배사상, 분묘설치의 관행 등을 이유로 타인 소유의 토지에 소유자의 승낙 없이 분묘를 설치한 모든 경우에 분묘기지권의 시효취득을 인정해 왔으나, 장묘문화에 관한 사회 일반의 인식 변화, 장묘제도의 변경 및 토지 소유자의 권리의식 강화 등 예전과 달라진 사회현실에 비추어 볼 때, 분묘기지권 시효취득의 관습에 대한 우리 사회 구성원들이 가지고 있던 법적 확신은 상당히 쇠퇴하였고, 이러한 법적 확신의 실질적인 소멸이 장사법의 입법에 반영되었다고 볼 수 있다.

(다) 따라서 토지 소유자의 승낙이 없음에도 20년간 평온, 공연한 점유가 있었다는 사실만으로 사실상 영구적이고 무상인 분묘기지권의 시효취득을 인정하는 종전의 관습은 적어도 2001. 1. 13. 장사법(법률 제6158호)이 시행될 무렵에는 사유재산권을 존중하는 헌법을 비롯한 전체 법질서에 반하는 것으로서 정당성과 합리성을 상실하였을 뿐 아니라 이러한 관습의 법적 구속력에 대하여 우리 사회 구성원들이 확신을 가지지 않게 됨에 따라 법적 규범으로서 효력을 상실하였다. 그렇다면 2001. 1. 13. 당시 아직 20년의 시효기간이 경과하지 아니한 분묘의 경우에는 법적 규범의 효력을 상실한 분묘기지권의 시효취득에 관한 종전의 관습을 가지고 분묘기지권의 시효취득을 주장할 수 없다.

대법원 2021. 4. 29. 선고 2017다228007 전원합의체 판결 [지료청구]

[다수의견] 2000. 1. 12. 법률 제6158호로 전부 개정된 구 장사 등에 관한 법률(이하 '장사법'이라 한다)의 시행일인 2001. 1. 13. 이전에 타인의 토지에 분묘를 설치한 다음 20년간 평온·공연하게 분묘의 기지(기지)를

점유함으로써 분묘기지권을 시효로 취득하였더라도, 분묘기지권자는 토지소유자가 분묘기지에 관한 지료를 청구하면 그 청구한 날부터의 지료를 지급할 의무가 있다고 보아야 한다.

관습법으로 인정된 권리의 내용을 확정함에 있어서는 그 권리의 법적 성질과 인정 취지, 당사자 사이의 이익형량 및 전체 법질서와의 조화를 고려하여 합리적으로 판단하여야 한다. 취득시효형 분묘기지권은 당사자의 합의에 의하지 않고 성립하는 지상권 유사의 권리이고, 그로 인하여 토지 소유권이 사실상 영구적으로 제한될 수 있다. 따라서 시효로 분묘기지권을 취득한 사람은 일정한 범위에서 토지소유자에게 토지 사용의 대가를 지급할 의무를 부담한다고 보는 것이 형평에 부합한다.

취득시효형 분묘기지권이 관습법으로 인정되어 온 역사적·사회적 배경, 분묘를 둘러싸고 형성된 기존의 사실관계에 대한 당사자의 신뢰와 법적 안정성, 관습법상 권리로서의 분묘기지권의 특수성, 조리와 신의성실의 원칙 및 부동산의 계속적 용익관계에 관하여 이러한 가치를 구체화한 민법상 지료증감청구권 규정의 취지 등을 종합하여 볼 때, 시효로 분묘기지권을 취득한 사람은 토지소유자가 분묘기지에 관한 지료를 청구하면 그 청구한 날부터의 지료를 지급하여야 한다고 봄이 타당하다.

[대법관 이기택, 대법관 김재형, 대법관 이흥구의 별개의견] 분묘기지권을 시효취득한 경우 분묘기지권자는 토지소유자에게 분묘를 설치하여 토지를 점유하는 기간 동안 지료를 지급할 의무가 있다고 보아야 하고, 토지소유자의 지료 청구가 있어야만 그때부터 지료 지급의무가 발생한다고 볼 수 없다.

헌법상 재산권 보장의 원칙, 민법상 소유권의 내용과 효력, 통상적인 거래관념에 비추어 보면, 점유자가 스스로를 위하여 타인의 토지를 사용하는 경우 당사자 사이에 무상이라는 합의가 존재하는 등의 특별한 사정이 없는 한, 토지 사용의 대가를 지급해야 하는 유상의 사용관계라고 보아야 한다.

취득시효형 분묘기지권의 지료에 관하여 관습법으로 정해진 내용이 없다면 유사한 사안에 관한 법규범을 유추적용하여야 한다. 분묘기지권은 다른 사람의 토지를 이용할 수 있는 지상권과 유사한 물권으로서 당사자의 합의에 의하지 않고 관습법에 따라 성립한다. 이러한 토지 이용관계와 가장 유사한 모습은 법정지상권이다. 민법 제366조 등에 따라 법정지상권이 성립하면 지상권자는 '지상권 성립 시부터' 토지소유자에게 지료를 지급하여야 한다. 분묘기지권을 시효취득하여 성립하는 토지 이용관계에 관해서도 법정지상권의 경우와 마찬가지로 분묘기지권이 성립한 때부터 지료를 지급하여야 한다.

[대법관 안철상, 대법관 이동원의 반대의견] 장사법 시행일인 2001. 1. 13. 이전에 분묘를 설치하여 20년간 평온·공연하게 그 분묘의 기지를 점유하여 분묘기지권을 시효로 취득하였다면, 특별한 사정이 없는 한 분묘기지권자는 토지소유자에게 지료를 지급할 의무가 없다고 보아야 한다.

분묘기지권은 관습법상 물권이므로, 관습에 대한 조사나 확인을 통하여 관습법의 내용을 선언하여야 하고 법원이 해석을 통해 그 내용을 정하는 것은 타당하지 않다.

지금까지 분묘기지권에 관하여 유상성을 내용으로 하는 관습이 확인된 적이 없었다는 사실은 분묘기지권이 관습상 무상이었음을 반증한다.

지상권에 관한 일반 법리나 분묘기지권과 법정지상권의 차이점, 분묘기지권의 시효취득을 관습법으로 인정하여 온 취지에 비추어 보더라도 분묘기지권자에게 지료 지급의무가 있다고 볼 수 없다.

CHAPTER

10

가족법과 유언 및 증여

묻고 답하는 민법이야기

교수님, 오늘은 민법 중에서 가족법에 관하여 강의해주실 수 있는지요? 지금까지 재산법을 중심으로 공부하였는데, 이제는 가족법 분야도 좀 알고 싶습니다.

하하하, 그렇군요. 그러면 오늘은 가족법을 중심으로 강의를 진행하겠습니다.

교수님, 먼저 가족법은 무엇인지 알려주시면 고맙겠습니다.

가족법

가족법은 재산에 관계되는 것을 다루는 재산법과 함께 민법을 구성하는 양대 축이라고 할 수 있습니다. 즉 민법을 내용적으로 보면, 재산법과 가족법으로 나눌 수 있는 것이죠. 그리고 가족법은 다시 크게 결혼이나 출생과 같은 신분을 다루는 친족법과 상속을 다루는 상속법으로 이루어져 있습니다. 그래서 가족법을 '친족상속법'이라고도 부릅니다.

상속법은 다시 상속에 관한 부분과 유언에 관한 부분으로 나눌 수 있는데, 이번엔 돌아가신 조상 문제가 아닌 산 자들 사이의 문제인 유언과 재산법적 영역인 증여에 대하여 강의해 보겠습니다.

우리 사회는 부모의 유산을 자식이 물려받는 걸 당연하게 여기는 분위기가 있는데요. 그런 고정관념이나 편견을 깨뜨리는 사건이 있었습니다.

실제 사례를 갖고 살펴보겠습니다. 대학 교수 A가 노모 B를 상대로 자신에게 주기로 했던 땅을 달라며 소송을 냈습니다. 노모는 아들인 A에게 땅과 건물을 증여하겠다는 내용증명서를 작성하였는데요. 그후에 알츠하이머 진단을 받고 몇 년 뒤 땅과 건물을 A를 비롯한 자녀 4명과 사후 산소관리자에게 준다는 자필 유언장을 다시 썼습니다. 이에 아들인 A가 오래전부터 땅과 건물을 자신에게 주겠다고 약속했고 건물에 대해서는 이미 소유권이전등기도 넘겨주었다고 하면서 땅 등기(이를 토지 소유권이전등기라고 부릅니다)도 넘기라는 소송을 낸 것입니다. 자, 학생 여러분들은 이 사건에서 재판부가 어떤 판결을 내렸을 것 같은가요?

음, 일단 어머니와 아들의 소송 문제라 씁쓸합니다. 제 생각엔 아들인 A에게 먼저 증여하겠다고 내용증명서를 썼기 때문에 A가 더 유리할 것 같은데요? 그리고 저는 어머니가 알츠하이머 진단을 받으셔서 자필 유언장이 효력이 없지 않을까 생각하는데 … 법원의 판단이 어떻게 나왔는지 정말 궁금해집니다.

하하하, 맞습니다. 1심은 B가 치매에 걸린 이후 작성한 유언장은 효력이 없다고 판단해서 원고승소 판결을 했습니다. 하지만 2심에서는 결론이 달라졌죠.

민법은 증여를 받은 사람이 증여하는 사람이나 배우자, 직계혈족에 대해 범죄를 저지른 경우처럼 은혜를 저버리는 행위(이를 은혜를 잊은 행위라고 하여 망은행위라고 함)를 할 경우에는 그 증여계약을 해제할 수 있다고 규정하고 있습니다. 그렇기 때문에 2심 재판부는 성공한 의사이자 교수인 A가 자리를 잡은 이후에도 어머니를 부양하기 위한 별다른 노력을 기울이지 않았다는 점과 어머니의 허락 없이 동업계약을 해지하기 위하여 계약서를 위조하는 범죄를 저질렀다는 점을 들어 A와 B가 맺은 증여계약은 A의 망은행위로 적법하게 해제되었다고 보았습니다. 따라서 어머니 B는 아들 A에게 토지에 관한 소유권이전등기를 넘겨줄 의무가 없다고 판단한 것입니다.

교수님, 그러니까 증여를 약속했더라도 불효자에게는 줄 수 없다, 뭐 법원이 이런 판단을 내린 건데, 사실 노모를 상대로 소송을 냈다는 자체가 불효 아닌가요? 불효자는 부모의 유산을 받을 자격이 없다! 이 법이 시사하는 바가 큰 것 같습니다.

자, 이제 다음으로 살펴볼 것은 '유증'에 관한 것입니다. '유증'이란 유언에 의한 증여라는 뜻입니다. 즉 증여를 하되, 유언으로 한다는 것이죠. 일반적으로 증여는 증여하는 자(증여자)가 무상으로 증여를 받는 자(수증자)에게 아무런 대가 없이 재산권을 이전해 주는 것을 말합니다.

교수님, 그러면 이처럼 아무런 대가 없이 즉 무상으로 재산권을 이전해 주는 것[33]이기에 증여자에게 증여의 뜻만 있다면 비록 수증자에게 그 재산을 받을 의사가 없더라도 증여는 유효한 것이라고 볼 수 있는 것이죠?

하하하. 그렇게 생각할 수 있죠. 그러나 그렇지 않습니다. 즉 "은혜는 강요될 수 없다."라는 법언과 같이 비록 증여를 받는 수증자에게 이익이 되는 행위라 할지라도 수증자의 의사에 반하여 증여가 이루어질 수는 없습니다. 다시 말하면 수증자에게도 그 증여를 받아들이겠다는 의사가 있어야 한다는 것입니다. 그에 따라 증여하려는 자의 증여의사와 그 상대방인 수증자의 수증의사가 합치되어야 비로소 증여라는 법률행위가 성립하는 것입니다.

증여

이를 법률적으로 표현하면, 증여는 "당사자 일방이 무상으로 재산을 상대방에 수여하는 의사를 표시하고 상대방이 이를 승낙함으로써 그 효력이 생긴다."라고 할 수 있습니다.[34]

이처럼 양쪽 당사자의 의사의 합치에 의한 법률행위를 우리는 '계약'이라고 부르고,[35] 이와 달리 당사자 일방의 의사만으로 법률행위가 성립하는 것을 단독행위라고 부른다고 앞선 강의에서 말했었죠?

네, 교수님, 배웠습니다. 법률행위에는 단독행위, 계약, 합동행위가 있다는 것도 알려주셨고요. 기억납니다.

좋습니다. 그렇기 때문에 증여자의 증여의사와 수증자의 수증의사가 합치되었을 때 비로소 성립하는 증여는 단독행위가 아닌 전형적인 계약이 되는 것입니다. 그에 따라 우리 민법도 증여를 계약편에서 규정하고 있습니다.[36]

교수님, 그렇다면 유증도 증여인가요?

유증

유증은 유언에 의한 증여이기에 증여와는 구별됩니다. 즉 유언자는 사망하기에 앞서 유언을 하는데, 유언의 한 내용으로서 일정 재산을 누구에게 주겠다고 하는 것입니다. 그러므로 여기에는 증여를 받는 자의 승낙이라는 의사표시가 요구되지 않고, 유언자에 의한 유언만 적법하게 이루어지면 유증은 유효하게 성립하는 것입니다. 유언자의 일방적인 의사표시만으로 성립하는 법률행위이기에 유증은 계약이 아닌 단독행위가 되는 것입니다. 이처럼 유증은 유언을 통하여 이루어지는 것이어서 우리 민법도 유증에 대하여 유언의 효력에 관한 부분에서 규정하고 있습니다.[37] 그리고 유증에는 당연히 유언에 관한 규정이 적용됩니다.

그런데 여기서 주의할 것이 있습니다. 일반적으로 유언은 죽음을 앞둔 상태에서 이루어지지만, 그 유언의 효력이 발생하는 시점은 유언 당시가 아닌 유언자가 사망한 때로부터 그 효력이 발생한다는 점입니다. 그에 따라 유언에 의한 증여인 유증의 효력도 유언 당시가 아닌 유언자의 사망시부터 그 효력이 발생합니다. 즉 유증의 성립시점과 유증의 효력발생시점이 다르게 되는 것이죠.

관련 법조문

제1073조(유언의 효력발생시기) ① 유언은 유언자가 사망한 때로부터 그 효력이 생긴다.

교수님 말씀처럼 유언의 성립시점과 효력발생시점이 서로 다르고, 무엇보다도 유언자가 사망하였을 때 유증의 효력이 발생한다면, 문제가 많이 발생할 것 같습니다.

좋은 지적입니다. 학생 말대로 여기서 어려운 문제가 발생하게 됩니다. 즉 유증의 효력이 유언자의 사후에 발생하는 것이기에 당연히 유증을 받은 자와 받지 못한 자와의 분쟁이 발생하게 되고, 유증을 받지 못한 자녀들은 부모님 등의 유언이 부모님의 정확한 의사에 의하여 이루어진 것이 아니어서 유효하게 성립된 것이 아니므로 무효라는 취지의 주장을 흔히 하게 되는 것이죠. 만일 이러한 분쟁이 있게 되면, 법원은 유언자를 불러서 유언자의 진정한 의사가 무엇이었는지를 확인하면 분쟁을 쉽게 해결할 수 있지만, 아쉽게도 이미 유언자는 사망한 상태이기에 그에게 진정한 의사를 확인할 방법이 없는 것입니다.

교수님, 그러면 혹시 이들 문제점을 해결하기 위하여 마련해 둔 제도는 없는지요? 있을 것 같기도 합니다.

맞습니다. 이러한 문제점을 해결하기 위하여 우리 민법은 유언의 방식을 엄격하게 정해 놓고, 만일 법이 정한 형식이나 방식에 맞지 않았을 때는 비록 그 유언이 유언자의 진정한 의사에 합치되는 내용이라 할지라도 그 유언을 무효로 처리하고 있습니다.[38] 이처럼 유언이 무효로 처리되면, 수증자는 유언에 따른 증여를 받을 수 없고, 원칙으로 돌아가 상속인들이 법이 정한 상속분에 따라 상속받게 되는 것이죠. 그러므로 유증을 함에 있어서는 법이 정한 엄격한 요건과 방식을 반드시 따를 필요가 있습니다.

관련 법조문

민법 제1060조(유언의 요식성) 유언은 본법의 정한 방식에 의하지 아니하면 효력이 생하지 아니한다.

교수님, 우리 민법에서는 유언방식을 어떻게 정하고 있죠?

우리 민법은 유언의 방식으로 모두 다섯 가지 방식만을 인정하고 있습니다. 즉 유언의 방식은 자필증서에 의한 유언, 녹음에 의한 유언, 공정증서에 의한 유언, 비밀증서에 의한 유언 그리고 마지막으로 입으로 불러주는 내용을 기재하는 구수증서에 의한 유언이 바로 그것입니다.[39)]

관련 법조문

제1065조(유언의 보통방식) 유언의 방식은 자필증서, 녹음, 공정증서, 비밀증서와 구수증서의 5종으로 한다.

교수님, 그러면 유언방식 중에서 유증과 관련하여 가장 문제가 되는 유언방식은 무엇이죠?

유증과 관련하여 가장 많이 분쟁이 일어나는 방식은 자필증서에 의한 유언입니다. 자필증서에 의한 유언이란 쉽게 말하면, 유언자가 스스로 종이에 유언 내용을 기재하는 방식으로(일종의 유언장 작성) 이루어지는 유언입니다. 그런데 이러한 자필증서에 의한 유언은 유언자 사후에 과연 그 유언장이 유 자필증서유언 언자 본인의 자필로 이루어진 것인지, 아니면 그 누군가가 유언장을 위조한 것은 아닌지, 유언장이 혹시 변조된 것은 아닌지 등과 관련하여 다툼이 많이 발생하기에 우리 민법은 자필증서로 유언을 할 때에는 반드시 기재하여야 할 사항(이를 필수적 기재사항이라고 함)을 규정하고 있는데, 우리 대법원은 만일 이 중 일부라도 기재되지 않거나 문제가 있을 때에는 그 유언을 무효로 처리하고 있습니다.

이에 따라 우리 민법은 제1066조에서 자필증서에 의한 유언을 함에 있어서는 유언자가 그 전문과[40)] 유언장 작성 연월일, 유언자의 주소와 성명을 자서(自書)하고[41)], 여기에 날인[42)]까지 반드시 할 것을 요구하고 있습니다.

그리고 위 필요적 기재사항 중 일부라도 누락이 있을 경우에는 위에서 설명한 것과 같이 그 유언을 무효로 보고 있습니다.

> 네? 좀 잘못 작성되었다고 하여 유언이 무효로 처리될 수도 있다고요? 조금 이상합니다.

하하하, 매우 형식적이고 엄격하죠? 그렇지만 어쩔 수 없는 일이기도 합니다. 그래서 심한 경우에는 설사 위의 모든 내용을 본인이 다 직접 쓰고 성명까지 직접 썼더라도 만일 도장을 날인하지 않은 경우에는 그 유언장이 유언자 본인의 뜻에 따라 본인이 직접 작성한 것이라고 증언하는 증인이 있어도 이를 유효로 볼 수 없게 됩니다.

그래서 대법원은 다른 것은 모두 요건에 맞게 잘 작성되어 있지만, 예를 들어 주소가 빠졌다거나, 날인 부분이 빠진 경우에도 이를 무효로 하고 있습니다. 그러므로 유증을 함에 있어서는 특히 법이 정한 방식에 맞게 작성되도록 주의를 기울일 필요가 있습니다.

> 교수님, 정말 무섭기도 합니다. 어떻게 보면, 극히 작은 부분 같기도 한데, 그 부분이 빠졌거나 잘못 작성되었다고 하여 유언 전체를 무효로 본다는 것이 이해되지 않기도 하지만, 교수님 말씀대로 유언자의 사후에 문제가 되는 것이기에 어쩔 수 없이 엄격하게 해석할 필요도 있을 것 같기도 합니다.

자, 이제 마지막으로 유언과 상속의 차이점에 대하여 설명할게요. 사람이 사망하게 되면 사망자의 남은 재산을 처리하는 제도로는 상속과 위에서 설명한 유언(유증)이 있습니다. 먼저 상속은 한 사람의 사망시 그 사람[43]의 남겨진 재산이 포괄적으로 법이 정한 자[44]에게 승계되는 것을 말합니다. 즉 쉽게 말해, 예를 들어 아버지가 사망한 경우에 남겨진 재산이 법이 정한 상속인인 배우자인 처나 자녀들에게 자동적으로 법이 정한 비율[45]에 따라 빚(채무)을 포함한 모든 재산이 승계되어 상속인들이 이를 소유하게 되는 것입니다.

그러므로 상속에서는 사망한 자인 피상속인의 의사나 뜻과 관계없이 법이 정한 상속인에게 역시 법이 정한 순위와 비율에 따라 피상속인의 재산이 승계되는 것이죠.

교수님, 사망한 피상속인의 의사에 관계없이 재산이 상속인들에게 자동으로 옮겨 간다면, 피상속인 입장에서는 그런 결과를 좋아하지 않을 수도 있을 것 같아요.

좋은 지적입니다. 이처럼 상속에 의할 경우, 피상속인의 의사가 전혀 반영되지 않기에 경우에 따라서는 법이 정한 상속이 아니라 피상속인이 자기의 의사에 따라 특정한 사람에게 전 재산을 주고도 싶고, 상속인이 아닌 자선단체 등에 전 재산을 기부하고 싶기도 할 수 있죠. 즉 상속제도가 아닌 다른 제도를 통하여 자기 재산을 사후에 처분하는 것을 원하게 되죠. 이때 활용되는 제도가 바로 앞에서 설명한 유언에 의한 증여인 유증제도입니다. 그러므로 사망자의 사후재산을 처리하는 제도로는 상속과 유언이 있게 되는 것이죠.

교수님, 의문이 하나 듭니다. 그러면 상속과 유언 중에 어느 것이 우선하게 되는 것이죠? 다시 말씀드리면, 유언이 있을 경우에 유언을 통하여 보다 많은 이익을 받는 자는 유언대로 하자고 할 것이고, 손해를 보는 자는 법이 정한 상속으로 재산을 처리하자고 할 것 같은데요.

하하하, 정말 좋은 질문입니다. 이 정도 질문을 한다는 것은 학생은 법적으로 사물을 바라볼 수 있는 능력이 있다고 할 수 있습니다. 학생이 질문한 것처럼 만일 유언이 있고, 그 유언의 내용이 법이 정한 상속과 다를 경우에는 재산의 소유자인 사망자의 의사를 더 존중할 필요가 있기에 유언이 상속에 앞서게 됩니다. 즉 유언대로 사망자의 재산을 먼저 처리하고, 그래도 남은 재산이 있을 경우는 상속으로 처리되는 것이죠.

교수님, 방금 말씀하신 대로 유언자의 의사를 존중하는 것이 맞을 것 같은데, 그래도 유언에 의하여 재산을 상속받지 못하게 되는 배우자나 자녀들은 너무 억울할 것 같아요. 무엇보다도 재산을 상속받지 못할 경우에 생계가 곤란한 자녀나 배우자도 있을 것 같아서 그렇습니다.

오호, 대단한 질문입니다. 맞습니다. 재산 소유자인 사망자의 의사에 따라 사후에 재산을 처리하는 것도 중요하고 필요하지만, 한편으로는 상속재산을 한 푼도 받지 못하는 유족들의 생계 등도 보호할 필요성도 있는 것이죠. 그래서 우리 민법에는 상속인을 보호하기 위한 '유류분'이라는 제도가 있습니다.

유류분

교수님, 유류분이라고요? 처음 듣는 용어로 무척 어려운 말로 들립니다. 유류분이란 어떤 제도이죠?

유류분(遺留分)이란 상속재산 중에서 상속인을 위하여 반드시 남겨 두어야 하는 일정 부분의 재산을 말합니다. 즉 사망하기에 앞서 유증을 한 경우에도 상속인을 보호하기 위하여 유증과 관계없이 일정 몫의 재산을 상속인이 상속받게 되는 것입니다. 다시 말하면, 유언의 자유를 일정 부분 제한하여 상속인을 보호하는 제도라고 할 수 있죠.

교수님, 좀 더 쉽게 설명해 주시면 감사하겠습니다. 좀 아리송합니다.

알겠습니다. 아리송하면 그 아리송함을 풀어 주어야 하겠죠. 민법 제1112조에 따라 피상속인의 직계비속, 직계존속 그리고 형제자매와 배우자는 피상속인의 유증과 관계없이 일정 부분 재산을 보장받는 것입니다. 그래서 피상속인의 직계비속과 배우자는 법이 정한 상속분[46]의 1/2을, 직계존속과 형제자매는 1/3을 보장받게 되죠.

예를 들어, 아내와 아들 한 명을 둔 피상속인이 자기의 전 재산 10억 원을 모두 사회단체에 기부하는 유언을 한 경우에도, 배우자인 아내는 자신의 법정 상속분인 3/5에 해당하는 6억 원(=10억 원 × 3/5) 중에서 유류분 몫인 1/2에 해당하는 3억 원을 받게 되고, 아들은 자신의 법정 상속분인 2/5에 해당하는 4억 원(=10억 원 × 2/5) 중 유류분 몫인 1/2에 해당하는 2억 원(=4억 원 × 1/2)을 받게 되고, 자선단체는 나머지 5억 원만 유증을 받게 되는 것이죠.

관련 법조문

제1112조(유류분의 권리자와 유류분) 상속인의 유류분은 다음 각호에 의한다.
1. 피상속인의 직계비속은 그 법정상속분의 2분의 1
2. 피상속인의 배우자는 그 법정상속분의 2분의 1
3. 피상속인의 직계존속은 그 법정상속분의 3분의 1
4. 피상속인의 형제자매는 그 법정상속분의 3분의 1

교수님, 이제 조금 이해가 됩니다. 그런데, 약간 좋지 않은 생각이기는 한데요, 만일 피상속인이 미리 재산을 타인에게 증여하는 형식으로 상속재산을 줄여 놓으면, 사실상 유류분 제도를 무시하여 자기 마음대로 유증을 할 수 있는 것이 아닐까요?

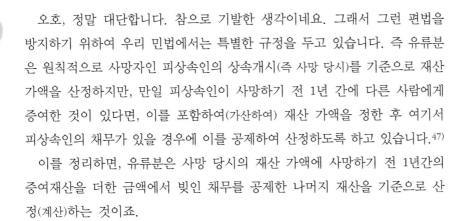

오호, 정말 대단합니다. 참으로 기발한 생각이네요. 그래서 그런 편법을 방지하기 위하여 우리 민법에서는 특별한 규정을 두고 있습니다. 즉 유류분은 원칙적으로 사망자인 피상속인의 상속개시(즉 사망 당시)를 기준으로 재산 가액을 산정하지만, 만일 피상속인이 사망하기 전 1년 간에 다른 사람에게 증여한 것이 있다면, 이를 포함하여(가산하여) 재산 가액을 정한 후 여기서 피상속인의 채무가 있을 경우에 이를 공제하여 산정하도록 하고 있습니다.[47]

이를 정리하면, 유류분은 사망 당시의 재산 가액에 사망하기 전 1년간의 증여재산을 더한 금액에서 빚인 채무를 공제한 나머지 재산을 기준으로 산정(계산)하는 것이죠.

아하, 그렇군요. 그런데 만약에, 정말 만약에 피상속인이 사망하기 1년 훨씬 전인 10년 전이나 5년 전에 미리 증여를 해놓을 수도 있지 않나요? 그러면 역시 유류분권이 침해될 것 같은데요. 제가 너무 이기적인 질문을 하였나요? 죄송합니다.

아닙니다. 역시 좋은 질문입니다. 그러한 경우를 대비한 규정이 우리 민법에는 없습니다. 그러나 대법원은 그러한 경우에 만일 증여를 받은 수증자가 아들이나 딸과 같이 공동상속인인 경우, 즉 공동상속인 중에 피상속인으로부터 생전에 증여를 받아 특별수익을 한 자가 있는 경우에는 1년 전이냐에 관계없이, 즉 아무리 오래전에 증여를 받았다 할지라도 유류분 가액을 산정할 때 그 대상인 기초재산에 산입이 되는 것으로 해석하고 있습니다.

결국 미리 증여를 받은 자가 공동상속인인 경우에 한하여는 증여 시점과 상관없이 증여받은 재산의 가액이 모두 유류분 산정시 기초재산에 포함된다고 이해하면 좋을 것 같습니다.

교수님, 오늘 강의를 통하여 유언에 있어서 방식의 중요성을 깊이 느꼈을 뿐만 아니라 유증과 상속, 그리고 유류분제도까지 배우게 되어 너무 좋습니다. 오늘 강의 감사합니다.

판례

대법원 2009. 5. 14. 선고 2009다9768 판결 [소유권이전등기말소]

[1] 민법 제1065조 내지 제1070조가 유언의 방식을 엄격하게 규정한 것은 유언자의 진의를 명확히 하고 그로 인한 법적 분쟁과 혼란을 예방하기 위한 것이므로, 법정된 요건과 방식에 어긋난 유언은 그것이 유언자의 진정한 의사에 합치하더라도 무효라고 하지 않을 수 없다.

[2] 민법 제1066조 제1항은 "자필증서에 의한 유언은 유언자가 그 전문과 연월일, 주소, 성명을 자서하고 날인하여야 한다"고 규정하고 있으므로, 연월일의 기재가 없는 자필유언증서는 효력이 없다. 그리고 자필유언증서의 연월

일은 이를 작성한 날로서 유언능력의 유무를 판단하거나 다른 유언증서와 사이에 유언 성립의 선후를 결정하는 기준일이 되므로 그 작성일을 특정할 수 있게 기재하여야 한다. 따라서 연·월만 기재하고 일의 기재가 없는 자필유언증서는 그 작성일을 특정할 수 없으므로 효력이 없다.

대법원 2014. 9. 26. 선고 2012다71688 판결 [소유권이전등기]
민법 제1065조 내지 제1070조가 유언의 방식을 엄격하게 규정한 것은 유언자의 진의를 명확히 하고 그로 인한 법적 분쟁과 혼란을 예방하기 위한 것이므로, 법정된 요건과 방식에 어긋난 유언은 그것이 유언자의 진정한 의사에 합치하더라도 무효이다. 따라서 자필증서에 의한 유언은 민법 제1066조 제1항의 규정에 따라 유언자가 전문과 연월일, 주소, 성명을 모두 자서하고 날인하여야만 효력이 있고, 유언자가 주소를 자서하지 않았다면 이는 법정된 요건과 방식에 어긋난 유언으로서 효력을 부정하지 않을 수 없으며, 유언자의 특정에 지장이 없다고 하여 달리 볼 수 없다. 여기서 자서가 필요한 주소는 반드시 주민등록법에 의하여 등록된 곳일 필요는 없으나, 적어도 민법 제18조에서 정한 생활의 근거되는 곳으로서 다른 장소와 구별되는 정도의 표시를 갖추어야 한다.

대법원 2006. 9. 8. 선고 2006다25103,25110 판결 [예금반환·예금]
민법 제1065조 내지 제1070조가 유언의 방식을 엄격하게 규정한 것은 유언자의 진의를 명확히 하고 그로 인한 법적 분쟁과 혼란을 예방하기 위한 것이므로, 법정된 요건과 방식에 어긋난 유언은 그것이 유언자의 진정한 의사에 합치하더라도 무효라고 하지 않을 수 없고(대법원 1999. 9. 3. 선고 98다17800 판결, 2004. 11. 11. 선고 2004다35533 판결, 2006. 3. 9. 선고 2005다57899 판결 등 참조), 민법 제1066조 제1항은 "자필증서에 의한 유언은 유언자가 그 전문과 연월일, 주소, 성명을 자서하고 날인하여야 한다."고 규정하고 있으므로, 유언자의 날인이 없는 유언장은 자필증서에 의한 유언으로서의 효력이 없다고 할 것이다.

대법원 1996. 2. 9. 선고 95다17885 판결 [유류분반환]
[1] 민법 제1008조의 취지는 공동상속인 중에 피상속인으로부터 재산의 증여 또는 유증을 받은 특별수익자가 있는 경우에, 공동상속인들 사이의 공평을 기하기 위하여 그 수증 재산을 상속분의 선급으로 다루어 구체적

인 상속분을 산정함에 있어 이를 참작하도록 하려는 데 있다.

[2] 공동상속인 중에 피상속인으로부터 재산의 생전 증여에 의하여 특별수익을 한 자가 있는 경우에는 민법 제1114조의 규정은 그 적용이 배제되고, 따라서 그 증여는 상속개시 1년 이전의 것인지 여부, 당사자 쌍방이 손해를 가할 것을 알고서 하였는지 여부에 관계없이 유류분 산정을 위한 기초재산에 산입된다.

11

이혼시 재산분할과 연금은?

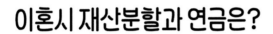

묻고 답하는 민법이야기

교수님, 오늘 강의할 주제는 무엇인지요? 궁금합니다.

오늘 공부할 내용도 역시 가족법과 관련된 것입니다. 바로 이혼시의 재산분할에서 연금도 분할의 대상이 되는지에 관한 문제입니다. 즉 가족법과 공무원연금법상의 연금분할제도입니다.

재산분할

교수님, 이혼시의 재산분할과 공무원연금의 분할을 배우기 위해서는 먼저 재산분할이 무엇인지 알아야 할 것 같습니다.

좋은 생각입니다. 그러면 먼저 재산분할에 대하여 조금 살펴볼까요? 재산분할청구는 간단히 말하면, 부부가 혼인 생활 중에 형성한 공동재산에 대하여는 비록 그 재산의 소유 명의 등이 한쪽 배우자 일방의 명의로 되어 있다 할지라도 이를 부부 공동의 재산으로 보아 이혼시에 이를 나누도록 한 것이고, 공동재산을 나누어 달라는 권리를 재산분할청구권이라고 하는 것입니다.

교수님, 그러면 재산분할청구권은 이혼시에만 인정되는 권리이니까 이혼을 한 부부에게만 인정되는 것인지요?

훌륭한 질문입니다. 재산분할청구권은 이혼을 전제로 하는 권리이기에 기본적으로 이혼한 당사자만 갖는 권리이고, 이혼 전에는 가질 수 없는 권리라고 할 수 있죠. 물론 뒤에서도 살펴보겠지만 몇 가지 예외도 있습니다.

　교수님, 이 타임에서 질문 하나 있습니다. 언뜻 듣기로 이혼에는 법원의 재판을 통하여 이혼하는 재판상 이혼과 부부 사이의 합의에 따라 법원의 확인절차를 통하여 이혼하는 협의이혼이 있다고 들었습니다. 그러면 재산분할청구권은 위 모두의 경우에 다 인정되는 권리인지요?

　오호, 생활법률 지식이 상당하고, 질문도 매우 논리적이네요. 학생 말대로 이혼에는 크게 협의이혼과 재판상 이혼 두 종류가 있습니다. 협의이혼은 글자 그대로 부부가 협의 결과 상호 이혼하기로 합의한 후 판사로부터 이혼의사를 확인받아 신고하는 방법의 이혼을 말합니다. 이에 반하여 재판상 이혼은 당사자가 모두 이혼에 합의를 하지 않아, 즉 한쪽 배우자는 이혼을 원하지만 상대방 배우자는 이혼에 동의하지 않는 경우에 가정법원의 이혼재판을 통하여 이혼을 하는 것을 말합니다.

혼인과
협의이혼

　물론 재판상 이혼을 하기 위해서는 한쪽 배우자가 이혼에 동의하지 않는 점을 고려하여 배우자의 부정한 행위가 있는 것과 같이 법이 정한 사유가 있는 경우에 한하여[48] 이혼할 수 있고, 법이 정한 사유에 해당하지 않으면, 한쪽 당사자가 아무리 이혼하고 싶어도 이혼할 수 없습니다.

재판상 이혼

　그런데 재산분할청구권은 협의이혼은 물론 재판상 이혼시에도 인정되는 권리입니다. 즉 협의이혼을 하든, 재판상 이혼을 하든 부부 일방은 상대방 배우자에게 재산분할을 청구할 수 있습니다.

재판상 이혼사유

관련 법조문

민법 제834조(협의상 이혼) 부부는 협의에 의하여 이혼할 수 있다.
제839조의2(재산분할청구권) ① 협의상 이혼한 자의 일방은 다른 일방에 대하여 재산분할을 청구할 수 있다.

민법 제840조(재판상 이혼원인) 부부의 일방은 다음 각호의 사유가 있는 경우에는 가정법원에 이혼을 청구할 수 있다. <개정 1990. 1. 13.>

1. 배우자에 부정한 행위가 있었을 때
2. 배우자가 악의로 다른 일방을 유기한 때
3. 배우자 또는 그 직계존속으로부터 심히 부당한 대우를 받았을 때
4. 자기의 직계존속이 배우자로부터 심히 부당한 대우를 받았을 때
5. 배우자의 생사가 3년 이상 분명하지 아니한 때
6. 기타 혼인을 계속하기 어려운 중대한 사유가 있을 때

제843조(준용규정) 재판상 이혼에 따른 손해배상책임에 관하여는 제806조를 준용하고, 재판상 이혼에 따른 자녀의 양육책임 등에 관하여는 제837조를 준용하며, 재판상 이혼에 따른 면접교섭권에 관하여는 제837조의2를 준용하고, 재판상 이혼에 따른 재산분할청구권에 관하여는 제839조의2를 준용하며, 재판상 이혼에 따른 재산분할청구권 보전을 위한 사해행위취소권에 관하여는 제839조의3을 준용한다.

그런데 교수님, 주변에는, 혼인신고를 하지 않은 채 부부로서 생활하는 경우도 있는 것 같습니다. 이처럼 혼인신고를 하지 않은 채 살아가다 헤어지는 경우에도 재산분할청구를 할 수 있는지요?

방금 질문한 학생이 누구죠? 정말 대단한 질문입니다. 사실은 제가 먼저 여러분에게 물어보려고 했던 질문입니다. 우리 가족법에서는 혼인에 있어서 소위 '법률혼주의'를 택하고 있습니다. 그에 따라 당사자가 서로 사랑하고, 부부로서 함께 살아가기로 합의한 후 일가 친척들과 지인들 앞에서 결혼식도 올리고, 신혼여행까지 다녀왔다 할지라도 법이 정한 '혼인신고'라는 절차를 마치지 않는 한 법률상의 혼인은 이루어지지 않은 것이고, 따라서 법률상 부부라고 할 수 없는 것입니다. 그 결과 이러한 경우에는 원칙적으로 상속받을 권리와 같이 혼인에 따라 발생하는 제반 권리나 의무 등이 많은 경우에 인정되지 않게 됩니다.

법률혼주의

> 교수님, 그렇다면 혼인신고 없이 부부로서 생활하는 경우에는 법의 보호를 전혀 받지 못하는 것인지요?

비록 여러 사정이나 이유로 혼인신고를 하지는 않았지만, 부부로서의 실체를 이루면서 살아가는 것을 법률혼에 비교하여 '사실혼'이라고 부릅니다. 즉 법률적인 혼인은 아니지만, 실제로는 부부로 결혼생활을 한다는 의미로 사실혼이라고 부르는 것이죠. 이를 법률적 의미로 표현하면, 사실혼이란 당사자 사이에 혼인의 의사가 있고 객관적으로 사회관념상으로 가족질서적인 면에서 부부공동생활을 인정할 만한 혼인 생활의 실체가 있는 경우를 말합니다.49)

사실혼

이러한 사실혼은 앞서 말한 것과 같이 법률혼에서와 같은 법의 보호를 받지 못하고 그에 따른 권리나 의무도 없게 됩니다.

> 교수님, 우리나라가 법률혼주의를 취하고 있다고 하니 사실혼을 법률혼처럼 보호하지 못한다는 점은 어느 정도 이해됩니다. 그렇지만 사실혼이라고 할지라도 일정한 경우에는 보호를 해준다거나 권리를 인정할 필요도 있을 것 같습니다.

그렇습니다. 학생 말대로 사실혼도 부부로서의 실체를 갖고 결혼생활을 한다는 점에서 법의 보호를 받게 할 필요도 있을 것 같습니다. 그에 따라 법률의 규정에 의하여 권리를 인정해주는 경우도 있고 또는 법원의 판결을 통하여 인정되는 경우도 있습니다.

우선 법률에 의하여 인정되는 것으로는 주택임대차보호법상의 주택 임차권의 승계를 들 수 있습니다. 법률혼인 아닌 사실혼 배우자의 경우에는 아무리 함께 오랜 세월 살았다 할지라도 법률상 배우자가 아니기에 배우자 일방의 사망시 당연히 상속권이 없어 단 한 푼의 재산이라도 상속받을 수가 없습니다. 그에 따라 예를 들어, 사망한 배우자가 아파트와 같은 주택에 임차보증금을 지급하고 전세를 들어가 함께 거주하였다고 할지라도 임차권을 상속받지 못해 결국 생존 배우자는 그 주택에서 나올 수밖에 없습니다. 매우 안타까운 결과에 이르게 되는 것이죠.

임차권 승계

교수님, 단순히 안타까울 뿐만 아니라 조금 억울하고 뭔가 정의롭지 못해 보이기도 합니다.

학생도 그렇게 생각하는군요. 학생과 같은 생각이 반영되어 주택임대차보호법에서는 만약 임차인이 법률상 상속인이 없는 상태에서 사망하였다면, 그 주택에서 가정공동생활을 하던 사실상의 혼인 관계에 있는 자가 임차인의 권리와 의무를 승계하고, 더 나아가 상속인이 존재한다 할지라도 만약 임차인 사망시 상속인이 그 주택에서 가정공동생활을 하고 있지 아니한 경우에는 그 주택에서 가정공동생활을 하는 사실상의 혼인관계에 있는 자와 2촌 이내의 친족이 공동으로 임차인의 권리와 의무를 승계하도록 규정하고 있습니다.

이 규정에 의하여 사실혼 관계에 있는 자는 사망한 배우자의 주택 임차권을 승계받는 관계로 임차권자가 되어 그 주택에서 쫓겨나지 않고 계속 권리자로서 살아갈 수 있게 되는 것이죠.

교수님, 말씀하신 사실혼 배우자에게 인정되는 주택임차권의 승계제도는 정말 좋은 제도 같습니다.

관련 법조문

주택임대차보호법

제9조(주택 임차권의 승계) ① 임차인이 상속인 없이 사망한 경우에는 그 주택에서 가정공동생활을 하던 사실상의 혼인 관계에 있는 자가 임차인의 권리와 의무를 승계한다.

② 임차인이 사망한 때에 사망 당시 상속인이 그 주택에서 가정공동생활을 하고 있지 아니한 경우에는 그 주택에서 가정공동생활을 하던 사실상의 혼인관계에 있는 자와 2촌 이내의 친족이 공동으로 임차인의 권리와 의무를 승계한다.

그리고 다음으로는 법률의 규정이 아니라 법원의 판결을 통하여 인정되는 권리도 있습니다. 가장 전형적인 예가 바로 오늘 배우고 있는 재산분할청구 권입니다.

교수님, 그렇다면, 사실혼 관계에 있다가 헤어질 때도 재산분할을 청구할 수 있다는 의미인가요?

딩동댕! 정답입니다. 그렇습니다. 법률상의 혼인관계를 해소하여 각자 남남이 되는 것을 이혼이라고 하고요, 법률혼이 아닌 사실혼 관계를 해소하는 것을 흔히 '사실혼 관계 해소'라고 부릅니다. 사실혼 관계를 해소하는 방식 으로는 당사자 사이의 합의에 의한 해소와 당사자의 일방적인 사실혼 파기 선언에 의한 해소가 있습니다. 이혼과는 달리 이 경우 파기 사유에는 아무런 제한이 없어서 당사자 일방은 파기 사유에 제약 없이 언제든지 파기를 선언할 수 있습니다. 다만 일방적 파기의 경우, 책임이 있는 배우자는 사실 혼을 부당하게 파기하였다는 이유로 손해배상책임을 질 수 있을 뿐입니다. 이를 사실혼 부당파기에 따른 손해배상책임이라고 부르죠.

사실혼 관계 해소

교수님, 그런데 이처럼 사실혼이 해소된 경우에도 당사자 일방은 상대방에게 재산 분할을 청구할 수 있다고요?

그렇습니다. 우리 판례는 비록 법률혼이 아닌 사실혼 관계에 있는 배우자 라 할지라도 법률혼상의 재산분할청구권 규정을 유추적용하여, 상대방 배우 자에게 재산분할을 청구할 수 있는 권리를 인정하고 있습니다. 결국 재산분 할청구권은 법률혼 관계뿐만 아니라 사실혼 관계에 있는 배우자에게도 인정 되는 권리라고 할 수 있죠.

교수님, 법에 명문의 규정이 없음에도 사실혼 관계에 있는 배우자에게도 재산분할 청구권을 인정해주는 이유는 무엇이죠?

그 이유는 사실혼 관계에 있는 동안 부부로서 가정공동체를 이루어서 살아가는 동안 형성된 재산은 부부 공동의 노력으로 형성된 재산이기에, 각자 기여한 만큼 가져가는 것이 공평의 원칙에 부합한다고 보는 것이죠. 그래서 학생 말대로 법에 규정되어 있지는 않지만, 유사한 경우에 규정된 법률혼 관계에 있는 배우자의 재산분할청구권 규정을 유추하여 사실혼 관계에 있는 배우자에게도 적용하는 것이죠.

교수님, 방금 말씀하신 유추하여 적용한다는 뜻이 무엇이죠?

유추해석

좋은 질문입니다. 유추적용이란 법에 있는 다른 규정을 가져다가 적용한다는 것입니다. 예를 들어, 특정 사항에 관하여 법률에 명문의 규정이 없는 경우에 이와 유사한 사항에 관하여 규정한 법률을 적용하여 같은 법적 효과를 인정하는 해석방법론을 유추해석이라고 하는데,[50] 이러한 유추해석을 통하여 내린 결론을 적용하는 것을 유추적용이라고 부릅니다.

즉 입법의 잘못과 같이 어떤 이유로 인하여 특정 사항을 규율하는 법규정이 없는 경우에(이를 '법의 흠결'이라고 함) 법의 흠결을 해결하기 위하여 기존에 존재하는 유사한 사항을 규율하는 법규정을 끌어다 써서 동일한 결론을 얻으려는 법해석의 한 방법론이라고 할 수 있죠.

교수님, 그러면 유추해석은 필요하면 언제나 할 수 있는 것인지요?

하하하, 그러면 묻겠습니다. 유추해석은 결국 법원의 판결을 통하여 이루어지는데요. 법에 규정이 없음에도 법에 규정이 있는 것처럼 해석하여 적용한다는 의미에서 법관이 어떤 기능을 수행하는 것으로 보이는지요?

교수님, 그런 경우는 사실 법관이 법을 만드는 것 아닌가요?

바로 그것입니다. 법에 없는 규정, 즉 입법기관인 국회에서 만들지 않은 규정을 새로 만드는 기능을 법관이 수행하는 것이죠.

그러면, 결국 사법권을 갖고 있는 법관이 입법권을 행사하는 것과 같은 모양새가 될 것 같습니다. 우리나라는 3권분립에 의하여, 국가의 권력이 입법권, 사법권, 행정권으로 나뉘어서 견제와 균형의 역할을 하는 것으로 알고 있는데, 그게 가능한 일인지요?

학생, 정말 대단합니다. 좋은 지적입니다. 이처럼 유추해석은 결국 법의 창조(입법)이기에 모든 영역에서, 그리고 쉽게 인정해서는 안 됩니다. 그래서 일반적으로 미리 법에서 엄격하게 규정할 필요가 있는 형사법이나 조세법의 영역에서는 유추해석은 금지됩니다.[51] 그러나 민사법과 같은 영역에서는 필요한 경우에 유추해석이 허용됩니다.

즉 입법기관이 모든 경우를 대비하여 법률 규정을 만들어 놓는다는 것은 사실상 불가능하기에 일정한 경우 법의 공백 상태인 법의 흠결이 발생할 수밖에 없고, 이 경우 재판을 하는 법관이 합리적인 분쟁 해결을 위하여 이를 보충할 필요가 있는 것이죠. 그러므로 민사법규를 해석함에 있어서는 법률의 문자나 문언의 의미를 뛰어넘어 유추해석을 할 수도 있고, 또 할 필요도 있는 것입니다.

우리 대법원 판례도 같은 입장으로, 민사법의 영역에서의 유추해석을 허용하면서도 매우 엄격한 요건하에서만 유추해석이 허용됨을 밝히고 있습니다. 즉 대법원은 유추해석이 허용되기 위해서는 "법적 규율이 없는 사안과 법적 규율이 있는 사안 사이에 공통점 또는 유사점이 있어야 한다. 그러나 이것만으로 유추적용을 긍정할 수는 없다. 법규범의 체계, 입법 의도와 목적 등에 비추어 유추적용이 정당하다고 평가되는 경우에 비로소 유추적용을 인정할 수 있다."[52]라고 하고 있습니다.

대법원 2009. 2. 9.자 2008스105 결정 [재산분할에대한재항고]

[1] 사실혼관계는 사실상의 관계를 기초로 하여 존재하는 것으로서 당사자 일방의 의사에 의하여 해소될 수 있고 당사자 일방의 파기로 인하여 공동생활의 사실이 없게 되면 사실상의 혼인관계는 해소되는 것이며, 다만 정당한 사유 없이 해소된 때에는 유책자가 상대방에 대하여 손해배상의 책임을 지는 데 지나지 않는다.

[2] 사실혼관계의 당사자 중 일방이 의식불명이 된 상태에서 상대방이 사실혼관계의 해소를 주장하면서 재산분할심판청구를 한 사안에서, 위 사실혼관계는 상대방의 의사에 의하여 해소되었고 그에 따라 재산분할청구권이 인정된다고 본 사례.

대법원 2006. 3. 24. 선고 2005두15595 판결 [증여세부과처분취소]

사실혼이란 당사자 사이에 혼인의 의사가 있고 객관적으로 사회관념상으로 가족질서적인 면에서 부부공동생활을 인정할 만한 혼인생활의 실체가 있는 경우이고, 부부재산에 관한 청산의 의미를 갖는 재산분할에 관한 법률 규정은 부부의 생활공동체라는 실질에 비추어 인정되는 것으로서 사실혼관계에도 이를 준용 또는 유추적용할 수 있기 때문에, 사실혼관계에 있었던 당사자들이 생전에 사실혼관계를 해소한 경우 재산분할청구권을 인정할 수 있으나, 법률상 혼인관계가 일방 당사자의 사망으로 인하여 종료된 경우에도 생존 배우자에게 재산분할청구권이 인정되지 아니하고 단지 상속에 관한 법률 규정에 따라서 망인의 재산에 대한 상속권만이 인정된다는 점 등에 비추어 보면, 사실혼관계가 일방 당사자의 사망으로 인하여 종료된 경우에는 그 상대방에게 재산분할청구권이 인정된다고 할 수 없다.

대법원 2023. 7. 13. 선고 2017므11856, 11863 판결 [친권자변경등 · 위자료및재산분할청구의소]

사실혼 해소를 원인으로 한 재산분할에서 분할의 대상이 되는 재산과 액수는 사실혼이 해소된 날을 기준으로 하여 정하여야 한다. 한편 재산분할 제도가 혼인관계 해소 시 부부가 혼인 중 공동으로 형성한 재산을 청산 · 분배하는 것을 주된 목적으로 하는 것으로서, 부부 쌍방의 협력으로 이룩한 적극재산 및 그 형성에 수반하여 부담한 채무 등을 분할하여 각자에게 귀속될 몫을 정하기 위한 것이므로, 사실혼 해소 이후 재산분할 청구사건의 사실심 변론종결 시까지 사이에 혼인 중 공동의 노력으로 형성·유지한 부동산 등에 발생한 외부적, 후발적 사정으로서, 그로 인한 이익이나 손해를 일방에게 귀속시키는 것이 부부 공동재산의 공평한 청산·분배라고 하는 재산분할제도의 목적에 현저히 부합하지 않는 결과를 가져오는 등의 특별한 사정이 있는 경우에는 이를 분할대상 재산의 가액 산정에 참작할 수 있다.

대법원 2021. 5. 27.자 2019스621 결정 [양육비]
민사법의 실정법 조항의 문리해석 또는 논리해석만으로는 현실적인 법적 분쟁을 해결할 수 없거나 사회적 정의관념에 현저히 반하게 되는 결과가 초래되는 경우에는 법원이 실정법의 입법정신을 살려 법적 분쟁을 합리적으로 해결하고 정의관념에 적합한 결과를 도출할 수 있도록 유추적용을 할 수 있다.

대법원 2020. 4. 29. 선고 2019다226135 판결 [구상금]
민사법의 실정법 조항의 문리해석 또는 논리해석만으로는 현실적인 법적 분쟁을 해결할 수 없거나 사회적 정의관념에 현저히 반하게 되는 결과가 초래되는 경우에는 법원이 실정법의 입법정신을 살려 법적 분쟁을 합리적으로 해결하고 정의관념에 적합한 결과를 도출할 수 있도록 유추적용을 할 수 있다. 법률의 유추적용은 법률의 흠결을 보충하는 것으로 법적 규율이 없는 사안에 대하여 그와 유사한 사안에 관한 법규범을 적용하는 것이다. 이러한 유추를 위해서는 법적 규율이 없는 사안과 법적 규율이 있는 사안 사이에 공통점 또는 유사점이 있어야 한다. 그러나 이것만으로 유추적용을 긍정할 수는 없다. 법규범의 체계, 입법 의도와 목적 등에 비추어 유추적용이 정당하다고 평가되는 경우에 비로소 유추적용을 인정할 수 있다.

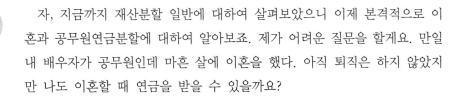

자, 지금까지 재산분할 일반에 대하여 살펴보았으니 이제 본격적으로 이혼과 공무원연금분할에 대하여 알아보죠. 제가 어려운 질문을 할게요. 만일 내 배우자가 공무원인데 마흔 살에 이혼을 했다. 아직 퇴직은 하지 않았지만 나도 이혼할 때 연금을 받을 수 있을까요?

정말 어려운 질문 같습니다. 앞으로 내야 할 연금도 많고요, 재혼할 수도 있고… 나눠 갖기가 애매하지 않을까요?. 연금 받는 시기가 있기 때문에 기다렸다가 받을 수는 있을 것 같기도 합니다.

연금분할

분할연금 선청구

하하하, 정말 어렵죠? 과거 우리 법원은 학생이 의문을 품었던 것처럼 공무원의 퇴직연금 수급권에 대하여 아직 구체화 된 권리가 아니라는 이유로 (퇴직하지 않았으므로 퇴직시까지는 구체화된 권리라고 할 수 없음) 재산분할의 대상으로 인정하지 않았고, 다만 이혼시의 위자료 금액을 정할 때 이를 어느 정도 참작하는 수준이었습니다.

그러다가 2014년에 연금에 대해서도 재산분할이 가능하다는 대법원 판례 변경이 있었습니다. 이러한 판례 변경 이후에, 비록 이혼은 했지만 공무원이 공직에 전념할 수 있도록 정신적·물질적으로 기여한 배우자에게 연금의 일부가 분할될 수 있도록 제도적 장치를 마련한 것이 연금 분할 청구제도입니다. 그래서 2016년 1월 1일부터 분할연금 청구제도를 만들어 놓았지만, 연금이 개시되는 미래까지 기다리는 등의 불편함을 덜고자 2017년에는 분할연금 선청구(先請求)제도를 도입한 것입니다.

교수님, 그러니까 연금을 선청구하는 것, 즉 미리 청구할 수 있다는 거 같은데요. 무척 궁금합니다. 조금 더 설명해주시죠.

먼저 분할연금제도란 이혼한 배우자에게도 연금 수급권을 인정해 배우자가 연금의 분할을 청구할 수 있도록 한 제도입니다. 공무원연금법에는 공무원이 만 65세에 도달해야 분할연금을 청구할 수 있도록 규정하고 있었습니다.

공무원연금법 제45조(분할연금 수급권자 등) ① 혼인기간(배우자가 공무원으로서 재직한 기간 중의 혼인기간으로서 별거, 가출 등의 사유로 인하여 실질적인 혼인관계가 존재하지 않았던 기간을 제외한 기간을 말한다. 이하 같다)이 5년 이상인 사람이 다음 각 호의 요건을 모두 갖추면 그때부터 그가 생존하는 동안 배우자였던 사람의 퇴직연금 또는 조기퇴직연금을 분할한 일정한 금액의 연금("분할연금")을 받을 수 있다.

1. 배우자와 이혼하였을 것
2. 배우자였던 사람이 퇴직연금 또는 조기퇴직연금 수급권자일 것
3. 65세가 되었을 것

　　따라서 65세가 되기 전인 40세나 50세에 이혼하는 경우에는 배우자는 연금 청구까지 25년이나 15년을 넘게 기다려야 하죠. 그렇게 되면 수십 년 이상 기다리는 중에 연금 신청 기간을 놓칠 수도 있고, 이혼한 부부 사이에 다시 과거를 끄집어내야 하는 감정적 불편함도 존재할 것입니다.

　　이러한 문제점을 개선하고자 공무원연금법을 개정하게 되었습니다. 이에 따르면 공무원과 5년 이상의 혼인 기간을 유지하다 이혼하면 65세가 되기 전이라도 분할연금을 즉시 청구할 수 있도록 하는 '분할연금 선청구제'를 도입한 것입니다.

「공무원연금법」 개정 내용

제48조(분할연금 청구의 특례 등) 제1항
제45조제3항에도 불구하고 제45조제1항제3호의 연령에 도달하기 전에 이혼하는 경우에는 이혼의 효력이 발생하는 때부터 분할연금을 미리 청구할 수 있다.

구분		종전	현행
분할연금	분할연금 선청구제 도입	없음 (이혼 배우자가 65세 때부터 청구)	이혼 시부터 분할연금 등 청구 가능

교수님, 이렇게 법이 바뀌게 된 배경이 있을까요?

　　궁금하시죠? 정말 좋은 질문입니다. 실은 이미 국민연금은 2016년 12월 30일부터 분할연금 선청구제를 시행하고 있습니다. 공무원의 경우에도 이혼 시기와 분할연금 신청시기가 서로 달라 이혼 배우자가 불안할 수 있어 이를 개선하기 위한 것입니다. 결국 이혼하는 배우자의 연금수급권을 좀 더 보장해주기 위한 취지라고 볼 수 있죠.

교수님, 한 가지 더 궁금한 것이 있습니다. 연금이라고 하면 퇴직 후에 다달이 받는 방법과 일시금으로 받는 방법이 있다고 들었습니다. 이 경우 두 방법 모두 분할연금 선청구제가 가능한 건가요?

　　오호, 매우 날카로운 질문입니다. 내공이 느껴지네요. 지금까지 퇴직 일시금에 대해서는 이혼한 배우자에 대한 분할 지급 근거 규정이 없어 분할연금 적용대상에서 제외되어 있었습니다. 그러나 개정 법률은 공무원이 퇴직연금 대신 일시금을 신청할 경우에도 이혼한 배우자가 분할청구를 할 수 있도록 하여 이혼 배우자를 보호하도록 하고 있습니다.[53]
　　결국 개정의 핵심은 퇴직 일시금에 대하여도 분할청구를 할 수 있도록 한 점과 65세 전이라도 먼저 연금분할청구를 할 수 있는 선분할청구제도를 도입한다는 것이라고 할 것입니다.

「공무원연금법」개정 내용

구분		종전	현행
분할연금	퇴직연금 일시금 분할제도 도입	없음 (퇴직연금만 분할 지급)	퇴직연금 대신 퇴직연금일시금, 퇴직연금공제일시금, 퇴직일시금 신청하는 경우에도 분할 지급

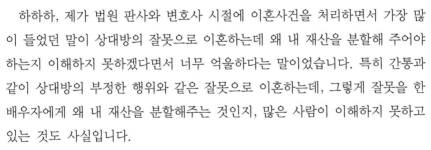

교수님, 강의를 듣다 보니까, 이런 분들도 계시지 않을까요? "내가 평생 힘들게 공직생활을 해서 모은 연금인데… 이걸 왜 이혼한 배우자하고 나눠야 해?"라고요. 물론 제가 그렇게 생각한다는 것은 결코 아닙니다. 오해하지 말아주세요. 하하하.

하하하, 제가 법원 판사와 변호사 시절에 이혼사건을 처리하면서 가장 많이 들었던 말이 상대방의 잘못으로 이혼하는데 왜 내 재산을 분할해 주어야 하는지 이해하지 못하겠다면서 너무 억울하다는 말이었습니다. 특히 간통과 같이 상대방의 부정한 행위와 같은 잘못으로 이혼하는데, 그렇게 잘못을 한 배우자에게 왜 내 재산을 분할해주는 것인지, 많은 사람이 이해하지 못하고 있는 것도 사실입니다.

그러나 앞서 설명한 것과 같이 재산분할은 기본적으로 혼인기간 중에 부부공동의 노력으로 형성한 재산은 그 기여도에 따라 나누는 것이 공평하다는 생각에서 출발한 제도입니다. 물론 이혼하고 나서 조성된 연금까지 분할하는 것은 아니고, 혼인기간에 해당하는 연금액만을 분할받는 것입니다. 연금분할 비율은 기본적으로 공무원재직기간 중 혼인기간 연금조성액의 50:50입니다. 그런데 혼인기간 중이지만 별거 기간이 길 경우에는 연금분할로 받는 비율이 낮아집니다.

이는 국민연금도 마찬가지이고요. 예를 들어, 공무원인 남편이 음주운전 등으로 연금액이 줄어들면 이는 오로지 남편의 잘못으로 줄어든 것이기에 줄어든 비율은 남편의 몫으로 하는 경우도 있습니다. 연금분할도 결국은 재산분할인데요. 혼인기간 중에 기여한 만큼 공동재산에서 자기의 몫을 받는 것이라고 보면 될 것입니다.

교수님 말씀대로 연금분할도 일종의 재산분할이고, 그에 따라 부부가 공동의 노력으로 조성한 재산이기에 이혼할 때 이를 분할하는 것까지는 동의할 수 있겠는데, 비록 법률상 이혼은 하지 않았지만, 가출이나 별거 등으로 공동 혼인 생활을 하지 않는 경우도 있지 않겠습니까? 이런 기간까지 연금분할이 된다면 좀 공평하지도 않고 정의롭지 않은 것 같은데요?

정말 좋은 질문입니다. 질문하기를 잘했습니다. 학생이 지적한 대로 사실상 혼인 생활을 하지 않은 기간까지 분할의 대상으로 보는 것은 공평하지 않을 수 있지요. 그래서 공무원연금법에서는 혼인기간 중에서 별거나 가출 등의 사유로 실질적인 혼인관계가 존재하지 않았던 기간을 제외하고 있습니다.[54]

교수님, 공무원연금에 대해서 말씀해주셨는데, 공무원보다 더 많은 사람이 대상인 국민연금은 어떻게 되나요? 실은 요즘은 교수님 수업만 기다려질 뿐만 아니라 더 많은 강의를 듣고 싶어집니다. 너무 재미있으면서도 유익한 내용이라 항상 기대도 되고요. 특히 교수님께 배운 법학 지식을 갖고 주변 친구나 가족에게 이야기하면 너무들 부러워합니다.

아이고, 너무 심한 칭찬입니다. 그래도 기분은 매우 좋네요. 감사합니다. 그런데, 학생들이 이렇게 칭찬해주니 저도 교수 입장에서 힘이 납니다. 앞으로 더욱 열심히 해보겠습니다. 그러면 학생 요청에 따라 공무원연금에 이어서 역시 가족법의 문제로 부부간의 이혼시 문제되는 재산분할과 국민연금 문제를 다뤄볼 예정인데요. 앞서 강의한 이혼시의 공무원연금 문제도 많은 사람과 연관되어 있지만, 실은 국민연금이야말로 더 많은 사람과 연관되어 있기에 알아 두면 유용하지 않을까 생각합니다.

아래에 소개하는 소송사건은 남편 입장에서는 매우 화나고 억울한 일일

수가 있는데요. 한번 같이 살펴보죠.

A는 결혼한 이후 아내 B와 11년간 혼인관계를 유지합니다. 그런데 어느 날 아내 B가 가출을 하고 연락이 두절된 상태로 30년을 살게 됩니다. 결국 둘은 법적으로 이혼을 하게 되는데요. 그런데 이혼 후 전 부인인 B가 국민연금공단에 노령연금 분할지급 신청을 하자 국민연금공단이 이를 받아들이면서 A의 연금이 절반으로 줄어들게 됐습니다.

> 교수님께서 왜 남편 입장에서 화가 나는 일이라고 얘기하셨는지 알겠네요. 너무 뻔뻔한 행동 아닌가요? 교수님은 어떻게 생각하세요?

법률가는 개인적 의견을 함부로 낼 수 없습니다. 다 나름의 이유와 근거가 있기 때문입니다. 그러나 이 사건의 경우 국민연금공단의 결정은 이해하기 힘든 면이 있습니다. '너무 불공정하지 않나. 남편들은 도대체 어떻게 살라고. 지금까지 혼자 살아온 것도 힘든데, 마지막 생명줄인 연금마저 분할하라니. 이게 말이 되는 거야?' 라고 말입니다.

> 교수님, 그렇습니다. 국민연금공단이 어떤 이유로 아내에게 분할연금 지급 결정을 내렸는지 그 이유와 근거가 정말 궁금합니다.

앞에서 이혼과 공무원연금에서 공부하였듯이 분할연금이란 이혼 배우자에게 연금 수급권을 인정하는 제도입니다. 이혼시의 재산분할과 공무원연금에 대해서 배울 때 부부 이혼시 분할청구가 인정되어 가능하다고 말씀드렸죠. 이를 인정하는 것은 연금도 부부 공동의 노력으로 이루어진 성격의 재산이라는 것을 고려한 것이죠.

즉 집에서 육아, 가사노동을 전담해 국민연금에 가입하지 못한 상태에서 이혼했더라도 남편의 국민연금도 혼인 생활 중 이룬 부부의 공동재산이므로 나눠서 수령해야 한다는 것이 기본 취지이죠. 그런데 국민연금공단은 이혼 배우자의 국민연금 가입 기간 중 혼인한 기간이 5년 이상이었다면 노령연금을 나눠 받을 수 있다고 규정한 국민연금법 제64조 제1항에 따라 B의 노령연금분할청구를 받아들였던 것입니다.

즉 당시의 구 국민연금법(2017. 12. 19. 법률 제15267호로 개정되기 전의 것) 제64조 제1항은 법률혼 기간을 기준으로 분할연금 수급권을 인정한다고 규정함으로써, 법률혼 관계에 있었지만, 별거나 가출 등으로 실질적인 혼인관계가 존재하지 않았던 기간까지도 일률적으로 혼인 기간에 포함시켜 분할연금을 산정하도록 하고 있었기 때문입니다.

> 교수님, 그 사건에서 남편이 국민연금공단의 지급 결정을 받아들였나요? 저라면 당연히 받아들이지 못하고 소송하죠.

학생부터 가만히 있을 수 없다고요? 하하하, 학생 말대로 남편은 즉각 소송을 냈습니다. 법원에 별거 중 이혼한 배우자에게까지 분할연금청구를 인정하는 것은 위헌이라고 하면서 재판부에 위헌법률심판제청을 신청했지만 기각되자 헌법재판소에 헌법소원을 제기했고, 이에 대한 헌법재판소의 헌법불합치결정[55])이 나왔습니다.

헌법불합치결정

즉 헌법재판소는 법률혼 관계를 유지하고 있다 할지라도 실질적인 혼인관계가 끝나서 연금 수급권 형성에 아무런 기여를 한 것이 없음에도 실질적인 혼인 생활을 하지 않은 기간 동안 해당하는 연금 부분까지 분할하도록 하여 노령연금을 나눠주도록 한 국민연금법 조항은 헌법에 합치되지 않는다는 것이 결정 요지입니다.

이를 상세히 설명하면, 헌법재판소[56])는, 구법 조항이 재산권적 성격과 사회보장적 성격을 함께 지닌 분할연금제도의 재산권적 성격을 몰각시켜 입법형성권의 재량을 벗어나 노령연금 수급권자의 재산권을 침해한다고 판단하였던 것이죠. 그리고 여기서 더 나아가 ① 구법 조항을 단순위헌으로 선언하여 즉시 그 효력을 상실하게 하는 경우, 노령연금 수급권 형성에 기여한 이혼배우자의 분할연금 수급권의 근거규정까지도 사라지는 법적 공백 상태가 발생하게 되고, ② 입법자는 개선 입법을 형성할 때 어떤 경우에 실질적인 혼인관계가 존재하지 않는다고 볼 것인지, 실질적인 혼인관계가 존재하지 않았던 기간을 고려할 수 있는 구체적인 절차나 방법을 어떻게 정할 것인지 등에 관하여 광범위한 입법재량을 가진다는 이유를 들어 구법 조항에 대하여 헌법불합치를 선언하면서 구법 조항은 2018. 6. 30.을 시한으로 입법자가 개정할 때까지 계속 적용된다고 결정하였던 것입니다.

교수님, 그러니까 국민연금법과는 다른 헌법재판소의 결정이 내려진 건데요. 이렇게 되면 국민연금법을 고쳐야 하는 건가요?

오, 정말 좋은 질문입니다. 헌법재판소의 결정으로 국회는 2018년 6월 30일까지 이 조항을 개정해야 했습니다. 그 후 국회는 2017. 12. 19. 국민연금법을 개정하여 공무원연금법과 같이 배우자의 국민연금 가입기간 중의 혼인기간에서 별거나 가출 등의 사유로 인하여 실질적인 혼인관계가 존재하지 않았던 기간을 제외하고 나머지 연금을 분할하도록 하였습니다.[57]

실질적인 혼인 생활이 없었다면 비록 부부로 혼인신고가 되어 있다 할지라도 그 기간에 해당하는 연금을 분할청구할 수 없다는 것으로 이혼시 허용하는 분할청구제도의 취지에 맞는 결정으로 보입니다.

여러분들은 어떻게 생각하는지요? 각자 의견이 다를 수 있고, '무엇이 옳고, 이것이 정의다'라고 쉽게 이야기할 수 없을 것 같습니다. 중요한 것은 각자의 의견에 논리성과 근거를 얼마나 정확히 세울 수 있는지 여부입니다. 이렇게 법이 개정된 후 실제 소송사건에서 혼인 중 별거한 기간은 분할연금의 대상이 되지 않는다는 판결이 선고되기도 하였습니다.

판례

대법원 2018. 7. 11. 선고 2016두47697 판결 [분할연금지급에따른연금액변경처분취소]
이 사건 헌법불합치결정에 따라 2017. 12. 19. 법률 제15267호로 개정된 국민연금법은, 제64조 제1항에서 별거, 가출 등의 사유로 인하여 실질적인 혼인관계가 존재하지 아니하였던 기간을 분할연금 산정을 위한 혼인 기간에서 제외하였고, 제4항을 신설하여 "제1항에 따른 혼인 기간의 인정 기준 및 방법 등에 필요한 사항은 대통령령으로 정한다."라고 규정하였다. 한편 개정 국민연금법 부칙(2017. 12. 19.) 제2조는, 위 조항들을 이 법 시행 후 최초로 분할연금 지급 사유가 발생한 경우부터 적용한다고 규정함으로써 개선입법의 소급적용을 인정하지 않고 있다.

어떠한 법률조항에 대하여 헌법재판소가 헌법불합치결정을 하여 입법자에게 그 법률조항을 합헌적으로 개정 또는 폐지하는 임무를 입법자의 형성 재량에 맡긴 이상, 그 개선입법의 소급적용 여부와 소급적용의 범위는 원칙적으로 입법자의 재량에 달린 것이다. 그러나 구법 조항에 대한 이 사건 헌법불합치결정의 취지나 위헌심판에서의 구체적 규범통제의 실효성 보장이라는 측면을 고려할 때, 적어도 이 사건 헌법불합치결정을 하게 된 당해 사건 및 이 사건 헌법불합치결정 당시에 구법 조항의 위헌 여부가 쟁점이 되어 법원에 계속 중인 사건에 대하여는 이 사건 헌법불합치결정의 소급효가 미친다고 하여야 할 것이다. 그러므로 비록 이들 사건이 개정 국민연금법 부칙(2017. 12. 19.) 제2조의 경과조치의 적용범위에 포함되어 있지 않더라도 이들 사건에 대하여는 구법 조항이 그대로 적용될 수는 없고, 위헌성이 제거된 개정 국민연금법 규정이 적용되는 것으로 보아야 한다(대법원 2002. 4. 2. 선고 99다3358 판결, 대법원 2006. 3. 9. 선고 2003다52647 판결, 대법원 2011. 9. 29. 선고 2008두18885 판결 등 참조).

그렇군요, 교수님, 오늘은 매우 흥미로운 소송사건을 만나봤는데요. 이런 생각이 듭니다. 진정한 법은 시대의 흐름에 따라서, 또 억울한 피해를 입는 사람이 없도록 변화할 줄도 알아야 한다는 생각이 듭니다. 교수님은 어떻게 생각하세요?

맞습니다. 법률 전문가들이 종종 범하는 잘못이 바로 형식적인 법의 해석과 적용입니다. 지난번에 다룬 불효막심한 의사 아들에게까지 증여계약의 효력을 인정한다든가, 사실상 혼인 생활을 하지 않았음에도 법률을 이유로 국민연금의 분할을 인정한다는 경우가 바로 이에 해당할 수도 있습니다.

법률가들은 단순히 법조문의 내용에만 매몰되어 형식적인 법적용을 하지 말고 무엇이 정의롭고 공평한 것인지를 깊이 생각하고 시민들을 위하여 올바른 판단을 할 필요가 있습니다. 이것이 바로 인공지능이나 로봇과 같은 기계가 아닌 인간에게 법의 해석과 판단을 맡긴 이유일 것입니다.

마지막으로 하나 더 꼭 해주고 싶은 말이 있습니다. 위와 같이 국민연금법이 개정된 것은 국회가 자발적으로 먼저 개정을 한 것이 아니라, 법률가들이 법의 문제점을 지적하면서 그것이 헌법 등에 위배되므로 개정하여야 한다고 판단하였기 때문이라는 점입니다. 즉 비록 법률가들은 국회가 만든 법을 해석하여 분쟁을 해결하는 역할을 담당하지만, 때로는 실질적으로 법을 만드는 입법(立法)의 역할까지 수행할 수 있다는 점입니다. 그렇기 때문에 법조문을 해석하여 분쟁을 해결하는 법률가들은 더욱 신중하게 업무를 수행할 책무가 있다고 할 수 있겠죠. 그만큼 막중한 일을 하고 있는 것입니다.

> 교수님, 법에 대해서 어렵다고만 생각했는데 알면 알수록 흥미롭고 빠져들게 되는 매력이 있는 것 같습니다. 교수님, 오늘도 재밌는 법률 이야기 잘 들었습니다. 감사합니다.

별거
연금분할

스스로 풀어보는 문제

사실혼이란 비록 혼인신고를 하지는 않았지만, 당사자 사이에 혼인의 의사가 있고 객관적으로 사회관념상으로 가족질서적인 면에서 부부공동생활을 인정할 만한 혼인생활의 실체가 있는 경우를 말함

이러한 사실혼관계가 해소된 경우에도 법률혼 관계에 있던 부부 간의 이혼 시에 인정되는 재산분할청구권을 인정할 수 있는지, 만약 인정할 수 있다면 어떤 근거와 논리에 의하여 인정될 수 있는지를 아래의 관련 법조문을 참고하여 유추해석이라는 법해석방법론에 의거하여 설명하기 바람

관련 법조문

제839조의2(재산분할청구권) ① 협의상 이혼한 자의 일방은 다른 일방에 대하여 재산분할을 청구할 수 있다.

제843조(준용규정) --- 재판상 이혼에 따른 재산분할청구권에 관하여는 제839조의2를 준용하며, ---

12

출, 퇴근시 사고를 당했다면?
–산업재해와 손해배상책임

묻고 답하는 민법이야기

학생 여러분, 오늘은 출근길 사고에서 발생하는 법적 문제를 산업재해보상보험법과 민법상의 손해배상책임과 연계하여 강의를 해보고자 합니다.

A는 아파트 관리사무소 전기기사로 일해오던 중 자전거를 타고 퇴근하다 넘어져 손가락 2개가 부러지는 부상을 입었고, 산업재해로 인정받으려 하였으나, 당시 산업재해보상보험법에서는 "사업주가 제공한 교통수단을 이용하다가 발생한 출퇴근 사고에 대해서만 업무상 재해로 인정"하고 있었기 때문에, 본인 자전거로 퇴근하던 중 발생한 사고로 인한 부상에 대하여 산업재해로 인정받지 못하였습니다.

교수님, 아니, 사업주가 교통수단을 제공하지 않는 경우도 많다고 들었는데요. 산업재해로 인정하는 직장인들의 교통수단을 회사가 제공해 주는 통근버스로 국한시키는 건 아니라고 봅니다! 저 같아도 엄청 억울해서 받아들일 수 없을 것 같습니다. 재심을 청구했을 것 같은데요?

 그렇습니다. 이에 A는 헌법재판소에 헌법소원심판을 청구했습니다. 이에 헌법재판소는 공무원의 경우는 공무상 재해를 폭넓게 인정하는 반면, 일반 근로자에게는 폭넓게 인정하지 않는 것은 헌법상의 평등원칙에 위배된다고 하여, 위 산업재해보상보험법에 대하여 헌법불합치 결정[58]을 내렸습니다.

공무원들은 공무원연금법을 적용받기 때문에 직장에서 마련한 통근버스를 타지 않고 개인적으로 이용하는 버스를 타다가 부상을 당하여도 공무상 재해로 인정되는데, 일반 회사 직장인들의 경우, 통근버스를 탄 근로자는 산재 적용을 받았지만, 자비로 버스라든지 지하철을 이용하다가 사고가 났을 때 그런 근로자들은 산재 적용이 안 돼서 형평성에 어긋난다는 헌법재판소 판단이었습니다. 이에 따라 산업재해보상보험법이 개정돼서 출·퇴근 시 발생한 재해도 업무상 재해로 인정받을 수 있게 되었습니다.

교수님, 일반 직장인들에게는 정말 반갑고 안심이 되는 법 개정 소식이 아닐까 싶은데요. 구체적으로 어떻게 바뀌었는지 설명해주세요.

네, 이를 자세히 살펴보면 다음과 같습니다. 2018년 1월 1일부터 기존의 사업주가 제공한 교통수단이나 그에 준하는 교통수단을 이용하는 등 사업주의 지배관리하에서 출퇴근하는 중에 발생한 사고는 물론 근로자가 통상적인 경로와 방법으로 출퇴근하는 중 발생한 사고로 부상·질병 또는 장해가 발생하거나 사망하면, 업무상 재해(출퇴근 재해)에 해당됩니다(산업재해보상보험법 제37조 제1항 제3호).

구체적인 인정기준은, ① 출퇴근 도중, ② 취업과 관련하여, ③ 통상적인 경로 및 방법으로 이동 중, ④ 중간에 일탈 또는 중단이 없이 발생한 사고여야 합니다(산업재해보상보험법 제5조, 제37조 제1항 제3호).

먼저 "출퇴근 도중"이란 주거에서 회사 등(취업장소)으로 이동하는 도중을 말합니다. 다음으로 주거란 집, 근무지 근처에 마련된 숙소, 근무사정·교통사정으로 회사 근처에서 숙박하는 경우 등을 포함합니다. 둘째 "취업과 관련"한다는 것은 사고 당일 업무를 하였거나 할 예정이라는 뜻입니다. 셋째 "통상적인 경로 및 방법"이란 사회통념상 이용할 수 있는 경로 및 방법으로, 도로 사정이나 카풀을 위해 우회하는 경로를 포함하며, 대중교통·자가용·오토바이·자전거·도보 등을 이용하는 경우도 포함합니다. 넷째, 마지막으로 "일탈 또는 중단이 없다"는 것은 출퇴근 목적과 관계없는 개인적 행위를 하지 않는 것입니다.

교수님, 그러면 이런 경우는 어떤가요? 예를 들어, 퇴근길에 어린이집에 아이를 데리러 가다가 사고가 날 수도 있거든요. 이 경우에도 산업재해로 인정받을 수 있나요?

정말 좋은 질문입니다. 학생들 질문 수준이 점점 높아지는 것 같아 교수로서 너무 흐뭇합니다. 어린아이를 둔 부모라면 모두 궁금하실 겁니다. 결론적으로 말하면, 출퇴근 목적과 관계없는 개인적 행위라도 "일상생활에 필요한 행위"에 해당하면 업무상 재해로 보호받을 수 있습니다.

그래서 일상생활에 필요한 용품을 구입하는 행위(퇴근길에 마트에 들러 식료품을 구입하는 행위 등), 직업능력 향상을 위하여 교육·훈련을 받는 행위, 선거권이나 국민투표권의 행사, 아동 등을 보육기관·교육기관에 데려주거나 데려오는 행위(출근길에 자녀를 학교에 데려주는 행위), 질병의 치료·예방을 목적으로 진료를 받는 행위, 근로자의 돌봄이 필요한 가족 중 의료기관 등에서 요양 중인 가족을 돌보는 행위(퇴근길에 병원에서 입원중인 부모님을 돌보는 행위) 등이 이에 해당합니다(산업재해보상보험법 시행령 제35조).

교수님, 결국 출퇴근 과정에서 산업재해로 인정하는 범위가 굉장히 폭넓게 확대되었다는 말씀인데요. 얼마 전에 출퇴근 산재 범위가 확대된 이후에 산재로 인정받은 첫 사례가 나왔다는 뉴스를 본 것 같습니다. 어떻게 된 것인지요?

네. 그렇습니다. 대구에서 있었던 사건인데요. A가 철야 근무를 마치고 아침에 퇴근하다가 버스 타러 가는 중에 길거리에 나와 있는 돌부리에 걸려 넘어지면서 오른팔에 골절상을 입었습니다. 근로복지공단은 재해조사결과 통상적인 경로와 방법에 의한 출퇴근재해에 해당하는 것을 확인하고 곧바로 산재승인을 했습니다.

이에 따라 A는 △치료비 등의 요양급여 △요양으로 일을 못한 기간 동안에 지급되는 휴업급여 △치료 후 신체 장해가 남으면 지급되는 장해급여 등을 받게 되었습니다. 또한 원활한 직업 복귀를 위한 심리상담, 직업능력평가 등 다양한 산재보상서비스도 제공됩니다.

교수님, 근로자가 산재신청을 하고 근로복지공단이 산재승인을 하기까지 채 일주일이 걸리지 않았는데요, 많이 달라졌구나… 변화가 실감됩니다. 물론 그런 사람들이 없어야겠지만 회사 밖에서 일어나는 사고이기 때문에 혹시라도 부정한 방법으로 속여서 수급을 받을 우려도 있을 것 같습니다. 이를 우려하는 목소리도 있죠?

그렇습니다. 보호 범위가 넓어진 만큼 이를 악용하는 사례도 늘어날 수 있는데요. 이를 방지하기 위하여 산업재해보상보험법 제84조는 산업재해보상금을 받은 자가 거짓이나 그 밖의 부정한 방법으로 산재보상금을 받은 때에는 그 급여액의 2배에 해당하는 금액을 징수하도록 하는 한편, 보험급여의 지급이 보험가입자의 거짓된 신고 등으로 인한 것일 때에는 그 보험가입자에게 연대책임을 지도록 하고 있습니다. 게다가 부정수급 횟수가 2회 이상이고 그로 인한 부정수급액의 합계가 1억 원 이상인 경우 등 법이 정한 요건에 해당할 때에는 부정수급자와 그 연대책임자의 명단을 공개할 수 있도록 하였습니다.[59] 오늘 강의는 여기서 마치겠습니다.

교수님, 오늘도 좋은 강의해주셔서 감사합니다. 조금씩 법 지식이 쌓이는 것 같아 나름 뿌듯합니다.

판례

대법원 2021. 6. 10. 선고 2016두54114 판결 [요양불승인처분취소]
1. 헌법불합치결정과 잠정적용의 범위
구 산업재해보상보험법(2017. 10. 24. 법률 제14933호로 개정되기 전의 것, 이하 '산재보험법'이라 한다) 제37조 제1항 제1호 (다)목(이하 '구법 조항'이라 한다)은 "사업주가 제공한 교통수단이나 그에 준하는 교통수단을 이용하는 등 사업주의 지배관리하에서 출퇴근 중 발생한 사고"로 부상·질병 또는 장해가 발생하거나 사망한 경우에만 출퇴근 중 발생한 사고를 업무상 재해로 본다고 규정함으로써, 사업주의 지배관리 아래 있다고 볼 수 없는 통상적인 경로와 방법으로 출퇴근하던 중 발생한 재해를 업무상 재해로 인정하지 아니하였다.

헌법재판소 2016. 9. 29. 선고 2014헌바254 전원재판부 결정에서, 구법 조항이 출퇴근 재해에 대한 보상에 있어 사업주가 제공하거나 그에 준하는 교통수단을 이용하여 출퇴근하는 산재보험 가입 근로자와, 도보나 자기 소유 교통수단 또는 대중교통수단 등을 이용하여 통상의 출퇴근을 하는 산재보험 가입 근로자를 합리적인 이유 없이 차별하여 평등원칙에 위배된다는 이유를 들어 구법 조항에 대하여 헌법불합치를 선언하면서 구법 조항은 2017. 12. 31.을 시한으로 입법자가 개정할 때까지 계속 적용된다고 결정하였다(이하 '이 사건 헌법불합치결정'이라 한다).

이 사건 헌법불합치결정에 나타난 구법 조항의 위헌성, 구법 조항에 대한 헌법불합치결정 및 잠정적용의 이유 등에 의하면, 헌법재판소가 구법 조항의 위헌성을 확인하였음에도 불구하고 일정 시한까지 구법 조항의 계속 적용을 명한 것은 출퇴근 재해를 업무상 재해로 인정하는 최소한의 법적 근거를 계속 유지할 필요성 때문이지, 구법 조항에 의하여 사업주의 지배관리하에 있지는 않으나 통상적인 경로와 방법으로 출퇴근하는 중 발생한 사고를 업무상 재해로 보지 않음에 따른 기본권 침해 상태를 개선입법 시행 시까지 계속 유지하기 위한 것으로 볼 수는 없다.

따라서 이 사건 헌법불합치결정에서 구법 조항의 계속 적용을 명한 부분의 효력은 사업주가 제공한 교통수단이나 그에 준하는 교통수단을 이용하는 등 사업주의 지배관리하에서 출퇴근 중 발생한 사고를 업무상 재해로 보는 부분에만 미친다. 즉 구법 조항 가운데 '도보나 자기 소유 교통수단 또는 대중교통수단 등을 이용하여 출퇴근하는 중 발생한 사고'를 업무상 재해에 포함시키지 않는 부분은 적용중지 상태에 있다고 보아야 한다.

사랑스러운 반려동물이 물건?

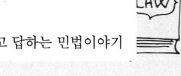

묻고 답하는 민법이야기

교수님, 반려견을 키우는 인구가 늘어나면서 관련 사고들도 많이 발생하고 있는데요. 이제는 동물보호법이 더 엄격해졌다고 들었습니다. 그래서 오늘은 동물과 관련된 주제로 강의해주시면 고맙겠습니다. 가능하신지요?

하하하, 학생들이 궁금해하고, 또 실제 생활에서도 빈번히 일어나는 주제이기에 강의 가치가 충분히 있다고 생각됩니다. 혹시 여러분들도 반려견 키우고 있는지요? 전 개인적으로 겁이 많아서 개나 고양이를 싫어하는 것이 아니라 무척 무서워합니다. 그래서 반려동물을 키운다는 것은 생각도 못 하고 있습니다. 그러나 우리나라도 이제 많은 사람들이 반려동물을 집에서 키우고 있습니다. 그러나 반려동물의 증가로 인한 피해도 속출하고 있죠. 그에 따라 이에 대한 법적 규제와 보호 필요성이 대두되고 있는 것도 사실입니다.

먼저 반려견 목줄(맹견의 경우 입마개 포함)을 하지 않는 소유자에 대한 신고포상금 제도가 시행됩니다. 종전 동물보호법은 공공장소에서 배설물을 치우지 않거나 목줄을 하지 않는 경우 50만 원 이하의 과태료를 부과하도록 규정돼 있습니다. 하지만 실제 과태료 부과 기준을 정한 시행령에서는 과태료가 1차 5만 원, 2차 7만 원, 3차 10만 원 등에 그쳐 법의 실효성에 의문이 제기되고 있기도 합니다.

이에 농식품부는 시행령을 개정해 반려견 목줄 미착용 적발 시 1차 20만

원, 2차 30만 원, 3차 50만 원 등으로 과태료를 상향하였습니다.[60] 또한 추후 최대 50만 원 이하로 규정된 동물보호법 자체를 개정해 처벌 수위를 대폭 높인다는 계획도 발표했습니다.

교수님, 반려동물 그중에서도 주로 반려견이 사람을 물어 다치거나 사망하는 일이 잊을 만하면 발생하고 있는데, 우리나라는 동물보호법상 별도 처벌 기준이 없지 않나요? 외국의 경우는 어떤지도 궁금합니다.

학생 말대로 우리나라는 현행 동물보호법상 별도 처벌 기준이 없어 형법상 규정에 따라 과실치사·과실치상죄 등으로 처벌하고 있습니다. 그래서 치사의 경우에는 700만 원 이하 벌금이나 2년 이하의 금고에, 치상의 경우에는 500만 원 이하의 벌금에 처해집니다. 또한 민사적으로도 불법행위가 되어 손해배상책임을 부담할 수 있습니다. 이를 동물의 점유자의 책임이라고 합니다.

관련 법조문

형법 제266조(과실치상) ① 과실로 인하여 사람의 신체를 상해에 이르게 한 자는 500만원 이하의 벌금, 구류 또는 과료에 처한다. <개정 1995. 12. 29.>
② 제1항의 죄는 피해자의 명시한 의사에 반하여 공소를 제기할 수 없다. <개정 1995. 12. 29.>
제267조(과실치사) 과실로 인하여 사람을 사망에 이르게 한 자는 2년 이하의 금고 또는 700만원 이하의 벌금에 처한다. <개정 1995. 12. 29.>

민법 제759조(동물의 점유자의 책임) ① 동물의 점유자는 그 동물이 타인에게 가한 손해를 배상할 책임이 있다. 그러나 동물의 종류와 성질에 따라 그 보관에 상당한 주의를 해태하지 아니한 때에는 그러하지 아니하다.
② 점유자에 갈음하여 동물을 보관한 자도 전항의 책임이 있다.

교수님, 사람이 부주의나 실수로 다른 사람을 다치게 하는 경우에 형사처벌을 받는 줄은 알고 있었지만, 기르던 반려견이 다른 사람을 다치게 하여도 형사처벌을 받는지는 몰랐습니다. 반려동물을 키우는 사람들도 주의를 단단히 해야 할 것 같습니다.

옳은 말입니다. 여기 반려동물 등을 키우는 사람들이 얼마나 주의를 하여야 하는지를 알게 하는 판례 하나를 소개하겠습니다.

판례

서울동부지방법원 2015. 5. 13. 선고 2014나22750 판결: 확정 [손해배상(기)]
갑이 애완견을 데리고 공원에서 휴식을 취하던 중 애완견의 목줄을 놓치는 바람에 애완견이 부근에 있던 만 4세의 을을 물어 상해를 입게 한 사안에서, 갑은 애완견이 주변 사람들에게 위해를 가하지 못하도록 목줄을 단단히 잡고 있을 의무를 위반한 과실로 을로 하여금 상해를 입게 하였으므로 을이 입은 손해를 배상할 의무가 있고, 어린아이의 보호자로서는 아이에게 위해를 가할 수 있는 주변 상황을 잘 살필 의무가 있고 아이 주변에 동물이 있을 경우 동물이 아이를 공격할 가능성에 대비할 필요가 있으나, 주인이 동행하는 애완견의 경우 주인이 사고 가능성을 예방하는 적절한 조치를 취할 것으로 믿는 것이 일반적이고, 을의 보호자가 사고 예방을 위하여 마땅히 취해야 할 조치를 방임하였다고 볼 수 없다고 한 사례.

자, 이제 잠시 눈을 해외로 돌려 영국을 살펴볼까요. 최근 영국에선 이런 사건이 있었습니다. 입마개와 목줄을 하지 않은 반려견이 공원 놀이터에서 놀던 12명의 어린이를 물어 다치게 했는데 해당 반려견은 전에도 두 차례 어린이를 공격한 적이 있어 법원으로부터 안락사 처분 명령을 받았으나, 주인이 따르지 않은 것으로 드러났습니다.

교수님, 과연 법원이 판결을 어떻게 내렸을까요?

법원은 반복적으로 공격 성향을 보인 반려견을 제대로 관리하지 않은 주인에게 징역 4년을 선고했고, 반려견은 안락사 처분됐습니다. 또한 법원은 주인에게 평생 반려견을 키우지 못하도록 판결했습니다.

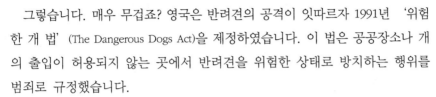

교수님, 정말 무거운 처벌을 받았네요. 우리나라보다 훨씬 무겁게 처벌하는 것 같습니다.

그렇습니다. 매우 무겁죠? 영국은 반려견의 공격이 잇따르자 1991년 '위험한 개 법'(The Dangerous Dogs Act)을 제정하였습니다. 이 법은 공공장소나 개의 출입이 허용되지 않는 곳에서 반려견을 위험한 상태로 방치하는 행위를 범죄로 규정했습니다.

그래서 영국에선 반려견을 안전하게 관리하지 않는 것은 범죄로 분류돼 최고 14년형에 처하도록 하고 있습니다. 평생 반려견을 키우지 못하게 되기도 합니다. 맹견 사육을 위해서는 특별 자격증과 정부 허가가 필요하기도 하고요.

이번에는 미국을 살펴볼까요. 미국도 개 사고에 대한 책임을 주인에게 전가하는 '개 물림 법'(Dog Bite Law)이 있습니다. 목줄 미착용 후 사고 발생 시 최대 100만 원 이상 벌금 또는 6개월 이하의 징역에 처합니다.

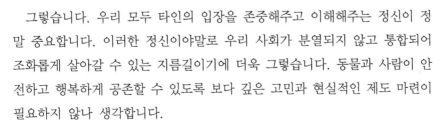

교수님, 외국의 사례가 조금 과한 처벌이라고 생각할 수도 있지만, 책임감 있는 애견인이라면 반려견을 사랑하는 만큼 안전하게 돌보고 관리하는 책임도 명심해야 할 것 같습니다. 내 권리가 소중하면 타인의 권리도 소중한 것이니까요.

그렇습니다. 우리 모두 타인의 입장을 존중해주고 이해해주는 정신이 정말 중요합니다. 이러한 정신이야말로 우리 사회가 분열되지 않고 통합되어 조화롭게 살아갈 수 있는 지름길이기에 더욱 그렇습니다. 동물과 사람이 안전하고 행복하게 공존할 수 있도록 보다 깊은 고민과 현실적인 제도 마련이 필요하지 않나 생각합니다.

여기서 동물과 관련된 중요한 법적 쟁점 하나 짚고 가고 싶습니다. 동물은 물건일까요? 물건이 아닐까요?

> 교수님, 정말 어려운 질문 같습니다. 어떻게 보면 동물은 당연히 물건 같기도 하고, 또 한편으로는 집에서 키우는 반려견이나 반려묘를 생각하면, 도저히 물건이라고 보기 어려울 수도 있을 것 같습니다. 정말 모르겠습니다.

하하하, 학생이 모르는 것이 너무 당연하다고 할 수 있어요. 법률가들도 각기 다른 생각을 할 수 있고, 일반인들도 각자의 가치관이나 경험에 따라 다를 수 있고요. 하지만 기본적으로는 동물은 물건에 해당합니다. 물건은 대표적인 권리의 객체라고 하는데요. 권리객체에 반대되는 말이 권리주체입니다. 즉 권리를 취득하고, 의무를 부담할 수 있는 일반적인 능력이나 자격[61]이 인정되는 존재를 권리주체라고 하고, 이러한 권리주체가 취득하는 권리의 대상이 바로 권리객체가 되는 것입니다.

물건

예를 들면, 이런 것이죠. A가 아파트 한 채를 소유하고 있다면, A는 권리주체이고, 아파트는 소유권이라는 권리의 객체가 되는 것입니다. 그리고 이러한 권리객체의 가장 일반적인 것이 바로 물건입니다.

권리주체

> 교수님, 그러면 권리주체 먼저 조금 더 설명해주시죠.

알겠습니다. 권리주체는 크게 우리와 같은 사람인데, 민법에서는 이를 자연인이라고 하고, 당연히 권리의 주체가 됩니다. 즉 민법 제3조에서는 "사람은 생존한 동안 권리와 의무의 주체가 된다."라고 규정하여, 사람에 대한 권리주체성을 인정하고 있습니다. 또한 사람은 아니지만, 일정한 사람의 집합체인 단체나 일정한 목적에 바쳐진 재산에 대하여는 이를 법인이라고 하는데,[62] 민법은 이 법인도 권리주체로 인정하고 있습니다.

즉 민법 제34조는 "법인은 법률의 규정에 좇아 정관으로 정한 목적의 범위 내에서 권리와 의무의 주체가 된다."라고 규정하여, 법인도 일정한 범위 내에서는 자연인과 같이 권리능력이 인정되어 권리주체가 되는 것입니다. 그리고 이처럼 자연인과 법인 이외에는 권리능력이 없기에 그 어떤 존재도 권리주체가 될 수 없습니다. 그렇기 때문에 동물은 설사 그것이 사랑스러운 반려동물이라 할지라도 당연히 권리능력이 없고, 단순히 물건으로 취급되는 것입니다.

교수님, 말씀을 들어보니 일단 동물도 물건일 것 같기는 하지만, 그래도 뭔가 이상합니다. 반려동물을 아파트나, 토지, 공장에서 제조한 제품 또는 가축으로 키우는 소나 돼지 같은 동물과 똑같이 취급한다는 것이 왠지 마음이 불편합니다.

하하하, 그렇습니다. 그렇기 때문에 동물 그중에서도 반려동물 등에 대하여는 앞에서 살펴본 동물보호법 등에 의하여 특별 취급하기도 하는 것입니다. 그래서 예를 들어, 동물을 죽이거나 때리는 경우, 전형적인 물건을 훼손하는 죄인 형법상의 재물손괴죄에 앞서 동물보호법 등이 적용되어 더욱 무겁게 처벌되는 것입니다.

더 나아가 최근에는 동물은 물건이 아니기에 이를 별도로 규정하여야 한다는 의견이 나오고 있습니다. 즉 우리 민법은 법 적용 대상을 인간(자연인)과 인간이 소유한 물건으로 대별하고 있기에 적어도 민법적으로는 반려동물도 물건으로 볼 수밖에 없는데, 이를 고쳐서 동물을 인간도, 물건도 아닌 제3의 존재로 법적 지위를 인정하자는 것입니다.

이러한 여론에 따라 법무부에서는 '동물은 물건이 아니다' 라는 내용의 민법 개정안을 내놓았고, 2021년 9월에 국무회의를 통과하였지만 아직은 국회를 통과하지 못해서 시행되지는 않고 있습니다.

교수님, 만일 민법 개정안이 통과된다면 구체적으로 어떻게 되는 것인지 궁금합니다.

궁금하죠? 여러분이 궁금하다는 것은 그만큼 리걸 마인드가 많이 생겼다는 것을 보여주는 것이고, 수업에 집중한다는 것입니다. 그래서 교수 입장에서는 흐뭇합니다. 하하하.

만일 위 개정안이 국회를 통과하여 시행된다면, 먼저 동물학대에 대한 처벌 수위가 높아지고 손해배상액도 늘어날 것입니다. 또한 채무자가 돈을 갚지 않을 경우[63] 채권자는 채무자의 물건에 대하여 압류하고 강제집행을 할 수 있는데, 이 경우 동물을 강제집행의 대상에서 제외하도록 민사집행법이 개정될 수도 있습니다.

마지막으로 반려동물이 사고를 당하면, 지금은 동물을 다치게 하거나 죽게 한 사람이 동물 주인에게 치료 비용 등만 배상하면 되는데, 앞으로는 정신적인 위자료까지 배상하게 하도록 하는 법률을 제정하거나 개정할 수도 있습니다. 즉 자신이 키우던 동물이 다치거나 죽을 경우 주인은 큰 정신적 충격을 받았으므로 사람이 다치거나 사망한 경우와 같이 위자료청구권이 인정될 수도 있게 되는 것이죠.

위자료

> 교수님, 정말 그렇게 되면 대단한 변화가 올 것 같습니다.

그렇습니다. 그런데 문제는 여기서 그치지 않을 수도 있습니다.

> 예, 여기서 그치지 않는다고요? 그러면 또 어떤 변화가 있을 수 있다는 것이죠?

시대가 변하면, 어쩌면, 아주 어쩌면 반려동물 등에 대하여 일정한 조건하에서 권리주체로 인정될 수도 있습니다. 만일 반려동물에게도 권리능력을 인정해서 권리의 주체로 취급하게 되면, 극단적으로는 반려동물도 재산을 소유할 수 있고, 주인 등으로부터 일정 재산을 증여받거나 상속을 받을 수 있는 날이 올지도 모르겠습니다.

지금도 일부 국가에서는 반려동물의 주인이 사망하면서 자기의 재산을 남겨진 반려동물을 위하여만 사용하라고 유언할 수 있고,[64] 그에 따라 유산관리인이 이를 집행, 관리하는 사례도 있습니다.

교수님, 정말 세상이 급변하는 것 같고, 그에 따라 우리의 생각과 제도도 많이 바뀌는 것 같습니다. 반려동물, 동물로서 물건에 해당하지만, 일종의 특수한 물건으로 일반 물건과는 달리 취급될 수도 있다는 것, 오늘 새롭게 배웠습니다. 오늘 강의 감사합니다. 반려동물 키우는 친구들에게 오늘 배운 지식을 전해주고 싶습니다. 다음 강의 시간에 뵙겠습니다. 교수님, 오늘도 유익하고 재미있었습니다. 정말 감사합니다.

CHAPTER

14

착오로 송금, 어떻게 해야 하나?

묻고 답하는 민법이야기

학생 여러분, 혹시 온라인으로 금융 거래를 할 때 실수로 계좌 이체를 잘못하였거나 잘못 보내온 돈을 받아 본 적 있는지요?

　　저는 없는데 제 주변에서 그런 분들을 은근히 많이 봤습니다. 한 친구는 다른 사람이 자기에게 송금을 잘못하여 2천만 원을 받아 봤다고도 합니다. 그리고 뉴스에서도 종종 돈을 잘못 송금해서 낭패를 겪었다는 소식도 접합니다. 그러나 그렇다고 하여서 "아니 이게 무슨 횡재야!"라고 받으면 안 되잖아요. 그런데 어떻게 돌려줘야 하죠? 반대로, 제가 잘못 보낼 때는 돌려받을 수 있는 건가요? 정말 궁금합니다.

 살다 보면 의도하지 않게 급하게 돈을 보내려다 실수로 계좌번호를 잘못 쓴 경우가 누구나 있을 것입니다. 만약 금액이 큰돈이라면 정말 막막할 터인데요. 이처럼 돈을 잘못 보내는 것을 착오송금이라고 하는데요. 오늘은 착오송금에 관한 법리를 민법상의 부당이득과 관련하여 살펴보고 싶습니다.

　　교수님, 아차 송금, 아뿔싸 송금, 착오송금이라고 하죠? 사람인지라 확인을 한다고 해도 잠깐의 실수로 잘못 이체를 하는 경우가 있잖아요. 법적으로 착오송금의 범위는 어디까지이고 얼마나 많은 사례가 있나요?

용어 의미 그대로, 착오송금이란 송금 과정에서 수취인의 계좌 정보, 송금 금액, 은행에서 착오가 생겨 잘못 이체하는 모든 것을 말합니다. 예를 들어, A에게 보낸다는 것을 B에게 보내고, 1천만 원을 보낸다는 것이 2천만 원을 보내고, 보낼 의사가 없었는데 보내진 경우와 같이 본인의 의사와 다르게 송금이 이루어진 모든 것을 말합니다.

　최근 인터넷·모바일 뱅킹 등 비대면 금융거래가 확산하면서 착오송금 발생 건수는 매년 큰 폭으로 증가하고 있습니다. 2020년 금융감독원 통계 자료에 따르면, 최근 5년간 착오송금 반환청구 건수가 약 51만 건, 반환청구금액은 약 1조 1천 억 원 규모에 달한다고 합니다. 최근에 은행 업무를 보는 것이 은행 창구에 가서 진행되는 것이 아니라 스마트폰으로 편리하게 이체할 수 있게 된 만큼 그만큼의 실수도 같이 증가하고 있다고 보입니다.

최근 5년간 연도별 은행 착오송금 반환청구 및 미반환 현황

(단위: 건, 억원, %)

구분	2016년	2017년	2018년	2019년	~2020년 8월	합계
반환청구 건수	82,924	92,749	106,262	127,849	104,580	514,364
반환청구 금액	1,806	2,398	2,392	2,574	2,417	11,587
미반환 건수	47,535	52,166	58,105	63,014	49,120	269,940
미반환 금액	990	1,120	1,200	1,193	969	5,472
미반환율(건수)	57.3	56.2	54.7	49.3	47.0	(평균) 52.9
미반환율(금액)	54.8	46.7	50.2	46.3	40.1	(평균) 47.6

출처: 금융감독원

　착오송금 금액이 매년 2천억 원 이상이라… 정말 대단합니다. 교수님, 어마어마한 금액인데요. 착오송금이 많이 있을 것이라고는 생각했지만 이렇게 많을 줄을 몰랐습니다. 착오송금이 이루어진 경우에 송금인은 어떻게 해야 하는 것인지요?

착오송금시, 제일 먼저 할 일은 은행에 연락해서 착오송금 반환청구 절차를 거쳐야 합니다. 그러면 이제는 은행이 수취인에게 연락하기로 의무화되었기 때문에, 수취인이 돌려줄 의사가 있다면 은행이 개인정보 동의를 받아 송금인에게 돌려줍니다.

즉 은행은 송금인의 정보 제공 동의를 받아 계좌번호를 알려주고 3일에서 7일 사이에 돈을 돌려받을 수 있는 제도가 바로 착오송금 반환청구 절차인데요. 지난 2020년 7월부터 영업장에 방문하지 않고도 콜센터에 전화로도 신청할 수 있도록 절차가 개선됐습니다. 또한 주말이나 휴일 등 영업시간 외에도 가능합니다. 하지만 반환되지 않는 경우는 어쩔 수 없이 소송을 통해서 구제받을 수밖에 없습니다.

교수님, 가장 궁금한 것이 있습니다. 착오송금을 하면 해당 돈의 주인은 누가 되는 건가요? 잘못 보내기는 하였지만, 그 돈은 송금인의 것이었으니까 비록 다른 사람의 계좌로 들어갔더라도 여전히 송금인의 돈인 것 같기도 하고, 일단 수취인의 계좌로 입금이 되었으니까 이제는 수취인의 것 같기도 하고요. 도대체 모르겠습니다. 그리고 은행은 아무런 책임이 없는 것인지요?

네, 제일 중요한 점을 질문해 주었습니다. 현행법상으로는 그것이 비록 착오로 인한 송금이라 할지라도 송금이 이루어져 일단 타인 계좌에 입금이 되면 그때부터는 수취인 소유가 되기 때문에, 은행에서도 반환을 강제할 수 없습니다. 대법원 판례에 의하면, 착오송금이라도 수취인 입장에서는 본인의 예금 채권이어서 잘못 보낸 사람은 수취인에 대해 부당이득반환 채권만을 갖게 될 뿐이고, 돈이 보관된 은행을 상대로 직접 돌려달라고 할 수 있는 권리가 없기 때문입니다.

일반적으로 보통 사람들이 생각하기에 '돈 자체는 은행에 있기 때문에 은행에 돌려달라고 하면 은행에서 거래 전산장부만 조금 수정하면 되지 않을까?' 라고 생각할 수 있는데요. 하지만 민사 판례상 자금이 이체되면 그 자금의 소유자는 이체받은 계좌주인 수취인으로 바뀌게 됩니다. 그렇기 때문에 은행이 마음대로 자금의 소유자를 변경시킬 수는 없습니다.

교수님께서 이 경우 송금을 받은 수취인이 순순히 신의성실에 따라서 돌려주고, 송금인은 이를 돌려받는 것이 가장 좋겠지만, 만일 돌려주지 않는다면 민사소송을 진행할 수밖에 없다고 하셨는데요. 우선 이러한 소송으로는 어떤 소송이 있는지요? 그리고 왜 돌려주어야 하는 것인지요? 좀 전에 착오송금된 돈은 수취인 것이라고 말씀하셨는데, 그러면 수취인 입장에서는 이제 그 돈은 자기 돈인데 왜 돌려주어야만 하는지요? 조금 이해하기가 어렵습니다.

그렇지요. 앞서 설명한 대로 송금된 돈은 수취인 것입니다. 그래서 결국 수취인은 송금받은 금액만큼 이익을 얻은 것입니다. 그런데, 수취인의 이득은 정당한 이익일까요, 아니면 정당하지 않은 이익일까요?

교수님 당연히 정당한 이득이 아닌 것 같습니다. 불로소득과 같은 느낌이 듭니다.

그렇습니다. 이러한 이득은 정당한 원인이 있어서 취득한 것이 아니기 때문에, 이를 민법에서는 법률상 원인 없는 이득으로 보아 '부당이득'이라고 부릅니다. 다시 한 번 더 질문할게요. 정당하지 않은 이득, 즉 부당이득은 손실자에게 반환을 해야 할까요, 아니면 그냥 가져도 될까요?

부당이득

교수님, 당연하죠. 반환해야 합니다.

그렇습니다. 이를 반환해야겠죠. 이를 부당이득반환이라고 하는 것입니다. 그래서 결국 수취인은 착오로 입금된 돈을 손실자인 송금인에게 반환해야 하는 것입니다. 그렇기 때문에 송금인은 이의 반환을 구할 수 있는 법적 조치를 취할 수 있습니다. 이러한 민사적 조치로써 수취인을 상대로 지급명령신청이나 부당이득 반환청구 소송을 제기해야 합니다. 이를 통해 강제집행을 할 수 있는 권리를 확보한 다음에 압류 및 추심명령을 통해서 진행하고, 은행이 돌려주지 않는 그런 상황이 된다면 은행을 상대로 추심금청구소송, 이런 식으로 진행되는 것이 통상적입니다.

여기서 지급명령신청은 간편하고 비용이 저렴하다는 장점이 있지만 수취인이 이를 다툴 경우에는 다시 소송으로 가서 진행하여야 한다는 단점이 있습니다. 반면에 부당이득 반환청구 소송은 확실한 권리구제방법이라는 장점이 있지만, 금액이 3천만 원 이하일 경우 소액사건심판법에 따른 권리구제를 받을 수도 있지만, 그래도 역시 시간이 오래 걸리고 비용이 많이 든다는 단점을 안고 있습니다. 그런데, 대부분의 착오송금이 30만 원 이하의 소액이라는 점입니다. 받을 돈이 소액인 경우에는 소송비용 부담이나 시간상의 이유로 그냥 포기하는 경우가 많습니다. 또 소송 기간이 길어 지쳐 포기하는 분들도 많습니다.

> 교수님, 만약에 수취인이 끝까지 돈을 돌려주지 않을 때는 형사적으로도 죄가 성립되나요?

횡령죄

착오송금이라는 것이 민사적인 문제일 수가 있지만, 형사적으로도 범죄가 될 수 있습니다. 즉 착오송금임을 알고서도 반환하지 않거나 임의로 이것을 써버린다고 하면, 형법상 점유이탈물횡령죄나 일반 횡령죄가 성립한다는 것이 판례의 태도입니다. 횡령죄는 형법 제355조 제1항에서 규정하고 있는데요. 〈타인의 재물을 보관하는 자가 그 재물을 임의로 쓰거나 반환을 거부하는 때〉에 성립하는 범죄입니다. 즉 횡령죄가 성립하기 위해서는 타인의 재물을 보관한다는 '보관자의 지위'에 있어야만 하고, 만일 보관자의 지위가 아니라면 횡령죄는 성립할 수가 없습니다.

관련 법조문

형법 제355조(횡령, 배임) ① 타인의 재물을 보관하는 자가 그 재물을 횡령하거나 그 반환을 거부한 때에는 5년 이하의 징역 또는 1천500만원 이하의 벌금에 처한다.

그렇게 생각할 수도 있죠. 그러나 대법원 판례는 수취인과 송금인 사이에는 비록 계약이나 법률상의 보관관계는 없지만, 남의 돈이 우연히 자기 통장에 들어왔다면, 신의성실 원칙에 따라서 보관관계가 성립한다는 이유로 수취인에게 '보관자'의 지위를 인정하고 있습니다. 그래서 수취인이 착오로 송금받은 돈을 함부로 써버린다거나 반환 요구에도 응하지 않은 채 반환을 거부할 때는 형법상의 횡령죄가 성립할 수 있는 것입니다.

보관자 지위

두 사람 사이에 아무런 금전 거래가 없었다고 하더라도 같은 사회를 살아가는 구성원으로서 상대방의 신뢰에 어긋나지 않게 행동해야 할 의무가 있다고 본 것이죠. 또 하나 주의할 것은 이미 임의로 사용하였다면 비록 나중에 이를 돌려주더라도 기왕에 성립한 범죄에는 아무런 영향이 없다는 점입니다.

또한 형법 제360조의 점유이탈물횡령죄가 성립할 수도 있습니다. 점유이탈물횡령죄는 유실물이나, 표류물 또는 타인의 점유를 이탈한 재물을 횡령한 경우에 성립하는 범죄로서, 여기서는 앞의 횡령죄와는 달리 보관자의 지위에 있을 것을 필요로 하지 않는다는 점에서 횡령죄보다 더 쉽게 인정될 수 있습니다.

점유이탈물
횡령죄

알겠습니다. 점유이탈물횡령죄의 가장 흔한 모습은 A라는 사람이 길에 물건을 떨어뜨려 잃어버렸는데, 이를 우연히 발견한 B가 주워가서 돌려주지 않는 경우입니다. 또 은행에서 자기가 예금한 돈 10만 원을 인출하였는데, 은행 직원의 실수로 20만 원을 받게 되었음에도 이를 모른척하면서 돌려주지 않아도 점유이탈물횡령죄가 성립할 수 있는 것입니다.

교수님, 그러면 점유이탈물횡령죄를 착오송금에 적용하게 되면 어떻게 되는 것이죠?

이를 착오송금에 적용하면, 착오로 송금인 A의 점유를 이탈한 돈을 B가 갖고 있으면서도 돌려주지 않는 것이므로 점유이탈물횡령죄가 성립할 수 있는 것이죠.

관련 법조문

형법 제360조(점유이탈물횡령) ① 유실물, 표류물 또는 타인의 점유를 이탈한 재물을 횡령한 자는 1년 이하의 징역이나 300만원 이하의 벌금 또는 과료에 처한다.

교수님, 저는 이것도 궁금해요. 만약에 1천만 원을 착오로 이체받았을 때, 되돌려 줘야 하잖아요? 그럼 1천만 원에 대한 이체 수수료는 누가 부담해야 하나요? 통상적으로 수수료를 떼고 주나요? 정말 궁금한 것이 많이 있습니다.

하하하, 재미있는 질문입니다. 수취인은 착오송금된 돈만 돌려주면 되지만, 반환기간이 길어질 경우 민법 소정의 이자 상당액도 부당이득이 되어 돌려줘야 할 수가 있습니다. 이 경우 수취인 입장에서 돌려주는 비용 등이 문제될 수 있는데요, 수취인 입장에서는 타인의 사무를 처리하는 자가 되어 민법상 사무관리에 해당할 수 있고, 이 경우 관리비용 등을 송금인에게 청구할 수도 있을 것 같습니다.

교수님, 좀 전에 말씀하신 것과 같이 만약에 송금인이 적은 금액이라서 반환청구를 포기한다거나 소송이 길어져서 어쩔 수 없는 경우로 인하여 생긴 미반환 금액은 어떻게 되나요?

그렇습니다. 문제는 미반환시의 법률문제입니다. 금융감독원 조사에 의하면, 착오송금의 경우 약 절반가량만 계좌주인에게 돌아가고 나머지는 은행에 쌓인다고 합니다. 원래 주인이 돌려받지 못하는 건수(2016년~2020년 8월까지)는 26만9940건, 액수로는 무려 5472억 원에 달한다고 합니다. 이러한 미반환 금액은 송금인이 반환청구권을 포기한 것으로 볼 정도가 되면, 수취인은 이를 돌려줄 채무가 없기에 사실상 수취인이 가져가게 되는 결과가 됩니다. 그리고 부당이득반환청구권도 10년의 시간이 경과하면, 시효로 소멸하게 되는데요. 그렇게 되면 수취인은 채무가 소멸한 것이어서 이를 돌려줄 의무도 없습니다.

판례

대법원 2018. 7. 19. 선고 2017도17494 전원합의체 판결 [사기방조·횡령]
송금의뢰인이 다른 사람의 예금계좌에 자금을 송금·이체하여 송금의뢰인과 계좌명의인 사이에 송금·이체의 원인이 된 법률관계가 존재하지 않음에도 송금·이체에 의하여 계좌명의인이 그 금액 상당의 예금채권을 취득한 경우, 계좌명의인이 그와 같이 송금·이체된 돈을 그대로 보관하지 않고 영득할 의사로 인출하면 횡령죄가 성립하는지 여부(적극) / 계좌명의인이 개설한 예금계좌가 전기통신금융사기 범행에 이용되어 그 계좌에 피해자가 사기피해금을 송금·이체한 경우, 계좌명의인이 그 돈을 영득할 의사로 인출하면 피해자에 대한 횡령죄가 성립하는지 여부(한정 적극) 및 이때 계좌명의인의 인출행위가 전기통신금융사기의 범인에 대한 관계에서도 횡령죄가 되는지 여부(소극)
피고인 갑, 을이 공모하여, 피고인 갑 명의로 개설된 예금계좌의 접근매체를 보이스피싱 조직원 병에게 양도함으로써 병의 정에 대한 전기통신금융사기 범행을 방조하고, 사기피해자 정이 병에게 속아 위 계좌로 송금한 사기피해금 중 일부를 별도의 접근매체를 이용하여 임의로 인출함으로써 주위적으로는 병의 재물을, 예비적으로는 정의 재물을 횡령하였다는 내용으로 기소되었는데, 원심이 피고인들에 대한 사기방조 및 횡령의 공소사실을 모두 무죄로 판단한 사안에서, 피고인들에게 사기방조죄가 성립하지 않는 이상 사기피해금 중 일부를 임의로 인출한 행위는 사기피해자 정에 대한 횡령죄가 성립한

다고 한 사례

대법원 2022. 6. 30. 선고 2016다237974 판결 [양수금]

[1] 자금이체는, 은행 간 및 은행점포 간의 송금절차를 통하여 저렴한 비용으로 안전하고 신속하게 자금을 이동시키는 수단이고, 다수인 사이에 다액의 자금이동을 원활하게 처리하기 위하여 그 중개역할을 하는 은행이 각 자금이동의 원인인 법률관계의 존부, 내용 등에 관여하지 않고 이를 수행하는 체제로 되어 있다. 예금거래기본약관에 따라 송금의뢰인이 수취인의 예금계좌에 자금이체를 하여 예금원장에 입금의 기록이 된 때에는 특별한 사정이 없는 한 송금의뢰인과 수취인 사이에 자금이체의 원인인 법률관계가 존재하는지 여부에 관계없이 수취인과 수취은행 사이에는 이체금액 상당의 예금계약이 성립하고, 수취인이 수취은행에 대하여 위 입금액 상당의 예금채권을 취득한다.

[2] 종합통장자동대출에서는 은행이 대출약정에서 정하여진 한도로 채무자의 약정계좌로 신용을 공여한 후 채무자가 잔고를 초과하여 약정계좌에서 금원을 인출하는 경우 잔고를 초과한 금원 부분에 한하여 자동적으로 대출이 실행되고 그 약정계좌에 다시 금원을 입금하는 경우 그만큼 대출채무가 감소하게 된다. 종합통장자동대출의 약정계좌가 예금거래기본약관의 적용을 받는 예금계좌인 경우에 그 예금계좌로 송금의뢰인이 자금이체를 한 때에는 특별한 사정이 없는 한 송금의뢰인과 수취인 사이에 자금이체의 원인인 법률관계가 존재하는지 여부에 관계없이 수취인이 수취은행에 대하여 위 이체금액 상당의 예금채권을 취득한다.

다만 약정계좌의 잔고가 마이너스로 유지되는 상태, 즉 대출채무가 있는 상태에서 약정계좌로 자금이 이체되면, 그 금원에 대해 수취인의 예금채권이 성립됨과 동시에 수취인과 수취은행 사이의 대출약정에 따라 수취은행의 대출채권과 상계가 이루어지게 된다. 그 결과 수취인은 대출채무가 감소하는 이익을 얻게 되므로, 설령 송금의뢰인과 수취인 사이에 자금이체의 원인인 법률관계가 없더라도, 송금의뢰인은 수취인에 대하여 이체금액 상당의 부당이득반환청구권을 가지게 될 뿐이고, 수취인과의 적법한 대출거래약정에 따라 대출채권의 만족을 얻은 수취은행에 대하여는 부당이득반환청구권을 취득한다고 할 수 없다.

교수님, 그런데 이런 경우도 있을 것 같아요. 상대방 수취인이 양심상 돌려주고 싶어도 피치 못할 사정으로 수취인 본인 계좌가 동결되거나 다른 채권자 등에 의하여 압류된 상태여서 돌려주지 못할 수도 있잖아요? 그러면 어떻게 되는 것이죠? 제일 궁금합니다.

질문한 학생은 정말 대단한 학생입니다. 법적 사고력, 영어로는 'legal mind'라고 부르는데, 학생은 법적 사고능력이 정말 뛰어난 것 같습니다. 혹시 로스쿨에 진학하게 되면 훌륭한 법조인이 될 자질이 충분히 있습니다. 그렇습니다. 착오송금에서 가장 심각한 법률문제가 바로 이런 경우입니다. 수취인 계좌가 수취인의 채권자에 의하여 압류된 경우, 송금인이 수취인 계좌로 보낸 돈은 모두 수취인의 것으로 보아 압류한 채권자가 강제집행을 할 수가 있어서 송금인은 사실상 돌려받지 못할 수가 있습니다.

또 하나 문제되는 것이 은행이 수취인에게 대출을 해줘서 대출금채권을   상계
갖고 있는 경우입니다. 이 경우 수취인은 은행에게 자기 계좌로 들어온 돈을 인출할 권리가 있고, 은행은 수취인에게 대출금을 갚을 것을 청구하는 채권이 있습니다. 서로 채권을 갖고 있고, 상호 채무를 부담하는 것이지요. 이러한 경우에, 은행은 민법상 상계라는 제도를 통하여 입금된 돈을 돌려주지 않고 자신의 대출금 채권 변제에 충당할 수가 있습니다. 이렇게 되면 사실상 착오송금인은 이를 돌려받을 수가 없게 되죠.

관련 법조문

제492조(상계의 요건) ① 쌍방이 서로 같은 종류를 목적으로 한 채무를 부담한 경우에 그 쌍방의 채무의 이행기가 도래한 때에는 각 채무자는 대등액에 관하여 상계할 수 있다. 그러나 채무의 성질이 상계를 허용하지 아니할 때에는 그러하지 아니하다.
② 전항의 규정은 당사자가 다른 의사를 표시한 경우에는 적용하지 아니한다. 그러나 그 의사표시로써 선의의 제삼자에게 대항하지 못한다.
제493조(상계의 방법, 효과) ① 상계는 상대방에 대한 의사표시로 한다. 이

의사표시에는 조건 또는 기한을 붙이지 못한다.
② 상계의 의사표시는 각 채무가 상계할 수 있는 때에 대등액에 관하여 소멸한 것으로 본다.

교수님, 송금인에게 너무 가혹한 결과가 되는 것 같습니다.

그렇습니다. 이러한 결과가 송금인에게는 너무 가혹하고, 은행은 누가 뭐래도 공적 업무를 수행하는 기관인데, 이러한 상계를 허용하는 것이 과연 타당한 것인지 의문이 들기도 하죠. 이러한 경우에 대법원은 일정한 경우, 은행이 상계하는 것은 민법상의 신의성실의 원칙이나 권리남용금지원칙에 위배되는 것으로 보아 은행의 상계권 행사를 제한하는 경우도 있습니다.

신의성실원칙

판례

대법원 2022. 7. 14. 선고 2020다212958 판결 [부당이득금]
송금의뢰인이 착오송금임을 이유로 거래은행을 통하여 혹은 수취은행에 직접 송금액의 반환을 요청하고, 수취인도 송금의뢰인의 착오송금에 의하여 수취인의 계좌에 금원이 입금된 사실을 인정하여 수취은행에 그 반환을 승낙하고 있는 경우, 수취은행이 수취인에 대한 대출채권 등을 자동채권으로 하여 수취인의 계좌에 착오로 입금된 금원 상당의 예금채권과 상계하는 것은 수취은행이 선의인 상태에서 수취인의 예금채권을 담보로 대출을 하여 그 자동채권을 취득한 것이라거나 그 예금채권이 이미 제3자에 의하여 압류되었다는 등의 특별한 사정이 없는 한, 공공성을 지닌 자금이체시스템의 운영자가 그 이용자인 송금의뢰인의 실수를 기화로 그의 희생하에 당초 기대하지 않았던 채권회수의 이익을 취하는 행위로서 상계제도의 목적이나 기능을 일탈하고 법적으로 보호받을 만한 가치가 없으므로, 송금의뢰인에 대한 관계에서 신의칙에 반하거나 상계에 관한 권리를 남용하는 것이다.
수취인의 계좌에 착오로 입금된 금원 상당의 예금채권이 이미 제3자에 의하여 압류되었다는 특별한 사정이 있어 수취은행이 수취인에 대한 대출채권 등을 자동채권으로 하여 수취인의 그 예금채권과 상계하는 것이 허용되더라도 이는 피압류채권액의 범위 내에서만 가능하고, 그 범위를 벗어나는 상계는 신의칙에 반하거나 권리를 남용하는 것으로서 허용되지 않는다.

교수님, 착오송금이 일어나면 돈을 돌려받기가 정말 어렵군요. 그런데 반가운 소식이 있다고 들었습니다. 새로운 제도 개선으로 착오송금에 대해서 반환을 지원받을 수 있다고 들었는데요. 어떤 내용인가요?

반환지원제도

그렇습니다. 2021년 7월 6일부터는 예금보험공사(예보)가 송금인 대신 잘못 보내진 돈을 찾아서 일정 비용을 제한 나머지 금액을 송금인에게 돌려주는 제도를 시행하고 있습니다. 즉 송금인이 소송을 하는 것이 아니라 예금보험공사가 송금인 대신 수취인을 상대로 소송을 해서 수취인으로부터 착오송금된 돈을 찾아주는 제도이죠.

교수님, 그러면 송금인 입장에서는 정말 도움을 받을 수 있을 것 같습니다. 자신이 직접 소송을 하는 것이 아니라 공사에서 소송을 대신해 준다면, 편리할 수도 있을 뿐만 아니라 아무래도 마음이 많이 놓일 것 같습니다.

맞습니다. 송금인을 위한 좋은 제도인데요. 하지만 꼭 알아두어야 할 것이 있습니다. 이러한 제도를 이용할 수 있는 범위는 착오로 송금된 돈이 5만 원에서 5천만 원[65]까지입니다. 이처럼 이용 한도 송금액을 설정한 이유는 5만 원 미만 착오송금의 경우 배보다 배꼽이 더 클 수 있고, 5천만 원 초과 착오송금의 경우 송금인이 직접 소송을 진행하는 것이 오히려 저렴하고 효율적이기 때문이라고 합니다.

그러면 구체적으로 어떠한 절차를 통해서 구제받을 수 있는지요?

구제제도가 진행되는 절차는 다음과 같습니다. 먼저 예보는 송금인으로부터 반환대행신청을 받은 뒤 관계기관으로부터 수취인의 주민등록번호와 연락처 등을 확인해 자진반환을 제안하고, 수취인이 이를 거부할 때는 법원에 지급명령 절차를 통해 돈을 회수합니다. 그리고 회수한 금액에서는 우편 안내, 인지대, 인건비 등의 일정 비용을 제외한 나머지를 송금인에게 돌려주는 방식으로 이루어집니다. 이 경우 소요 시간은 약 1~2개월에 불과하다고 합니다.

착오송금 반환지원 제도

■ 착오송금 범위 .... 5만~5000만 원

■ 반환 절차

> 1년 이내 고객이 반환 신청

▼

> 예보. 수취인 정보 확인

▼

> 자진반환 회수 요청

▼

> 수취인이 미반환 시 법원에 지급명령 신청

▼

> 회수절차에 사용된 비용 공제 후 잔액 반환
> (1~2개월 소요 전망)

- (추진 경과) 송금인이 신속하고 효과적으로 착오로 송금한 금액을 반환받을 수 있도록 지원하기 위한 「예금자 보호법」 개정안이 2020년 12월 9일 국회 본회의를 통과하였음
- (법 개정 주요내용) 금융회사를 통한 착오송금 반환 요청에도 수취인이 반환하지 않는 경우 예금보험공사(이하 '예보')가 송금인의 착오송금액 반환을 지원
- 송금인의 신청에 따라 예보는 수취인에게 자진반환 안내 등을 통해 회수한 후 관련 비용을 차감하고 지급(사후정산 방식)
- 다만, 반환지원 과정에서 정상적 상거래, 자금대여 및 상환 등에 의한 송

금으로 밝혀진 경우 착오송금 반환지원이 중지되며,

- 구체적인 지원 대상 및 관련 비용 등은 시행령 및 관련 규정 개정 등을 거쳐 추후 확정할 예정임

교수님, 하지만 모두가 반환대상이 되는 건 아니잖아요? 반환대상 조건을 살펴본 다면 어떤지요?

그렇습니다. 반환대상은 아래와 같습니다.

관련 법조문

제10조(반환지원대상)

① 공사는 착오송금인 또는 착오송금인이 지정한 대리인(이하 "착오송금인등" 이라 한다)으로부터 부당이득반환채권 반환지원신청(이하 "반환지원신청"이라 한다)이 있는 경우 다음 각 호의 요건을 모두 만족하는 부당이득반환채권을 매입할 수 있다. 이 경우 동일한 원인으로 동일한 착오송금 수취인에게 여러 차례 착오송금된 경우 각각 1건으로 보고, 이 중 1건만 매입할 수 있다

2. 착오송금은 다음 각 목에 모두 해당할 것

가. 착오송금인의 계좌가 자금이체 금융회사등에서 개설되었을 것

나. 부당이득반환채권액이 5만원 이상 5,000만원 이하일 것. 이 경우 부당이득반환채권액은 1건의 부당이득반환채권 전부를 기준으로 하며, 부당이득반환채권 일부의 반환지원신청은 제한한다.

다. 반환지원신청일은 착오송금일로부터 1년 이내일 것. 이 경우 착오송금일은 불산입한다.

교수님, 그렇다면 실제로 회수받을 수 있는 비용은 어느 정도일까요?

정확하게 이야기할 수는 없지만 대략 다음과 같습니다.

- 예보가 먼저 3영업일 이내 실제 회수된 금액에서 회수 관련 비용을 차

감한 잔액을 송금인에게 돌려줌

- 회수관련비용은 개인별로 상이함
- 금액대별 평균예상 지급률(예금보험공사 추정, 자진반환/지급명령)
- (10만 원)86%/82%(100만 원)95%/91%(1,000만 원)96%/92%

교수님, 이러한 제도를 실제 많은 사람들이 이용하고 있는지도 궁금하고, 이용시 정말 많은 경우에 실제로 돈을 돌려받을 수 있는지 궁금합니다.

그렇습니다. 제도 시행 2년이 지난 2023년 예금보험공사의 발표 자료[66]에 따르면, 23,718건에 총 금액 385억 원의 반환지원신청이 있었고, 이중 예금 보험공사의 심사 결과 10,603건에 총 149억 원이 지원대상으로 확정되었으며, 이중 7015명에게 86억 원을 회수해 주었다고 합니다. 그리고 평균 지급률은 96%에 달하였고, 소요기간은 평균 46일이었다고 합니다.

교수님, 대단한 실적 같습니다. 그런데, 혹시나 해서 드리는 질문입니다. 저는 절대로 이렇게 하지 않을 것입니다. 하하하. 실제는 착오송금이 아니고 정상적인 송금임에도 송금인이 착오송금이라고 거짓 주장을 하면서 예금보험공사에 지원을 요청할 수도 있잖아요. 이런 경우에는 어떻게 되는 것인지 궁금합니다. 그리고 외국계 은행이나 마을금고 등을 통한 송금에도 지원대상이 되는지요?

하하하. 재미있는 질문입니다. 사람들 중에는 제도를 악용하는 사람도 있을 수 있죠.

그래서 예보가 반환신청을 받은 송금거래 중 착오송금이 아니라 정상거래 등으로 확인될 경우에는 수취인에 대한 부당이득반환채권 매입계약을 해제할 수 있도록 하고 있습니다. 거짓이나 부정한 방법으로 신청한 경우나 착오송금이 아님이 객관적으로 확인될 경우, 관련 소송이 진행 중이거나 완료된 경우 등이 바로 여기에 해당합니다.

그리고 적용 대상은 국내 시중은행뿐만 아니라 외국은행 국내지점과 산업은행과 중소기업은행 등 국책은행이 모두 포함됩니다. 금융투자업자와 보험회사, 카드사와 캐피탈사, 보험사도 마찬가지이고요. 저축은행, 신협, 새마을금고, 농협·수협·산림조합, 우체국 등 상호금융권도 모두 포함됩니다.

> 교수님, 정말 아차 하는 순간의 실수 상황을 돕는 차원에서는 반가운 일이지만요. 그러나 한편으로는 개인의 실수를 세금으로 채운다는 데에서는 경각심을 가져야 할 것 같아요. 이에 대한 교수님의 생각은 어떠신가요?

그렇습니다. 착오송금에 따른 예금 보호제도는 꼭 필요한 제도이지만, 이를 악용하여서는 안 될 것입니다. 또한 착오송금이 이루어진 경우에는 수취인은 조속히 송금인에게 순순히 반환하는, 즉 각 개인 간 부당이득을 돌려주는 사회풍토가 조성되어야 한다고 봅니다. 우리는 더불어 살아가는 사람들이기에 더욱 그렇습니다.

> 교수님, 그런데 이런 경우도 있더라고요. 요즘 보이스 피싱으로 인한 피해가 상당하잖아요? "계좌번호를 잘못 써서 돈이 들어갔네요. 다시 돌려주시겠어요?"라고 해서 돌려줬더니, 실은 보이스 피싱 전달책이 됐다는 뉴스를 봤습니다. 이런 경우 어떻게 되나요?

우리 학생은 궁금한 점이 정말 많군요. 좋은 모습입니다. 궁금함에서 답이 나오는 것이니까요. 소위 대포통장의 명의인이 될 경우에는 모바일 뱅킹이 제한되는 등 금융거래가 제한됩니다. 만약 대포통장 명의인이 보이스 피싱에 연루된다면 피해자가 아닌 가해자가 되어 법적 처벌을 받을 수 있습니다. 국내에서는 범죄수익을 전달하는 수단인 대포통장에 대하여 '미필적 고의'를 적용합니다. 또한 보이스 피싱에 연루되면 사기죄, 사기방조죄로 형사처벌 대상이 될 수 있습니다.

사기방조죄의 경우 사기범죄인 줄 알았거나 알 수 있었음에도 부주의하게 사기범죄에 도움을 준 것을 의미합니다. 대출 목적 또는 아르바이트를 하고자 돈을 입금받아 인출해 준 경우 보이스 피싱 사기방조죄 혐의가 적용됩니다. 형법 제32조에 따라 타인의 범죄를 방조한 자는 종범으로 처벌합니다. 방조범에 있어서 미필적 인식 또는 예견으로 충족됩니다.

　　교수님, 그렇다면 어느 날 본인도 모르게, 착오송금을 받은 경우, 어떻게 현명하게 대처해야 할까요?

　　착오송금을 이유로 재입금을 요구한다면 우선 요구를 거절하고 해당 은행에 착오송금 사실을 전달해야 합니다. 만약 입금이 이루어졌을 경우 송금받은 사람의 계좌가 지급 정지되거나 보이스 피싱 피해자가 구제신청을 한다면, 송금 은행의 중재 하에 피해금 반환과 피해구제 신청이 진행됩니다.

인정되면 즉시 해당 사기이용계좌의 전부에 대하여 지급정지 조치를 하여야 한다.

  1. 제3조제1항에 따른 피해구제 신청 또는 제3조제2항에 따른 지급정지 요청이 있는 경우

  2. 수사기관 또는 「금융위원회의 설치 등에 관한 법률」에 따라 설립된 금융감독원(이하 "금융감독원"이라 한다) 등으로부터 사기이용계좌로 의심된다는 정보제공이 있는 경우

  3. 제2조의5제2항에 따른 피해의심거래계좌에 대한 본인확인조치 결과 사기이용계좌로 추정되는 경우

제3조(피해구제의 신청)

① 피해자는 피해금을 송금·이체한 계좌를 관리하는 금융회사 또는 사기이용계좌를 관리하는 금융회사에 대하여 사기이용계좌의 지급정지 등 전기통신금융사기의 피해구제를 신청할 수 있다.

② 제1항에 따라 피해구제의 신청을 받은 금융회사는 다른 금융회사의 사기이용계좌로 피해금이 송금·이체된 경우 해당 금융회사에 대하여 필요한 정보를 제공하고 지급정지를 요청하여야 한다.

   대포통장의 명의인이 되는 경우 금융거래에 불편이 따를 뿐만 아니라 한 순간 범죄자가 될 수 있습니다. 해마다 급증하는 보이스 피싱 사례로 정부의 단속 또한 강화되고 있습니다. 하지만 보이스 피싱의 범죄 수법은 엄청난 속도로 진화하고 있고 다양해지고 있습니다. 보이스 피싱에 대응하는 가장 최선의 대응책은 섣불리 범죄자의 요구에 응하지 않고 의심하고 확인하는 것입니다.

   교수님, 오늘 강의 정말 재미있으면서도 생활에서 활용할 수 있는 주제이어서 매우 유익했습니다. 그런데 누구라도 보이스 피싱을 당하게 되면 당황하고 정신이 없어서 쉽게 범죄에 걸려들 것 같습니다. 항상 주의하고, 침착하게 꼼꼼히 확인하면서 이를 처리할 수밖에는 없을 것 같습니다. 과학기술의 발달에 따라 비대면이나 온라인 등을 통한 금융거래가 더 많이 이루어질 수밖에 없는데 정말 걱정입니다. 오늘 강의 감사합니다.

착오송금

CHAPTER

15

마지막 수업
-적은 돈 쉽게 돌려받는 법

묻고 답하는 민법이야기

교수님, 민사재판에서는 소액재판이라는 것이 있고, 그 소액재판은 소액사건의 최고액수가 3천만 원으로 증액되었다는 뉴스를 언뜻 본 것 같습니다. 소액재판의 최고액수가 높아졌다는 것은 일반 시민들에게 반가운 소식인가요?

소액사건심판법

종전에는 소액사건의 최고액수가 2천만 원이었는데, 대법원이 대법원규칙을 개정하여 소액사건의 최고액수를 3천만 원으로 증액하였습니다. 소액사건이란 소액사건심판법이라는 특별법에 따라 단독 판사가 간이 절차를 밟아 상대적으로 신속하게 결론내는 사건을 말합니다. 그리고 소액사건심판법은 지방법원 및 지방법원지원에서 소액의 민사사건을 간이한 절차에 따라 신속히 처리하기 위하여 민사소송법에 대한 특례를 규정함을 목적으로 제정된 법률입니다.[67]

관련 법조문

소액사건심판법 제1조(목적) 이 법은 지방법원 및 그 지원(支院)에서 소액(少額)의 민사사건을 간이한 절차에 따라 신속히 처리하기 위하여 「민사소송법」에 대한 특례를 규정함을 목적으로 한다.

또한 소액사건심판법에 따라 심판할 수 있는 소액사건의 범위는 지방법원 및 지방법원지원의 관할사건 중에서 대법원규칙으로 정하는 민사사건을 말합니다.[68] 그런데 이러한 대법원규칙(소액사건심판규칙)에서는 소액사건의 심판범위인 최고액[69]을 1998년 3월 이래 2천만 원으로 계속 유지하여 왔어요. 그래서 그동안의 물가와 국민소득 수준이 크게 상승한 점을 고려하여 2016. 11. 26. 개정을 통하여 2017. 1. 1.부터는 소액사건은 "제소한 때의 소송목적의 값이 3,000만 원을 초과하지 아니하는 금전 기타 대체물이나 유가증권의 일정한 수량의 지급을 목적으로 하는 제1심의 민사사건으로 한다."라고 하였습니다.[70] 그렇기 때문에 이제는 소액사건심판법에 따라 간이하게 재판할 수 있는 소송목적의 값은 3천만 원 이내의 사건으로 확대된 것입니다.

교수님, 소액사건이라고 하면 주로 어떤 사건들을 말하는 건가요?

가장 일반적인 것이 돈 빌린 것을 갚지 않았을 때 제기하는 대여금 청구라든지, 손해를 입었을 때 배상을 청구하는 손해배상, 전세보증금을 돌려달라는 소송 등 다양합니다. 이러한 금전 등 청구사건 중 다투는 금액이 3천만 원 이하(즉 3천만 원까지)일 경우 이를 소액사건이라고 합니다.

교수님, 그러면 소액사건을 별도의 간이한 절차로 재판하는 이유는 무엇인지 궁금합니다.

참 좋은 질문입니다. 소액사건만을 별도의 특별법과 절차를 통하여 재판하는 이유는 이들 상당수가 일반 서민의 생계와 직접적인 연관이 있는 만큼 재판에 걸리는 시간을 최대한 줄여서 생업에 빨리 복귀할 수 있도록 하려는데에 그 목적이 있습니다. 또한 일반적으로 재판할 때 들어가는 인지대 등의 비용을 소송비용이라고도 하는데, 너무 비싸서 일반 서민들 입장에서는 쉽게 소송을 하지 못하여 권리구제를 받지 못할 수도 있습니다. 이러한 문제점을 해소하기 위하여 비교적 저렴한 비용으로 권리구제를 받을 수 있도록 하는 것에 그 존재 의의가 있습니다.

여러 가지가 있습니다. 우선 법원에 바라는 재판을 해달라는 것을 구하는 것을 소(訴)의 제기라 하고, 그 내용을 기재한 서면을 소장이라고 합니다. 원칙적으로 법원에 하는 소송행위는 아무런 형식을 필요로 하지 않는 관계로 서면으로 할 수도 있고 말로, 즉 구두로도 할 수 있습니다. 그러나 소의 제기는 권리관계에 중대한 영향을 주는 행위이기에 소장이라는 서면을 통해서만 할 수 있습니다. 즉 소의 제기는 소장이라는 서면(문서)을 통해서만 이루어집니다.

소장

그러나 소액사건에서는 굳이 서면으로 소장을 작성하지 않아도 되고, 구술로도 소를 제기할 수가 있습니다.[71] 이를 구술에 의한 소 제기라고 합니다. 이처럼 구술로도 소를 제기할 수 있기에 서면 작성에 어려움을 느끼는 사람들도 얼마든지 자유롭게 권리보호를 청구할 수 있고, 굳이 변호사 등 법률 전문가의 도움을 받지 않고도 소를 제기할 수 있기에 경제적으로도 도움이 되는 것이죠.

변호사대리원칙

또한 원칙적으로 민사소송에서는 변호사가 아니면 타인의 소송을 대리하여 진행할 수가 없습니다. 즉 변호사만이 타인의 소송을 대리할 수 있고, 이를 변호사 대리의 원칙이라고 부르고,[72] 예외적으로 민사 단독사건 중 일부 사건에서는 법원으로부터 소송대리 허가를 받아야 비로소 변호사 아닌 자가 소송대리를 할 수 있습니다.[73]

그러나 소액사건에서는 변호사가 아니어도 소송 당사자의 배우자나 직계혈족 등은 법원의 허가 없이도 소송대리인이 되어 재판을 진행할 수 있습니다. 즉 소액사건심판법 제8조 제1항에서는 소송대리에 관한 특칙으로 당사자의 배우자·직계혈족 또는 형제자매는 법원의 허가 없이도 소송대리인이 될 수 있도록 하고 있습니다.

그리고 법원 입장에서도 판사는 판결서를 작성할 때 원칙적으로 이유를 기재하지 아니할 수도 있어[74] 신속하게 재판을 할 수 있게 하는 등 많은 편의를 제공하고 있습니다.

소액사건심판법

제3조(상고 및 재항고) 소액사건에 대한 지방법원 본원(本院) 합의부의 제2심 판결이나 결정·명령에 대해서는 다음 각 호의 어느 하나에 해당하는 경우에만 대법원에 상고(上告) 또는 재항고(再抗告)를 할 수 있다.

1. 법률·명령·규칙 또는 처분의 헌법 위반 여부와 명령·규칙 또는 처분의 법률 위반 여부에 대한 판단이 부당한 경우

2. 대법원의 판례에 상반되는 판단을 한 경우

제4조(구술에 의한 소의 제기) ① 소(訴)는 구술로써 제기할 수 있다.

제8조(소송대리에 관한 특칙) ① 당사자의 배우자·직계혈족 또는 형제자매는 법원의 허가 없이 소송대리인이 될 수 있다.

제11조의2(판결에 관한 특례)

③ 판결서에는 「민사소송법」 제208조에도 불구하고 이유를 적지 아니할 수 있다. 다만, 다음 각 호의 어느 하나에 해당하는 경우에는 청구를 특정함에 필요한 사항 및 주문의 정당함을 뒷받침하는 공격방어방법에 관한 판단 요지를 판결서의 이유에 기재하도록 노력하여야 한다.

1. 판결이유에 의하여 기판력의 객관적 범위가 달라지는 경우

2. 청구의 일부를 기각하는 사건에서 계산의 근거를 명확하게 제시할 필요가 있는 경우

3. 소송의 쟁점이 복잡하고 상대방의 주장, 그 밖의 공격방어방법에 대한 다툼이 상당한 사건 등 당사자에 대한 설명이 필요한 경우

교수님, 말씀을 듣고 보니 참 유익한 제도라는 생각이 들기도 합니다. 무엇보다도 재판이 빠르게 진행된다는 장점이 좋은 것 같습니다. 그렇지만 장점이 있는 반면에 시민들이 주의를 기울여야 하는 부분도 있을 것 같은데요, 어떤 것들이 있는지요?

그렇습니다. 소액사건은 심리와 증거조사가 간이화되어 있기에 편리한 반면에 절차적 권리가 침해될 우려가 있습니다. 판결문에 이유를 기재하지 않아 패소이유를 알 수 없는 불편함도 있을 수 있고요. 대법원은 이러한 문제

점을 개선하기 위하여 소송의 쟁점이 복잡하고 상대방의 주장이나 공격방어방법에 대한 다툼이 상당한 사건 등과 같이 당사자에 대한 설명이 필요한 경우에는 판단 요지를 판결서의 이유에 기재하도록 하고 있지만,[75] 여전히 한계가 있는 것이 현실이죠.

또한 실제로도 소액사건에서 패소한 경우에는 비록 항소를 하더라도 항소 인용률이 낮을 뿐만 아니라, 대법원이 심리하는 상고심도 상고이유가 제한되어 있어 대법원의 판단을 받아 보는 것도 쉽지 않습니다.

> 교수님, 그게 무슨 뜻이죠? 우리나라는 3심제 재판으로 최종적으로 대법원에서 억울함을 구제받을 수 있는 것 아닌가요?

상고이유 제한

학생 말이 맞습니다. 그러나 소액사건재판에서는 예외가 있습니다. 즉 소액사건이 상고되어 대법원으로 가더라도, 원심판결이 종전의 대법원판결에 위배되는 등 일정한 경우에만 상고이유가 되기에 대법원 판단을 받아 볼 기회가 사실상 차단되어 있다고 볼 수 있습니다. 즉 소액사건은 법률, 명령, 규칙 또는 처분이 헌법에 위반되는지 여부와 명령이나 규칙 또는 처분이 법률에 위배되는 여부에 대한 원심법원의 판단이 부당한 경우나, 원심판결이 종전의 대법원 판례와 상반되는 판단을 한 경우에 한하여 대법원에 상고를 할 수 있습니다.

> 교수님, 그러면 소액사건에서는 위와 같은 경우가 아니면 전혀 대법원의 실질적인 판단을 받아 볼 수가 없다는 것인가요? 조금 억울한 경우도 발생할 것 같습니다.

그렇습니다. 이를 너무 엄격하게 적용할 경우 나타날 수 있는 모순점을 극복하기 위하여 대법원은 일정한 경우에는 예외를 인정하고 있습니다. 즉 비록 기존 대법원 판례에 위배되지는 않지만 아직 대법원의 판단이 없는 상태에서 여러 법원으로부터 동종의 사건에 대한 재판이 이루어지고 사회적으로 중대한 영향을 줄 수 있는 경우에는 예외적으로 대법원에서 심리할 수 있음을 밝히고 있습니다. 다음의 대법원판결이 바로 그것입니다.[76]

대법원 2004. 8. 20. 선고 2003다1878 판결 [구상금]

[1] 소액사건심판법 제3조 제2호에 규정된 '대법원의 판례에 상반되는 판단을 한 때'라 함은 구체적인 당해 사건에 적용될 법령의 해석에 관하여 대법원이 내린 판단과 상반되는 해석을 한 경우를 말하고, 단순한 법리오해나 채증법칙 위반 내지 심리미진과 같은 법령 위반 사유는 이에 해당하지 않는다.

[2] 소액사건에 있어서 구체적 사건에 적용할 법령의 해석에 관한 대법원 판례가 아직 없는 상황에서 같은 법령의 해석이 쟁점으로 되어 있는 다수의 소액사건들이 하급심에 계속되어 있을 뿐 아니라 재판부에 따라 엇갈리는 판단을 하는 사례가 나타나고 있는 경우, 소액사건이라는 이유로 대법원이 그 법령의 해석에 관하여 판단을 하지 아니한 채 사건을 종결하고 만다면 국민생활의 법적 안전성을 해칠 것이 우려된다고 할 것인바, 이와 같은 특별한 사정이 있는 경우에는 소액사건에 관하여 상고이유로 할 수 있는 '대법원의 판례에 상반되는 판단을 한 때'의 요건을 갖추지 아니하였다고 하더라도 법령해석의 통일이라는 대법원의 본질적 기능을 수행하는 차원에서 실체법 해석적용에 있어서의 잘못에 관하여 직권으로 판단할 수 있다고 보아야 한다.

대법원 2022. 7. 28. 선고 2021다293831 판결 [구상금]

소액사건에서 구체적 사건에 적용할 법령의 해석에 관한 대법원 판례가 아직 없는 상황에서 같은 법령의 해석이 쟁점으로 되어 있는 다수의 소액사건들이 하급심에 계속되어 있을 뿐 아니라 재판부에 따라 엇갈리는 판단을 하는 사례가 나타나고 있는 경우, 소액사건이라는 이유로 대법원이 법령의 해석에 관하여 판단을 하지 않은 채 사건을 종결하고 만다면 국민생활의 법적 안정성을 해칠 우려가 있다. 이와 같은 특별한 사정이 있는 경우에는 소액사건에 관하여 상고이유로 할 수 있는 '대법원의 판례에 상반되는 판단을 한 때'의 요건을 갖추지 않았다고 하더라도 법령해석의 통일이라는 대법원의 본질적 기능을 수행하는 차원에서 실체법 해석적용의 잘못에 관하여 판단할 수 있다.

교수님, 다른 각도에서 드는 의문인데요. 좀 전에 소액사건의 범위가 3천만 원 이하라고 하였는데, 3천만 원이 과연 소액이라고 할 수 있을까요? 일반 서민 입장에서는 거의 전 재산일 수도 있지 않을까요? 교수님은 어떻게 생각하시는지요?

맞습니다. 사실 서민이나 젊은 사람들 입장에서는 전 재산일 수도 있어서 소액이라고 할 수는 없을 수도 있을 것 같습니다. 외국의 경우는 어떤가 하면요. 독일은 약 670만 원, 미국은 30여 개 주에서 약 600만 원, 일본도 미국과 비슷한 600여만 원 수준으로 소액사건 기준 금액이 우리보다는 훨씬 낮은 것으로 알려져 있습니다.

재판청구권

그래서 변호사단체에서는 소액사건의 기준이 되는 3천만 원이 너무 높아 국민의 재판청구권을 사실상 침해하는 것이어서 한도를 올릴 것이 아니라 오히려 외국처럼 낮추어야 한다고 주장하고 있습니다. 특히 소액사건은 나 홀로 소송이 많은데, 전문가의 도움을 받지 않고 진행하다가 법률 지식의 부족으로 나중에 더 큰 피해를 입기도 하여 주의가 필요합니다.

교수님, 그러면 소액사건이 항소심이나 대법원인 상고심으로 갔을 때도 앞에서 말씀하신 여러 특례가 적용되는지요?

정말 좋은 질문입니다. 소액사건심판법의 적용대상은 지방법원이나 지방법원 지원에서의 소액 민사사건을 처리하기 위한 특별법이기에 당연히 1심에서만 적용되고, 항소심이나 상고심에서는 적용되지 않는다는 점을 기억할 필요가 있습니다.[77] 그래서 예를 들어, 소액사건이라 할지라도 항소심에서는 변호사가 아니면 소송대리를 할 수 없고, 판결 이유도 반드시 작성하여야만 합니다.

교수님, 지금까지는 주로 민법이라는 실체법을 중심으로 공부하였는데, 이렇게 소액사건심판법이라는 절차법까지 배우게 되니 민법이 좀 더 쉽게 이해되는 느낌입니다. 무엇보다도 실생활에서 누구나 소액사건재판을 할 수도 있을 것 같아 참 유익한 내용이었습니다. 감사합니다.

그렇습니다. 민법과 민사소송법이 따로 제정되어 있지만, 실제는 둘은 같이 가는 것입니다. 일반적으로 민법을 실체법이라 하고, 민사소송법을 절차법이라고 부릅니다. 소액사건심판법도 민사소송법의 특별법으로서 일종의 절차법이라고 할 수 있죠.

교수님, 그러면 실체법은 무엇이고 절차법은 무엇인지요?

실체법

좋은 질문입니다. 실체법은 일반적으로 권리와 의무에 관한 법이라고 할 수 있습니다. 앞선 강의에서 민법은 권리변동에 관하여 규정한 법으로서 법률요건과 법률효과로 구성되어 있다고 말한 것 기억나는지요?

네 교수님 기억합니다. 권리가 발생, 변경, 소멸하는 것을 권리변동이라고 하고, 이러한 권리변동을 일으키는 원인 내지는 요건을 법률요건이라고 하며, 법률요건이 갖추어졌을 때 발생하는 권리변동을 법률효과라고 부른다고 배웠습니다.

오호, 완벽합니다. 정말 훌륭한 대답입니다. 교수로서 기분이 좋습니다. 그러면 잠시 복습하는 차원에서 질문해볼까요? 권리변동을 일으키는 법률요건은 크게 어떻게 분류된다고 하였죠?

네 교수님, 크게 법률행위와 법률의 규정이 있다고 배웠습니다.

좋습니다. 그러면 법률행위에는 다시 무엇이 있다고 배웠죠?

네 법률행위는 다시 의사표시의 수나 모습에 따라 단독행위, 계약 그리고 합동행위가 있다고 배웠습니다.

 완벽합니다. 100점을 주고 싶네요. 민법은 이처럼 법률행위와 법률의 규정에 따른 법률요건의 충족에 따라 권리의 변동과 같은 권리와 의무에 관하여 규정한 법이기에 실체법이라고 합니다. 형사법에서는 형법이 실체법에 해당한다고 할 수 있죠.

절차법

교수님, 그러면 절차법은 무엇이죠?

 네, 절차법은 실체법에 따라 발생한(또는 변동된) 권리와 의무를 구체화, 현실화시키는 절차를 규정한 법이라고 할 수 있습니다.

교수님, 권리와 의무를 구체화 또는 현실화시키는 게 무슨 의미인지요?

 좋은 질문입니다. 실체법에 의하여 발생한 권리와 의무는 어떤 면에서 보면 구체화된 권리나 의무가 아니라 추상적인 권리와 의무라고 할 수 있습니다. 예를 들어 갑이 을로부터 돈 1천만 원을 빌렸을 경우, 이는 민법상의 소비대차계약이라는 법률요건에 해당하고, 그에 따른 법률효과로서 을은 갑에게 돈 1천만 원을 돌려받을 권리[78]가 있고, 반대로 갑은 을에게 이를 갚을 의무[79]가 발생합니다. 즉 소비대차계약을 통하여 반환청구권과 반환의무라고 하는 권리와 의무가 발생하기에 민법은 실체법이 되는 것입니다.

그러나 위 권리와 의무를 자세히 보면 무엇인가 조금 부족해 보입니다.

교수님, 실체법에 의하여 생긴 권리가 왜 부족해 보인다는 것이죠?

자, 한번 같이 봅시다. 위 사례에서 비록 을이 반환청구권이라는 권리를 취득하였다 하여도 그것만으로 바로 돈 1천만 원을 돌려받는 만족을 얻을 수는 없고, 먼저 갑이 위 돈을 빌린 사실을 인정하거나 국가기관 등에 의하여 돈을 빌린 사실이 인정되고, 더 나아가 갑이 돈 1천만 원을 갚아야 비로소 권리 만족이 이루어지는 것입니다.

이 경우 돈 1천만 원을 받을 을의 권리의 존재 여부 확인(즉 국가로부터 실제 돈을 빌려준 사실이 있는지 그리고 아직 돌려받지 못하고 있는지 등을 확인)과 이를 구체화 내지는 현실화 시키기 위해서는 을이 갑을 상대로 소송을 제기하고, 법원의 재판에 따라 승소 판결을 받으면, 이를 가지고 다시 강제집행을 하여야만 합니다. 여기서 을이 가지고 있는 추상적인 민법상의 권리를 재판절차와 집행절차를 통하여 만족 내지는 현실화시켜주는 법을 우리는 절차법이라고 하는 것입니다.

형사법을 다시 예로 든다면, 앞에서 말한 대로 형법은 범죄와 형벌에 관한 실체법이고, 구체적으로 법정에서 유, 무죄를 가리고 그에 따른 형을 선고하는 절차에 관한 법인 형사소송법을 절차법이라고 하는 것입니다.

결론적으로 말하면, 실체법상의 추상적인 권리와 의무를 재판과 같은 절차를 통하여 구체화, 현실화시키는 법을 절차법이라고 할 수 있죠. 이를 조금 어렵게 표현하면, 권리와 의무의 종류, 변동, 효과 귀속 주체와 같은 실질적 사항을 규정하는 법을 실체법이라 하고, 이러한 실체법상의 권리를 실행하거나 또는 의무를 실현시키기 위한 절차를 정한 법이 절차법이라고 할 수 있습니다.[80]

조금은 알겠습니다. 교수님 말씀에 따르면, 결국 실체법과 절차법은 서로 분리되어 있다기보다는 서로 긴밀하게 연결되어 있다고 할 수 있어 보입니다. 이 둘이 왜 같이 가야 한다는 것인지 이제는 알 것 같습니다.

그렇습니다. 학생 말대로 실체법과 절차법은 같이 가야 하기에 법을 배울 때도 실체법과 절차법을 따로 배우는 것이 아니라 동시에 공부하면 어려운 법도 쉽게 배울 수 있는 것입니다.

자, 이제 모든 강의를 마치려고 합니다. 그동안 어려운 강의에 적극적으로 참여해 주고 무엇보다도 익숙하지 않을 수도 있는 새로운 교재를 갖고 열심히 공부한 여러분에게 고맙고, 수고하였다는 인사를 하고 싶습니다.

아닙니다. 너무 즐겁고 유익했습니다. 처음에는 이렇게 진행되는 강의방식이나 교재에 대하여 호기심이 들기는 하였지만, 그래도 워낙 새로운 방식이라 약간은 불안하기도 하였습니다. 이 강의를 통하여 법학 실력도 어느 정도 늘었지만, 무엇보다도 질문과 대답을 통하여 법적 사고력이 매우 늘어났습니다. 첫 수업부터 지금까지 강의 하시느라 수고 많으셨습니다. 정말 감사합니다.

미주

1) 양창수 · 권영준, 권리의 변동과 구제, 박영사, 2015, 55면.

2) 양창수 · 권영준, 권리의 변동과 구제, 박영사, 2015, 56면.

3) 곽윤직 · 김재형, 민법총칙(제9판), 박영사, 2016, 254면.

4) 곽윤직 · 김재형, 민법총칙(제9판), 박영사, 2016, 255면.

5) 곽윤직 · 김재형, 민법총칙(제9판), 박영사, 2016, 261면.

6) 이를 채무면제라고 함.

7) 곽윤직 · 김재형, 민법총칙(제9판), 박영사, 2016, 262-263면. 그러나 계약과 합동행위는 결국 복수의 의사표시를 필요로 한다는 점을 강조하여 위 둘의 구별을 부정하는 견해도 있음.

8) 손종학, 강해 계약법 Ⅱ, 충남대학교 출판문화원, 343면.

9) 자세한 것은 손종학, 강해 계약법 Ⅱ, 충남대학교 출판문화원, 345면 참조.

10) 대법원 1993. 2. 12. 선고 92다42941 판결.

11) 이러한 불복행위를 항소라 하고, 그에 따른 제2심 법원을 항소법원이라고 함.

12) 이러한 불복행위를 상고라 하고, 그에 따른 제3심 법원을 상고법원이라고 하며 상고와 항소를 합하여 상소라고 함.

13) 다만 수사단계에서와 같이 공소제기(기소) 전에 변호사를 선임한 경우에는 특별한 사정이 없는 한 제1심에서도 선임 효력이 있어서 소송대리를 할 수 있음(형사소송법 제32조 제2항).

14) 다만 제1심 변호인은 상소권이 있으므로 항소장을 제출할 수는 있음.

15) 대법원 1956. 4. 12. 선고 4289민상81 판결.

16) 서울중앙지방법원 2016. 7. 21. 선고 2015가단5324874 판결.

17) 아래 내용은 주로 한국일보 2023. 11. 10.자 인터넷판 "민법에 '인격권 명문화… 온라인 인격 침해 배상근거 확립" 기사를 참조하였음.

18) 미디어오늘(http://www.mediatoday.co.kr) 2023. 2. 2.자 기사. 위 사건은 현재 항소심에 계류중임.

19) 서울중앙지방법원 2016. 7. 21. 선고 2015가단5324874 판결.

20) 대법원 1998. 7. 24. 선고 96다42789 판결.

21) 이를 '원심을 파기한다'라고 함.

22) 이를 위법성이 조각되었다고 표현하며, 위법성이 조각되는 사유를 위법성조각사유라고 함.

23) 이를 이익형량이라고 함.

24) 위 사례는 법조신문(제891호), 2024. 1. 22.자 6면, 박도하 기자 작성의 기사를 참고하여 구성하였음.

25) 파이낸셜뉴스, 이진석 기자, 2017. 12. 13. 입력 기사 참조.

26) 이 부분은 뉴시스 온라인판 2023. 10. 14. 자 한재혁 기자의 "매장에서 음원파일 틀면 저작권 침해? 법원 판단은[법대로]" 기사를 통하여 구성한 것임.

27) 즉 해당 관습을 법으로 인정해서 그 관습의 내용을 갖고 재판을 하여 권리 여부를 확정하여도 좋다는 확신을 말함.

28) 이를 흔히 'legal mind'라고 부름.

29) 이를 토지 사용료라는 의미로 '지료(地料)'라고 부름.

30) 이를 '상고'라고 부름. 즉 1심 판결에 불복하여 상급심의 판단을 다시 받아 보는 것을 모두 '상소'라고 부르고, 이 상소 중 1심 판결에 불복하는 것은 '항소'라 부르고, 2심 판결에 불복하는 것을 '상고'라고 부름.

31) 대법원 2017. 1. 19. 선고 2013다17292 전원합의체 판결 [분묘철거등].

32) 대법원 2017. 1. 19. 선고 2013다17292 전원합의체 판결 [분묘철거등].

33) 그래서 증여는 무상, 편무행위라고 함.

34) 민법 제554조.

35) 즉 계약은 청약이라는 의사표시와 이에 대한 승낙이라는 의사표시가 합치될 때 비로소 성립하여 그 효력이 발생하게 됨.

36) 우리 민법은 모두 15개의 계약(이를 전형계약이라고 부름)을 규정하고 있는데, 증여는 그중에서도 가장 앞부분인 제554조에서부터 규정하고 있음.

37) 민법 제1074조 등.

38) 이처럼 법률행위를 함에 있어서 일정한 형식이 요구되는 법률행위를 '요식행위'라고 부름.

39) 민법 제1065조.

40) 즉 유언의 내용이 들어간 부분을 말함.

41) 유언자 본인이 직접 자선하여야 하는 것으로 만일 타인이 대신 써주거나 타자기나 컴퓨터 등을 이용하여 작성한 것은 인정되지 않음.

42) 날인이란 도장을 찍는 행위를 말함.

43) 이를 피상속인이라고 부름.

44) 이를 상속인이라고 부름.

45) 이를 상속분이라고 부름.

46) 이를 법정 상속분이라고 부름.

47) 민법 제1114조.

48) 민법 제840조.

49) 대법원 2006. 3. 24. 선고 2005두15595 판결.

50) 자세한 것은 손종학 외 2인, 쉽게 읽는 입법과 법해석(제2전정판), 박영사, 2023. 78면 이하 참조.

51) 법적 안정을 위하여 형사법의 영역에서는 무엇이 범죄가 되고, 그 경우 형벌은 어떻게 된다는 내용을 미리 법으로 규정할 필요가 있는바, 이를 '죄형법정주의'라고 부르고, 조세법의 영역에 서도 헌법상 보장되는 재산권 보호를 위하여 어느 경우에 무슨 세금을 내어야 하는지를 미리 법률로 규정하여야 하는 것을 '조세법률주의'라고 부름.

52) 대법원 2020. 4. 29. 선고 2019다226135 판결.

53) 공무원연금법 제49조 참조.

54) 공무원연금법 제45조 제1항 참조.

55) 헌법불합치란 문제된 법조항이 헌법에는 위반되지만 당장 위헌이라고 선언할 경우에 올 수 있는 혼란 등을 방지하고자 일정 기간 안에 법률을 개정할 것을 명하고, 그 기간 안에 개정이 없을 경우에는 당해 법률 조항이 위헌이어서 아무 효력이 없음을 밝히는 결정 형식임.

56) 헌법재판소 2016. 12. 29. 선고 2015헌바182 결정.

57) 국민연금법 제64조 제1항 참조.

58) 헌법재판소 2016. 9. 29. 선고 2014헌바254 전원재판부 결정(헌법에 어긋나지만, 당장 위헌 으로 판단하지 않고 여러 사정을 고려하여 단순히 헌법에 합치하지 않는다고 선언하는 결정. 이에 따라 국회에선 일정 기간까지 당해 법률을 헌법에 합치되도록 개정하도록 하고 있고, 위 기간이 경과하도록 개정하지 않을 경우에는 당해 규정은 위헌으로 더 이상 효력이 없게 됨).

59) 산업재해보상보험법 제84조의2 등 참조.

60) 동물보호법 시행령 [별표 4] 참조.

61) 이를 권리능력이라고 함.

62) 전자를 사단법인이라 하고 주식회사도 여기에 해당하며, 후자를 재단법인이라고 하는데 장학 재단 등이 전형적인 예임.

63) 이를 채무불이행이라고 함.

64) 일종의 유언신탁이라고 할 수 있음.

65) 위 제도가 처음 도입되었을 때는 1천만 원이 한도이었지만, 그 후 2023년도부터 한도를 상향 조정하여 현재는 5천만 원까지 이용할 수 있음.

66) 한국금융, 2023. 7. 12.자 기사(김경찬 기자) 참조.

67) 소액사건심판법 제1조.

68) 소액사건심판법 제2조 제1항.

69) 이를 '소송목적의 값' 또는 '소가'라고 함. 이는 쉽게 말하면 소송으로 인하여 달성할 수 있는 소송물의 경제적 가치를 말한다고 이해하면 됨. 예를 들어, 돈 1천만 원을 빌려주었는데 갚지 않는다고 주장하면서 돈 1천만 원을 갚으라는 소송을 제기할 경우, 소송목적의 값은 1천만 원

이 되는 것임.

70) 소액사건심판규칙 제1조의2(소액사건의 범위) 참조.

71) 소액사건심판법 제4조.

72) 민사소송법 제87조(소송대리인의 자격)에서는 "법률에 따라 재판상 행위를 할 수 있는 대리인 외에는 변호가 아니면 소송대리인이 될 수 없다."라고 규정하고 있음.

73) 민사소송법 제88조(소송대리인의 자격의 예외)에서는 "단독판사가 심리·재판하는 사건 가운데 그 소송목적의 값이 일정한 금액 이하인 사건에서, 당사자와 밀접한 생활관계를 맺고 있고 일정한 범위안의 친족관계에 있는 사람 또는 당사자와 고용계약 등으로 그 사건에 관한 통상사무를 처리·보조하여 오는 등 일정한 관계에 있는 사람이 법원의 허가를 받은 때에는 제87조를 적용하지 아니한다."라고 규정하고 있음. 주로 가까운 친족관계이거나 기업 등 법인 사건에서의 대여금이나 수표금 청구 사건 등에서 직원이 소송대리허가를 받아 소송대리를 하고 있음.

74) 소액사건심판법 제11조의2 제3항.

75) 소액사건심판법 제11조의2 제3항 참조.

76) 소액사건심판법 제3조 참조.

77) 소액사건심판법 제1조, 제2조 참조.

78) 이를 반환청구권(반환채권)이라고 함.

79) 이를 반환의무라고 함.

80) 곽윤직·김재형, 민법총칙(제9판), 박영사, 2016, 11면.

색인

저자 소개

손 종 학

충남대학교 법과대학 졸업
사법시험 합격(제31회)
사법연수원 수료(제21기)
판사, 변호사
충남대학교 법학전문대학원장
대법원 법관인사위원회 위원
법무부 법교육위원장
사법시험위원, 변호사시험위원
교원소청심사위원회 위원
경력법관 및 재판연구원 구술면접위원
법제처 법령해석위원 / 국민법제관
대검찰청 검찰수사심의위원회 위원
현 충남대학교 법학전문대학원 교수
　　충남대학교 법률센터장
　　법학전문대학원평가위원회 평가위원

주요 저서
講解 민법총칙
講解 민사실무 Ⅰ, Ⅱ
講解 계약법 Ⅰ, Ⅱ
쉽게 읽는 입법과 법해석(3인 공저): 만드는 법, 푸는 법(제2전정판)

묻고 답하는 민법이야기

초판발행   2024년 2월 15일

지은이   손종학
펴낸이   안종만·안상준

편 집   장유나
기획/마케팅   정연환
표지디자인   BEN STORY
제 작   고철민·조영환

펴낸곳   (주) 박영사
              서울특별시 금천구 가산디지털2로 53, 210호(가산동, 한라시그마밸리)
              등록 1959. 3. 11. 제300-1959-1호(倫)

전 화   02)733-6771
f a x   02)736-4818
e-mail   pys@pybook.co.kr
homepage   www.pybook.co.kr
ISBN   979-11-303-4653-3   93360

정 가   20,000원

이 책은 '2021년도 충남대학교 자체연구과제사업'지원을 받아 출판되었습니다.